# 老子講義

五井昌久

著　　　者（1916～1980）

# 世界平和の祈り

世界人類が平和でありますように
日本が平和でありますように
私達の天命が完うされますように
守護霊様ありがとうございます
守護神様ありがとうございます

昌久

# 序　文

空の中から
ぽっかり姿を現わし
永遠の生命をそのまゝ生きる
真の自由人老子
道を説きながら道を超え
光に住して光にも把われぬ
空々寂々空寂々
自由無礙にして無為

その心
測り知れず深く
果しなく広く
その力
時空を超越して魂をゆさぶり
宇宙の根源に人間を直結させる

今老子我がうちに在り
無限のひゞきをもって我れに迫る

この詩のように老子こそ、神人であり、真の自由人であるのです。今日の自由主義とか民主主義とか云うものは、老子の在り方からみれば、雲泥万里の相違があります。

真の自由を得たいならば、どうしても、老子の説きつゞけている無為の道に徹しきらねばなりません。人が無為の生き方に徹しきった時、真に自由無礙、自由自在心として、天地を貫く生き方ができるのです。

私は現代の知識をうとんずる者ではありませんが、人類世界を今日のように存在せしめている、宇宙の根本の相《すがた》、生命の根源の力の方には想いをむけず、只単に枝葉として現われている現象の姿のみを把える、学問知識にはあきたらないものなのです。

頭脳知識で、いちいち考え考え生きなければ、この人生が生きられぬと思いこんでいる現代の知性人たちにとって、最も必要なのは、この老子の生き方なのです。現代人はあまりにも枝葉末節的なことに把われ過ぎて、一番大事なことを忘れているのです。

その一番大事なものごとを、老子は光り輝く言葉で、説き来り説き去っているのであります。私はそうした老子の言葉を、どのような立場の人にでも判り易いようにと、私流に嚙みくだいて解釈しているのです。

この老子講義が、読む人の本心の開発に役立ち、宇宙根源のひゞきを直覚できる人になって下さったら、幸いである、と思っている次第なのです。

昭和三十八年十月

著　者　識

# 目次

序　文 …… 一
講義のはじめに …… 一一
第一講　無名は天地の始めなり…（第一章）…… 一三
第二講　聖人は無為の事に処《お》り…（第二章）…… 二一
第三講　吾　誰の子たるを知らず、帝の先に象《に》たり…（第四章）…… 三〇
第四講　天地は不仁なり…（第五章）…… 三九
第五講　其の身を後にして身先んじ…（第七章）…… 四八
第六講　上善は水の若《ごと》し…（第八章）…… 五八
第七講　虚を致すこと極まれば…（第十六章）…… 六七
第八講　聖を絶ち智を棄つれば…（第十九章）…… 七六

第九講　弊《やぶ》るれば則ち新たなり…（第二十二章）……八五
第十講　失ある者には失に同じくす…（第二十三章）……九四
第十一講　独立して改まらず周行して殆《あやう》からず…（第二十五章）……一〇三
第十二講　無棄人…無棄物…（第二十七章）……一一二
第十三講　無極に復帰す…（第二十八章）……一二一
第十四講　自ら知る者は明なり…（第三十三章）……一三〇
第十五講　大道は氾として左右す可《べ》し…（第三十四章）……一四〇
第十六講　大象を執りて天下に往けば…（第三十五章）……一五一
第十七講　上徳は徳とせず是を以て徳有り…（第三十八章）……一六一
第十八講　昔の一を得たる者…（第三十九章）……一七一
第十九講　上士は道を聞いて…（第四十一章）……一八一
第二十講　道は一を生ず…（第四十二章）……一九一
第二十一講　天下の至柔は天下の至堅を馳騁す…（第四十三章）……二〇一

第二十二講　大成は欠くるが若《ごと》くなれども…（第四十五章）……………二一〇
第二十三講　戸《こ》を出でずして以て天下を知り…（第四十七章）…………二二〇
第二十四講　学を為むる《おさ》ものは日に益し…（第四十八章）…………二三〇
第二十五講　聖人には常の心無し…（第四十九章）…………………二四〇
第二十六講　生を出でて死に入る…（第五十章）……………………二四九
第二十七講　道これを生じ、徳これを畜《やしな》い…（第五十一章）…………二五九
第二十八講　天下に始有り、以て天下の母と為る…（第五十二章）………二六八
第二十九講　我をして介然として知ること有らしむれば…
（第五十三章）………二七七
第三十講　知る者は云わず、云う者は知らず…（第五十六章）…………二八六
第三十一講　其の政悶悶たれば其の民は淳淳たり…（第五十八章）………二九五
第三十二講　人を治め天に事《つか》うるは嗇《しょく》にしくはなし…（第五十九章）………三〇五
第三十三講　大国は下流なり…（第六十一章）……………………三一五

第三十四講　無為をなし無事を事とし…（第六十三、六十四章）……三二五
第三十五講　古《いにしえ》の善く道を為《おさ》むる者は…（第六十五章）……三四二
第三十六講　大なれど不肖に似たり…（第六十七章）……三五二
第三十七講　善く士たる者は武《きそ》わず…（第六十八、六十九章）……三六一
第三十八講　吾が言は甚だ知り易く…（第七十章）……三七一
第三十九講　知りて知らずとするは上なり…（第七十一章）……三八一
第　四　十　講　民　威を畏れざれば大威至らん…（第七十二章）……三九〇
第四十一講　敢《かん》に勇なれば則ち殺し…（第七十三章）……三九九
第四十二講　民　死を畏れずんば…（第七十四章）……四〇九
第四十三講　人の生まるるや柔弱なり…（第七十六章）……四一九
第四十四講　天の道は弓を張るごときか…（第七十七章）……四二九
第四十五講　天下の柔弱なるは水にすぐるはなし…（第七十八章）……四三九
第四十六講　大怨を和すれば必ず余怨あり…（第七十九章）……四五〇

第四十七講　小国寡民…（第八十章）……四六〇
第四十八講　谷神は死せず…（第六章、十章）……四六九
索　引……四七九

装幀　多田栄二
（大平洋画会）

# 人間と真実の生き方

人間は本来、神の分霊《わけみたま》であって、業生《ごうしょう》ではなく、つねに守護霊《しゅごれい》、守護神《しゅごじん》によって守られているものである。

この世のなかのすべての苦悩は、人間の過去世《かこせ》から現在にいたる誤てる想念が、その運命と現われて消えてゆく時に起る姿である。

いかなる苦悩といえど現われれば必ず消えるものであるから、消え去るのであるという強い信念と、今からよくなるのであるという善念を起し、どんな困難のなかにあっても、自分を赦《ゆる》し人を赦し、自分を愛し人を愛す、愛と真《まこと》と赦しの言行をなしつづけてゆくとともに、守護霊、守護神への感謝の心をつねに想い、世界平和の祈りを祈りつづけてゆけば、個人も人類も真の救いを体得出来るものである。

# 講義のはじめに

老子という人程不思議な人はいない。何時生れて何時死んだのか、どんな書物を読んでも、はっきり書いてあるものはない。孔子よりもはるか昔の生れであるように書かれてあるかと思うと、孔子と同時代にも存在していたようだし、もっともっと後年にも生存していたような事実も伝わっている。

或る説では、八十二歳で母の胎内を出た、という、超現実的なことも云われている。これは要するに、老子が人間の形としてこの世に存在していた期間の自由自在な摑みどころのない現われ方が、種々の伝説となって伝わってきているのであろう。

最近その老子が、私の霊体の中に合体してきて、今日まで全くと云ってよい程判らなかった老子の相《すがた》がはっきりしてきたのである。老子の相を一口にして云えば、永遠の生命そのまゝの人である、ということである。

永遠の生命が時折り、忽然として人間の姿を現わして道を説いた、という、そういう云い方でしか老子の出現を説明しようがないのである。

空々寂々、空寂々、自由無礙の生命の流れをそのまゝ現わして道を説いた老子の姿が、今私の心の中で生き生きと輝いている。そこで私は老子の心を序々に伝えてゆきたいと思い立って、このペンを取ったわけなのである。

老子の言葉を一章から八十一章まで伝えていたのでは大変なので、抜き書き的に説明してゆきたいと思う。

# 第一講　無名は天地の始めなり……

道徳経第一章

道《ノ》可《キハ》レ道《トス》、非《ズ》二常《ノ》道《ニ》一。名《ノ》可《キハ》レ名《トス》、非《ズ》二常《ノ》名《ニ》一。無名《ハ》天地之始《ナリ》。有名《ハ》万物之母《ナリ》。故《ニ》常無欲《シ》三以《テ》観《ント》二其《ノ》妙《ヲ》一、常有欲《ス》三以《テ》観《ント》二其《ノ》徼《ヲ》一。此《ノ》両者《ハ》、同出《ニシテ》而異《ニス》レ名《ヲ》。同《ジク》謂《フ》二之《ヲ》玄《ト》一。玄之又玄《ハ》、衆妙之門《ナリ》。

〔読み方〕

道の道とす可《べ》きは、常の道に非ず。名の名とす可きは、常の名に非ず。無名は天地の始なり。有名は万物の母なり。故に常無以て其の妙を観《み》んと欲し、常有以て其の徼《きょう》を観んと欲す。此の両者は、同出にして名を異《こと》にす。同じく之を玄《げん》と謂う。玄の又玄は、衆妙の門なり。

近頃の人は漢文の苦手の人が多いので、こうした漢文調は載せたくないのですが、やはりこうした原文調を載せて、それから説明にうつらなければならないと思い、一応載せて置きます。

最初の

**道の道とす可《べ》きは、常の道に非ず。名の名とす可きは、常の名に非ず。**

という言葉は有名な言葉でありまして、誰の言葉かは知らないが、そういう言葉があった、と記憶している人も多いことでしょう。

これはどういう意味かと申しますと、老子の根本義である、自由自在性、無礙自在の生き方、在り方を、単的に現わした言葉なのです。生命というものは本来自由自在に、生き生きと活動できるものであって、一つの道というものがつけば、その道以外には活動できなくなってしまう。また、何の誰々という名がつき何々会という会名がつけば、その名の範囲に縛られてしまって、本来の生命の自由自在性が出せなくなってしまいます。人間の本質は生命そのものであって、自由無礙に何事でもなし得るように出来ているのでありますが、一つの道という定まったものを摑んでしまうと、その道がどのように立派なものであっても、その道に心が把われてしまい、本来の自由自在性が縛られてしまいます。また名にしても同じことで、何の何某という名がつけば、その名の範疇でしか生命が働かなくなってしまうものです。

人間というものは、そんな窮屈なものではない、何もの、何ごとにも把われぬ存在であって、いささかでも把われがあれば、真の道はかくされてしまい、真の名は、その本性を輝かさなくなってしまうのであります。

老子という人は、把われを最も嫌った人なので、老子の教えのどこをみても、生命の自由自在性を説いております。

この人生を生きてゆきますには、法律のようなものもあれば、宗教の道というようなものもあります。しかし、法律の原則論に把われ、宗教の道というものに把われきっているような人の頑迷さ不自由さは、この世のよどみない流れを停頓《ていとん》させ、生命の生き生きとした美しさを汚してしまいます。

宗教の道というのは、神のみ心の現われたところをいうのでありますので、これが道だと指し示したときには、もうその道は、神のみ心の自由性を失っているのです。これが道だ、という道は、言葉や文字でいうべき道ではなくして、その人その人の真心から自然と現われた行為の中にあるので、道そのものは変化自在なものなのです。

ですから、言葉そのもので、宗教の道を押しつけようとするやり方は、誤った道学的の在り方で神のみ心の深い味わいを無くしてしまうのです。各人が自《おのず》ら行じて、それが自然と神のみ心に叶っている、という生き方こそ、道がそこに現われているのであります。

そういう生き方を常の道、真の道というのです。

名にしても同じことで、この世に生れ、この世の組織の中に生活していますと、種々と名をもつわけですが、そうした現われの名というものは、実は真実の名ではなく、現われの奥に、その人や、その組織の真実の名がかくされているのです。その名とは、天命というものなのです。天命の一つの現われが、この世の名として現わされているのですから、現われの名の方にばかり気を取られて生きている人は、真実の名を現わすことはできない、つまり、天命を果すことはできない、と老子は云うのであります。

## 無名は天地の始なり。有名は万物の母なり。

無名というのは、宇宙万物を創りなす根源の力、相対的な何もの、何ごとも現われ出でぬ以前のすべての働きの根源の創造力そのもののことであります。相対に現われぬ根源の力であり、絶対なる生みの力でありますから、何ものもその力に対して名をつけることはできません。

この創造力、絶対力、宇宙に充ち充ちるものを、人類がはじまってから、宇宙神とか、大生命とか、絶対者とか、創造主とか、道とか、種々と名をつけたのであります。

無名といっても、こうして文字に書き、言葉に現わせば、もう、無名という名がつき、言葉になるのですから、人類が、すべての根源の力を説明するためには、どうしても仮の名をつけて呼ばなければならなくなります。そこで私は、単刀直入に神と呼ぶことにしたいと思うのです。

神は天地の始めである。ということは、天地は神の中にあり、神の一つの現われであるということであります。天地と申しましても、私たちが、この肉眼で見ております、青空とか大地とかいうより、もっと深い、もっと奥の霊的な天地があるのでして、その霊的な天地が、この肉眼に見える天地とも現われ、人間内部にも、天地或は陰陽として、その働きをしつゞけているのであります。

たゞ、神という名がつくと、その神という名によって、その形をすぐ想像したくなりますし、神の道というような、一つの型をつけたくなるのが、人間のくせであります。そこで老子は、神とか絶対者とか云わないで、無名という、把われることのない表現の仕方にしたのだと思います。

この無名が、何々という名をつけてきますと、これは無名ではなく、神そのものではなく、神の現われとしての存在となってくるのです。そして、霊的な微妙な波動としての存在から次第に粗い波動の存在、つまり物質的な現われに変化してくるのであります。

ですから、名がつくと、つまり有名になって参りますと、それは万物を生みなしたことになり、万物の母なりということになるのであります。

こゝに一つずつの布巾と雑巾とがあるとします。この布巾と雑巾とは、その名がついた時に、その役目が定まってしまっているのです。一反の木綿の布地が、その布地そのものとしては、布巾に使われるか、雑巾に使われるか定まっていませんが、いざ人間の側で、これは布巾に、これは雑巾にと定めてしまうと、その反物は、その定められた名の通りになってしまうのです。

すべてそうしたもので、名がつけば、その名に縛られてしまうのですが、人間はその名を溯って、神のみ心そのものの中に入りきって、神即ち無名と一つの働きに合体することができるものなのです。

ではここで、次の言葉と関連して説明してまいりましょう。

**故《ゆえ》に常無《じょうむ》以て其の妙《みょう》を観《み》んと欲し、常有以て其の徼《きょう》を観んと欲す。此の両者は、同出にして名を異《こと》にす。同じく之を玄と謂う。玄《げん》の又玄は、衆妙の門なり。**

常無というのは、無名即ち神そのもののことであります。その神そのものの中に、妙々不可思議なる絶対力というか、大智慧というか、大能力というか、そうした、妙なる実在の姿を観ることができるのであり、現われとしての天地の中に、徼《きょう》（とりで）つまり差別の姿を観ることができるのであります。しかしこの両者は全く一つの実在の姿であり、現われの姿であって、名を異にしているだけである、と云うのです。そして、どちらも、之を玄という。つまり、霊妙不可思議なる、あらゆる能力を含んだ実在、即ち神そのものであり、神の現れの姿である、というのであります。そして、その玄と老子がいっている、霊妙不可思議なる実在は、どこまでも深く、どこまでも広く、無限大にして、無限小ともいえる大能力であって、森羅万象ことごとく、この大能力、絶対力の中から生れてくるのである、というのであります。

実際に、神というものについての説明ぐらいむずかしいものはありません。こうして文にしてゆくと、どうしても眼に見える言葉として書かねばなりません。神そのものは人間の眼に見え、手に触れるものではなく、無限の広がりをもち、また無限に小さな姿ともなり得るのであります。ですから、神を説明する場合には、どうしても現れの姿を通しての説明になってしまいます。哲学者などが、神を説こうとして、実にむずかしい、云い廻しをしてゆき、しまいには何が何んだか、読む側にはさっぱり判らず、只、何んとなく知識がついたような自己満足をしている、といった工合になってしまうのです。

老子が、無名と云ったり、玄と云ったりして、説明している苦心がよく判ります。玄という言葉でよく使われるのは、玄人《くろうと》という言葉であります。玄人というのは、その道の達人ということを云ったものであって、その道にかけては、至妙至高の力をもっている人をいうのであります。玄とはそういう意味の言葉なので、神はあらゆる部門の最高至高の存在である、ということなのでありま す。すべての力は神のうちより現われているのであって、人間が、我れという小我があるうちは、神の実体を知ることはできません。そこで、我《が》を捨てた空《くう》の姿になった時、神のみ心深く入り得ることになるのであります。その空も老子によれば、浅い空、深い空というのがあって、どこまでいっても行きつけぬ、深い深いものであるというのです。

# 第二講　聖人は無為の事に処り……

道徳経第二章

天下皆知《レバ》㆓美之為《ルヲ》ㆬ美、斯《レ》悪《ノミ》已。皆知《レバ》㆓善之為《ルヲ》ㆬ善、斯《レ》不善《ノミ》已。故《ニ》有無《ハ》相生《ジ》、難易《ハ》相成《シ》、長短《ハ》相較《シ》、高下《ハ》相傾《キ》、音声《ハ》相和《シ》、前後《ハ》相随《フ》。是《ヲ》以《テ》聖人《ハ》、処《オリ》㆓無為之事《ニ》㆒、行《フ》㆓不言之教《ヲ》㆒。万物作《リテ》而《シテ》不㆑辞《セ》。生《ジテ》而《シテ》不㆑有《セ》。為《シテ》而《シテ》不㆑恃《マ》。功成《リテ》而《シテ》不㆑居《ラ》。夫《レ》唯不㆑居《ラ》。是《ヲ》以《テ》不《ルノミ》㆑去《ラ》。

〔読み方〕

天下皆美の美為《た》るを知れば、斯《こ》れ悪のみ。皆善の善為るを知れば、斯れ不善のみ。故に有無は相生じ、難易は相成し、長短は相較《かく》し、高下は相傾き、音声は相和し、前後は相随《あいしたが》う。是を以て聖人は、無為の事に処り、不言の教を行う。万物作《ばんぶつおこ》りて而して辞せず。生じて而して有せず。為《な》して而して恃《たの》まず。功成りて而して居らず。夫れ唯居らず。是を以て去らざるのみ。

この章は、一口に云うと、聖人というものは、相対界を超えた、無為の境涯にいて、すべての物事、事柄に把われない。自分の為したことも誇るわけでも、気にするわけでもない。どんなに自分が力をつくして成し遂げたことでも、その功にもその仕事にも執着するわけではない。そこに存在しながら、存在しているということが、人の心に兎や角の非難を起させないでいて、その人たちの心の中に存在し、その場所にも永遠に存在している。

というような、自由無礙《むげ》、自由自在心の持ち主であると聖人の心境を説いているのであります。美という感覚があれば、醜悪という感覚がその相対の相《すがた》としてあるのでありますし、善というものがどういうものかを知るということは不善ということが、その対照的にあるということになります。この章の「是を以て聖人は」のところまでは、すべて相対世界の説明になっているのです。有に無、難に易、長いに短い、高下、前後というように云っているわけです。

この章の中で、一番大事な言葉は、無為ということであります。一体無為とはどういうことなのでありましょう。巷間の言葉に無為徒食というのがありますが、老子の無為は、そんな何んにもしないで徒らに喰べている、生活しているというのではありません。

老子の研究家の中には、老子を消極主義者である、消極思想家である、というように解釈している向きもありますが、これはとんでもないことで、老子は消極とか積極だとかいう、そういう境界をすっかり超越し切った、空《くう》の空の又その奥の空のというような、大生命の根源からこの世に働きかけていた、神人そのものであったのです。

ですから、説くこと為すこと、老子のすべては、自然法爾《じねんほうに》に、ひとりでに、これをしようと考えてからするのでも、これはしまいい、と思ってしないのでもなく、老子の一挙手一投足、一言一句が、光となって、対する人に放射され、万物の上に投げかけられるのであります。

大生命がそのまま躍動している、というのが老子なのです。そうした老子の在り方が、私には実によく判るのです。何んというか、口にも筆にも現わせぬ、烈しく強い生命力というものを私は老子の波動から身心に沁みて感じているのです。

これをしなければいけない。こうして、ああして、ああやって、というのは、この世の一般の人々の在り方でありまして、聖人の行為というものは、自己の肉体身の頭脳で兎や角考えて行うのではなく、神霊の界で定まったことが、瞬時にして、肉体身を通して行われてゆくのであります。これを無為にして為すというのです。

肉体身にしても、心臓も肺臓も、胃腸もいちいち働かそうとして動かしているのではなく、生命《いのち》すこやかなる限り、自然の活動として動いているのであります。人間の想いもその点同じであるべきなのですが、いつの間にか、そうした肉体的諸機関の在り方と異なってきてしまったのです。もし、人の想いが、心臓の上にばかりあれば、心臓の動きは、かえって不調になるでしょう。肺も胃腸も、肝腎も、やはり同じことです。正調の時は、そうした諸機関に想いがかかることがないのです。

心というのも全く同様なのですが、人々はそうは思っておりません。頭でいちいち考えて、心を働かせて、事に当らねばならぬ、と長い間思いこんできているのです。そこで、頭脳にある知識経験の範囲で、種々と事を処してゆくわけです。そして、それが人間の当然の在り方だとされているのであります。

ところが、老子に限らず、古来の聖賢というものは、殆んどが、頭脳知識に頼ったり、こちょこちょ頭をひねって考え考え行為するような態度を否定しているのであります。

どうしてそういうことになるのでありましょうか。それは老子の云うように、肉体頭脳の小智才覚では、この相対界の苦の境界を人類がぬけ出ることができないからなのです。

そんなことを云ったとて、この肉体の頭で考えて行わなければ、どうにもしようがないではないかと普通の人は思うのであります。そこで老子は、聖人はと云っているのです。凡夫と聖人というのは、そういうところに、根柢からの差があるのです。

凡夫にはどうにもならないことが、聖人には何んでもないことなのです。この無為の生き方にしても、生半可の悟り方で、如何にも無為の境涯に住みきっているような恰好で生活していますと、時折りぼろりとぼろが出まして、あの先生、日頃偉そうに云っていなさるが、あんなやり方をしても、やはり無為の行為なのかなあ、というような、凡夫以下の行いをしてしまったりすることがあるものです。

無為の事に処《お》り、というのは、全く人間最高の生き方なので、そう容易なことではありません。そこで、どうしてそういう生き方ができるかという疑問が起るのが当然なのであります。

種々と頭脳で考えて計画して、あの人にはこう対し、こういう仕事にはこういう方法で、とその場その時々を処してゆくからこそ、間違いなくこの世に生活してゆけるのであり、地位の高上も、富有な生活も、すべて日頃からの計画性によって為されていったものである、何も考えず、計画性も無くて、この人生を生きてゆくなど、とんでもないことだ、と無為の話などすると、かんかんに怒る人さえあります。

私たちは、何も聖人などになる必要もないし、なれる筈もない。だからそんなむずかしい教えなど真っ平だと云う人もあるでしょう。

昔でもそうでしたでしょうが、現代では実にこの老子的な無為の生活のできにくい時代になってきているのであります。文字で読んで、頭で判って、心で楽しんでだけいる人が、老子の研究家の中には沢山いることと思われますが、老子というのは、文字にこうして残っている言葉そのものよりも、文字以前の、老子そのものの生命の動き、光明波動の流れというものが、大事なのでありますが、普通では、こうした真実のことは判りようがありません。私は幸にして、そうした生命の流れとしての老子、光の放射体としての老子を、はっきり知っておりますので、こうして、老子の講義を、文字にして書いておりましても、とても、もどかしくて、皆さんに、どのようにして、老子の本当の相《すがた》が判ってもらえるかと、しばしば、ペンをとどめる始末です。

詩集「いのり」や序文にも発表した老子という詩などは、一番端的に、老子の相を現わしているものだと思っているのですが、こうして散文体にして説明してゆきますのには、なかなか容易なことではありません。長く書けば長く書く程、老子が判らなくなるようなことでは困りますし、と云って、一つ一つの言葉の意味も説明しなくてはいけないとも思います。

この無為という言葉一つ把えても、この無為という言葉の無限の奥へのひろがりと、果てしらぬ現象界への永続性とは、とてもペンでは書き現わせぬものです。

ところで、凡夫がこの無為の境地になるためにはどうしたらよいか、の説明をしてゆくことに致しましょう。凡夫が無為の境地になるためには、やはり、神の存在を信じ、神の大愛を信ずる、ということが最初の出発点になるわけで、この信仰心から、全託へと一歩歩を進めてゆくことが、無為の境地への道なのであります。

無為という言葉を、あまり聞きなれない人は、無為とは、色即是空、空即是色の、空即是色の境地だと思えばよいのです。これは拙著「愛・平和・祈り」を参考にして下さい。

人間の運命を複雑にしたり、乱したりするものは、人間各自の想念《おもい》に他なりません。不幸も悲哀も怒りも妬みも、それはすべて人間の想いの波動がそうした感情をひき起すのであって、人間自体に不幸や悲哀があるのではないのです。

熟睡している時に、その人に何んの不幸感や悲哀感がありましょう。睡っている時は、その人の肉体はそこに存在しながらも、その人の想念は、その人の肉体を離れているので、その人に何等の感情も起らないからなのであります。

とすると、想念さえ、悲哀や不幸の波の中にいなければ、人間には悲哀も不幸もないということになるのです。そこで、仏教では、そうした想念をすべて無くしてしまう空《くう》の境地になる練習を主として行わせたのであります。

人間というものは、常に私が申しておりますように、この肉体そのものではありません。肉体は人間の心のひびきの一つの現れに過ぎないのです。人間は肉体の他に種々の体をもっているのでありますことは、心霊研究をした人ならすぐにも判ることなのですが、そうした枝葉のことよりも、人間は大生命（神）の中で生きている光明心（体）そのものであって、想念に把われさえしなければ、自由自在に、己れの欲っする通りの世界を自己の周囲に現わすことのできる存在者なのである、ということを知ることのみに専念した方が、短時日で本心を開発することができると思うのです。

そこで、仏教では空になる坐禅観法をするのであります。みなが空になり切って、空の境地から光明心がそのまま現われて、この世で生活するようになれば、この世はそのまま神界になってしまうのでありますが、それがとても容易なことではないのです。そこに、祈りという行為が必要になってくるのであります。祈り心をもって、自己の全想念を、神の大愛のみ心の中に投入し切ってゆく日常生活をしてゆきますと、そこに巧まず、苦しまずして、空の境地に近い心境になってゆくのであり、その境地に熟達してきますと、自然と、空の境界に住めるようになり、無為に為す式の素晴しい生活がその人の前にくりひろげられてゆくのであります。

ですから、はじめから無為というような、高い境地を目指すより、世界平和の祈りのような、自己と人類同時成道という、容易にでき得る、神界からの救いの光明に乗って、日々の行為をしてゆき、時日を経て、自然に無為にして為す、という高い境地にまで至るほうが自然の在り方である、と私は思うのであります。世界平和の祈りの日常生活からは、みながすべて、老子の無為の境地にまで、いつの間にか高まってゆくであろうことを、私は信じているのであります。

# 第三講　吾　誰の子たるを知らず、帝の先に象《に》たり

道徳経第四章

道ハ冲ニシテ而用フレバレ之ヲ、或ハ不レ盈タ。淵トシテ兮似タリ二万物之宗一ニ。挫キ二其ノ鋭一ヲ、解ク二其ノ紛一ヲ。和シ二其ノ光一ヲ、同ズ二其ノ塵一ニ。湛トシテ兮似タリレ或ルニレ存スルレ。吾不レ知ラ二誰之子一タルヲ。象タリ二帝之先一ニ。

〔読み方〕

道は冲《ちゅう》にして之《これ》を用《もち》うれば、或は盈《み》たず。淵《えん》として万物の宗に似たり。其《そ》の鋭を挫《くじ》き、其の紛《ふん》を解《と》く。其の光を和し、其の塵《ちり》に同《どう》ず。湛《たん》として存する或《あ》るに似《に》たり。吾　誰の子たるを知らず。帝《てい》の先《せん》に象《に》たり。

漢文などというものは、実にむずかしくて、読むのも面倒な、という人も随分あると思いますが、漢文には漢文でなくては味わえぬ気品があり、格調も高く、宗教とか道とかの講義には、もっとも

ふさわしい気が致します。老子の言葉など、何も訳さなくとも、このまま読んでいれば、それで心がすっきり澄み切ってくるのです。

ところが現代人は、文字から受ける影響には、甚だ鈍感になっていますので、やはり、頭脳的な理解を欲っするわけです。直感的に心で良否をきめることより、頭脳知識で、理解した上で良否を定める習慣がついたのが、現代人の特徴であるのかも知れません。

そこでこの章の解釈ですが、この章は、道というものを体得した人の在り方を説いているのですが同時に、老子その者の実体をも語っているのであります。一節づつ解釈してゆきましょう。

**道は冲《ちゅう》にして之を用《もち》うれば、或は盈《み》たず。**

この冲《ちゅう》という言葉は、盈《み》たざること、即ちむなしい、というふうに使われている解釈が多いのですが、老子のこの言葉の中には、単なるむなしさというような浅い意味ではない、深い意味があるのです。仏教の空《くう》という言葉が、只の空《から》っぽとか無いとかいう意味ではないのと同じように、言葉の世界や形の世界では計れない、つかんでつかめるようなものでも、把えて把えられるようなもののでもない、ということを冲という言葉にして表現しているのです。

そこでこうした道というものは、これを用うれば、云いかえれば、道即ち神の生命の働きを現わそうとすれば、これで充分だ、これで一杯だというように、限度のあるものではない、盈《み》たないものであるというのであります。

次の節の

**淵《えん》として万物の宗に似《に》たり。**
**湛《たん》として存《そん》する或るに似たり。**

という二節は、いずれも、万物の根源たる、道の、計り知れない深淵《しんえん》さと、深い静かさとを現わし、その深さ静かさの底にある或る偉大なる力を感じさせる、という意味が書かれているのです。そこで、この二節の中間にある言葉は、そうした道を治めた人々の生き方は、かくなければならぬ、という教えになっているのであります。巷間にも知られている、和光同塵《わこうどうじん》という言葉がこの中に出てきているのですが、順を追って説明して参りましょう。

**其の鋭を挫《くじ》き、其の紛《ふん》を解《と》く。其の光を和し、其の塵《ちり》に同ず。**

其の鋭を挫き、というのは、道を治めた者は、自己の才智や能力を、あらわに出さずに、自己の鋭さを見せぬようにして、それでいて、種々な紛争や、出来事を、糸をとくように解決してゆかなければならない。その為には、自己が神の光明に輝いていても、その光明をやたらに人々に当てるのではなく、その人その人に応じた光りにして対応しなければいけない。即ち柔かい和やかな調和した光明を常に心身から放射するようにして、どんな塵の中にいるような汚れた人々とでも、同じような立場に立って和してゆかなければいけないという、つまり和光同塵の教えが説かれているのであります。

私なども、同信の古い人たちによく云うのですが、自分が判っているからといって、教えを乞いにくる人を下目にみたり、押しつけがましい説教をしては絶対にならない。いつも相手の立場や、相手の心になってあげて、深いおもいやりの心で、新しい人々に接しなければいけない。道を求めてくる人は、はじめから道そのものを求める形では来ないで、現象の利害関係だけを表面にしてくる場合もあるのだけれど、その奥の心では、道を求めてきているのだから、表面に現われている現象の利害関係のことにも耳を傾けてやらなければいけない、というのであります。

或る一つの道から悟りに入った人は、その道だけを人々に押しつけようとしますが、人に押しつけがましくした場合には、その道はもうすでに真の道ではなくなっているのです。何故なれば、その道は相手にとって、甚だ迷惑な窮屈なものであり、想いがその道に反抗するようになるからであります。

道とは神の生命の働きそのものであり、すべてがその中にあり、すべてを容れ得る無限大の心であるのですから、何人といえども容易に入り得ないような道などというものは決してないのであります。ですから、道というものは人が押しつけるものではなく、すでにその道に乗っていることを、各人に知らせさえすればよいわけなのであります。

人間というものは、誰も彼も等しく神の子であり、神の分生命でありまして、生命そのものに変りがあるわけはないのです。それが、この人生では、高下優劣があることになってしまっています。何が、人々に高下優劣という区別をつけさせたのでありましょうか、それは神から分れてきている生命そのものがしたのでもされたのでもないのであります。

すべてそれは、人々の想念《おもい》の波動《ひびき》によるのであります。自己の生命の働きを妨げるのも想念なら、他の生命の働きを妨げるのも想念なのであります。ですから私は常にすべての想念を祈りによって神のみ心にお還えしして、神の分生命そのものになって、この世での天命を完うしようと云いつづけているのであります。

そうした真理を、実によく体得しているのが、我が老子なのであります。

そこで、最後の節の説明にうつりますが、実にこの言葉の素晴しさというか、凄さというか、老子の面目躍如たるものがあります。

## 吾　誰の子たるを知らず。帝《てい》の先《せん》に象《に》たり。

この節で、老子は道のことを吾《われ》と云っております。うっかりすると、吾という言葉を道のことのみを云っているように解釈してしまいますが、それなら、道は誰の子ならむ、とか、道は誰の子なるかを知らず、という筈なのですが、道と云わずに吾と云っているのであります。

何故、道を吾と云ったのでありましょうか、このところが、老子の物凄さなのであります。老子は、私が前にも書いた中で、永遠の生命の現われそのものの人である、と云っておりますが、実に老子は、永遠の生命そのものの代表者として現われた人であるのです。ですから、この章でも、自己を道そのものと一つにして説いているのであります。それが、道と云うところを、吾と云わしめたのであります。

我れは神と一つのものなり、ということなのであります。この確信、否、確信などという言葉は老子には不必要です。信などという心よりももっと根本である、当然のことなのであります。

老子にとって、道とは自己自らなのであって、自らが神の大生命に全く一つになりきっている存在者なのであります。ですから、道と老子とが離れてあるものではなく、老子が道であり、道が老子なのであります。

その当然の心が、道を吾と云ったのであり、吾、誰れの子たるを知らず、と云って、神そのものであり、絶対者そのものの現われである、と云っているのであります。そうなると、その項の帝の先《せん》に象《に》たり、という言葉も当然そうあるべきなのであります。

帝とはここでは天帝の意味であります。天帝とは、中国でいう、天の中心者のことでありますが、その天の中心者として在るものより先に在るのが、吾であり、道である、というのですから、老子の凄さが知れるでありましょう。

そのように道はすべての根源である、というのが、老子の言葉なのです。あらゆる事象あらゆる事物に先立って道があった、ということは、道即ち絶対者（宇宙神）のみ心であり、宇宙神のみ心、み働き、それが道であるのでして、宇宙の運行のすべてが、その道に乗って動いているのであります。

そうした宇宙の運行は、宇宙神の大叡智によって運行されておるのでありますが、この宇宙神のみ心は、宇宙神そのものの直接の働きとしてなされるのではなく、各大神そして、その大神の各系統の神々神霊によって、運営されているのであります。

日本の古事記に出てくる神々のみ名は、みな、そうした働きにつけられた名なのでありますし、人格的にみれば、人格的な神としても現われているのであります。

中国でいう天帝なども、宇宙神の一つの働きにつけた名でありまして、絶対者という意味ではないのです。そこで、老子は、道は帝の先《さき》にすでに存在したと云っているのであります。そして、老子も、道と共に生れ出でた存在者であったのです。

ですから、老子を、この世に赤子として生れ出でて、種々と修業して、悟道に入った人のように解釈しようとしましても、何等そうした老子に対する事蹟的なものが皆無なのであります。

釈尊でもキリストでも、孔子でも、有名な聖者たちは、その多少にかかわらず、種々の生い立ちの記的なものや、たどってきた足蹟が語り残されたり、書き残されたりしているものです。

ところが老子に限って、一つとして筋の通った歴史的な物語りはないのです。どうしてそういうことになっているのでしょう。老子という人は、普通の人のように肉体身の両親の下から生れた肉体人間ではなくして、はじめから霊体の人であって、時により場所によって、突如として出現し得る神人であったのです。私の内部で、老子は自らそう語っているのです。

ですから、老子が、吾は道なり、と云っても無理のないことであって、歴史的に肉体人間として生れてきた釈尊が、我れは最勝最智の仏なり、と云いきっているのをみれば、勿論当然なことなのであります。

私は前にも申しましたが、私の働きの中に老子が突然合体してくるまでは、老子の本などまるで読んでいなかったのですが、老子が合体してきてからは、老子そのものの在り方が、実にはっきりとよく判ってきているのであります。世には不思議なことというものは数多くあるのでありまして、自己が納得しないからといって、その不思議を否定し切ることはとても出来ないことである、と改めて思ってみるのです。そういう、私なども、唯物的な目から見れば不可思議なる存在者の一人なのでありましょう。

# 第四講　天地は不仁なり……

道徳経第五章

天地ハ不仁ナリ。以テ二万物ヲ一為ス二芻狗ト一。聖人ハ不仁ナリ。以テ二百姓ヲ一為ス二芻狗ト一。天地之間ハ、其レ猶ナオ二ゴトキカ橐籥ノ一乎。虚ニシテ而不レ屈セ。動イテ而愈出ヅ。多言ナレバ数窮ス。不レ如カレ守ルニレ中ヲ。

〔読み方〕

天地は不仁《ふじん》なり。万物を以て芻狗《すうく》と為《な》す。聖人は不仁なり。百姓《ひゃくせい》を以て芻狗と為す。
天地の間は、其《そ》れ猶橐籥《なおたくやく》のごときか。虚にして屈《くっ》せず。動いて愈《いよいよ》出ず。多言なれば数《しばしば》窮《きゅう》す。
中《ちゅう》を守るに如《し》かず。

**天地は不仁《ふじん》なり。万物を以て芻狗《すうく》と為す。聖人は不仁なり。百姓《ひゃくせい》を以て芻狗と為す。**

天地は、自己の意図をもって、ああだ、こうだと理論立てて、万物を生かしおるものではなく、自然の動きそのままに、万物を生かしたり、殺したりしているのである。だから仁たらんという想いをもって運行されているわけではなく、万物を芻狗《すうく》（芻狗というのは、草を結んで犬の形にしたもので、神を祭る時に供えたものです。この芻狗は神を祭る場合には、きわめて丁重に取扱われるが、祭が終ってしまえば、用済みになって、路端に打ち捨てられてしまうのです）のように扱っているのである。そのさまは恰も、不仁の在り方のようにみえるのである。その天地と同じように、聖人も自ら手をさし伸べて、百姓を救おうとはせず、自然のままに打棄てておく、その態度は仁とはみえぬ、不仁そのものの態度である。というのが、この説の表面的にみた大意ですが、この言葉の奥にある老子の教えは、天地はいちいち人間の頼みに応えて、万物を生かしたり殺したりしているのではない。自然の法則の下に、その法則のままに天地の力は運行されているのである。天地そのものに何等かの意図があり、自我意識があって、宇宙の運行にたずさわっていたら、宇宙神の総体的な活動の線から漏れてしまって、法則を乱してしまう。宇宙の法則を乱してしまったら、すべてのものの統一が乱れてしまって、この世界は滅茶苦茶になってしまい、かえって万物の存在を危うくしてしまうのである、だから天地そのものには、宇宙神の心から離れた勝手な情愛などはない方がよいのである、というのです。

全く、天地に自我の想いがあって、自己の好き好みによって、万物に処するとしたら、これは大変なことになってしまいます。雨が降るも風が吹くも、天地そのものの心がするのではなく、すべて自然の法則によって行われてゆくのであります。この自然の法則というものは人類にも当然当てはまってゆくのでありまして、憎めば憎まれる、叩けば叩かれる、というように、自らの発する想念波動が、他の同様の波動と交流して、自らに同じような事柄となってかえってくるのであります。

ですから、自分の運命はすべて自分でつくり出すものであって、自分の不遇を他の人の所為にしてしまったりすることは実に愚かしいことなのです。

自己が如何に他の人の為に尽くしているように見えても、その行為をその人が喜こんでくれぬ場合は、その行為がまだ真実その人の為を思ってしているのではないのか、或は、自分がその人に、過去世から余程借り分があったかする場合なので、ますますその人の為に尽くすか、その人の天命の完うされることを祈ってやるかすることが大事なのであります。また人類そのものの運命でも、人類そのものの想念が、人類の運命をつくっているので、天災地変なども、人類の想念行為によって起されるものなのです。

そのように、宇宙の法則や、想念波動の定まりというものは、どうにもならぬものなので、自己の運命を直そうとするならば、宇宙の法則に自己の想念行為を乗せてゆかねばならないのです。宇宙神のみ心のひびきに、自己の想念波動を合致させてゆくことが、宇宙法則の軌道に乗るということなのであります。

そこで聖人というのは、どういう生き方をしているかと申しますと、天地の在り方と同じように、自己の我の想いで、人々に兎や角とお節介をするのではなく、自然のままに、自己が動いているのであります。ですから、百姓があくせくと働いて苦しんでいるのを見ても、自然のみ心が自己を動かさなければ、そのまま動かずにいるのです。そうした姿を凡夫がみれば、不仁の姿に見えることでありましょう。

聖人にはすべての人の生きてゆくべき道筋が見えていまして、各人各人の業生を果させながら、真実の神のみ心をその人々に知らせ、悟らせる天命を持っているのであります。

宇宙法則の運行から外れている人々を、その軌道を外れたままの状態で、その場その場の苦しみを救ってやっていても、とてもいつまで経っても真の救われに達しない。だから各人がその置かれた立場立場で、自然と業生からぬけ出せるように、本心開発の教えをするのが聖人の存在する価値となるのです。

聖人自らは、自らの想念を空にし、無為の生き方の中で、自然法爾《じねんほうに》的に、人々に接してゆくわけです。自然法爾の生き方の中には、宇宙神のみ光が輝きわたっているのですから、聖人が生きていることそのものが、人々のプラスになるのであります。

一見して不仁のように見える生き方の奥底には、大きな仁の姿が輝いているのです。


**天地の間は、其れ猶橐籥《たくやく》のごときか。虚にして屈《くつ》せず。動いて愈《いよいよ》出ず。**


橐籥《たくやく》というのは、鍛冶屋のつかうふいごのことで、天地の間は丁度このふいごのようなもので、ふいごは中が空っぽの箱であって、動かせば動かす程中から風が出てくる。中が空っぽなのに、風がつきることなく出てくる。天地の間の道というのも、そのようなもので、空のように虚のように見えるけれども、その力はつきることもないし、出せばどれ程の力のあるものか計り知れない。

天地の力は実に無限である。というのであります。

## 多言なれば数《しばしば》窮す。中を守るに如《し》かず。

天地はそのように無限の力をもっていて、出せばいくらでもその力が出るが、その力は常に宇宙の法則に乗って出されているのであり、やたらに出せるだけ出しているというようなものではない。ところが人間は、自分に少しでも力があると、それをやたらに出してみたくなる。一寸知ったことでも、誰彼なしに、その知識を発表しようとする。そのように多言《おしゃべり》の行為をしていると、しばしば自らを窮地に陥れてしまう。そんなおしゃべりな生き方はあまり感心したものでない。だから、天地のように計り知れない力をもちながら、その場、その時々に即応した力を出してゆくようにしなければいけない。つまり中庸の道を守って生きてゆかなければいけない。

と老子はこう云っているのであります。老子のこの中を守るということは、実にむずかしいことでありまして、中を守れる人間などというものは滅多にいるものではありません。尤も老子の説いているのは、いつも聖人は、といって、聖人相手の説法なのですから、老子の説法を一般の人にそのまま直訳して判らせようとしても、どだいそのことそのものが無理なのであります。私はそこで、老子に至る道、聖人に至る易しい道を説きつづけているわけなのであります。

中庸の道というのは、孔子もよく使っている言葉ですが、人間というものは、どうも、右か左かに片寄り過ぎる傾向をもっていまして、中を守るという生き方ができにくいのであります。

この章の主なる意味は、天地が自然の法則のままに運行しているように、聖人も自我を没却して、宇宙神のみ心のままに、自然法爾に生きているものである、と説いているのでありますが、その自然法爾の生き方は、自《おのずか》ら、右にも左にも片寄らぬ、あらゆる業想念を超越した把われのない心で、中を守って生きられることになる、という点に、この章の重点を置いているわけです。

日本の政治などでも、保守系でなければ、共産社会系というように、考えられて、中を守る政治家などは、一人として、政治の舞台には立てぬような状態に置かれています。

どうもこの地球世界では、右だ左だと、景気よく自己主張している人の方が、何んだか頼り甲斐のあるような気がしまして、そうした業想念波を超越した世界から、この世の救いに起とうとしている、真人の声などは、なかなか耳に入ろうとはしないようです。それは丁度、老子が、聖人は百姓を芻狗《すうく》のように扱って不仁に見える、と云っていると同様に、すぐに、こうだ、ああだと手をさし伸べて、その人々に直接利益になるような処置を取ってやるようなことを、本心開発の道を説く人々はあまりしないからなのであります。

私たちの在り方は、なるべくは、すべての人々を芻狗のように扱わずに、すべての人々に直接利益を与えながら、しかも、その人々の本心開発に役立ち、世界人類の天命開顕にも役立つ方法を提唱宣布しているのであります。それが世界平和の祈りとして誕生しているわけです。

祈り一念から生れ出でる生活こそ、右にも左にも傾かぬ、中を守る生活になってゆくのでありま す。何故ならば、祈りという行為は、自己の全想念を、神のみ心の中、つまり自己の本心の中に投入してしまう行為だからであります。神のみ心の中に投げ入れてしまった自己は、もう業想念波の中に生活する自己ではなく、自然法爾的に、神のみ心から生活を頂いた自己になってしまっているのであります。ですから、瞬時といえど祈り心で生きている人々は、老子のように、祈りという行為さえも超越した神人とまでは勿論参りませぬが、意外な程容易に、聖人の行なっている行為に近い行ないができるようになってゆくのです。

中を守るというような行為は、現代のように社会国家の状勢が複雑になっている時代ではとてもでき難いので、中を守るなどという言葉を先にもってこないで、先ず中を守れるような心の状態に、自然に成り得る道を先ずつけてやることが必要です。

その道が、世界平和の祈りの道なのです。世界平和ということは、これは勿論大調和そのものである、宇宙神のみ心と全く一つのひびきをもっておりますので、人類等しく望むところであり、右にも左にも片寄らない、中を守る道となるのであります。

祈りによる世界平和運動こそ、真の中庸の道なのです。ですから、あまりむずかしく理論的にどうだ、こうだと、聖人の教えを考えるよりも、祈り一念の生活に自己の生活を乗り入れてしまった方が、すべての聖人の教えが生きてくるのであります。

老子の教えなど、原文のままで直訳していたら、読んでも聞いても、ああそんなものですかね、しかし、私等にはどうにもなりませんわ、というわけで、自己の生きてゆく道の参考にもならないことになってしまいます。

そこで私は、老子のいわゆる、高い深い教えを、ずうっと程度の低いところに、一度引きさげて、その示さんとする道に、自然に合致してゆく、易しい方法として説いているわけなのであります。

天の理想と地の現実を縦横十字に結び、その中心に起って、私たちは生きてゆかねばならぬのです。その道が中を守る道というのです。そしてその最も易しい方法が、世界平和の祈りなのであります。

# 第五講　其の身を後にして身先んじ……

道徳経第七章

天長地久。天地所以能長且久者、以其不自生、故能長生。是以聖人、後其身而身先、外其身而身存。非以其無私耶。故能成其私。

〔読み方〕

天は長《なが》く地は久《ひさ》し。天地の能《よ》く長く且《か》つ久しき所以《ゆえん》の者《もの》は、其の自ら生ぜざるを以て、故に能く長生《ちょうせい》す。

是《ここ》を以て聖人は、其の身を後《あと》にして身先《みさき》んじ、其の身を外にして身存す。其の私《わたくし》無きを以てに非ずや。故に能く其の私を成す。

**天は長く地は久し。天地の能《よ》く長く且つ久しき所以《ゆえん》の者は、其の自ら生ぜざるを以て、故に能く**

長生す。

天地が悠久だということは、天地には自己というものがなく、無為であり、無心であるからである。天地というものは、自分で天としてあろうという想念があるわけでもないし、地として存在したくてしているものでもない。天地が天地としてあるのは、宇宙神のみ心が、そうあらしめてあるが故にそのようにあるのであって、自分の存在を主張して、他に自己を示そうとする自我というものは全くない。

宇宙神のみ心を離れた自己というもののない天地は、宇宙神のみ心のままに、宇宙神と共に存在するのである。そこで天地には時間的な終末というものがなくて、悠久であると云うのであります。

この世の人間が、何か思いあまって、心配事があって、くよくよしている時は、広々とした天を仰ぎみていると、自己という小さな存在がいつの間にか、悠久の営みをつづけている、無限に広く、無限に深い天の心に吸いこまれていって、自分自らも、天のように、深い、広々とした心になってきて、この世の俗世界の煩悩から暫くは離れ住んでいる想いになってくるのです。

明治天皇の御製の

浅みどり澄みわたりたる大空の広きを己が心ともがな

のような心になってきます。

そして、大地の大きな恵みを想ってみると、大地の無私なる大愛がしみじみと感じられて参ります。大地は人間から何等の報いも受けないでいて、人間に必要なあらゆる物を、生み育ててくれているのです。

天地の深い広い心は、巧まずして、誇りもなく、自己主張もなくして、人間たちを、その慈愛の心で抱きつづけていて下さるのであります。

そういう天地を創りあげて下さった、宇宙神の大愛を思いますと、人間が小さな損得にもいちいち眼に角を立てあって、いがみ合っているさまは笑止に耐えぬことなのです。

今日この地球世界が、各国に分れて、自己の国土を拡げあおうと、武器をもってお互いに威嚇し合っている様子などは、天地の無為無欲なる心とは全く反対の、神のみ心を離れた行為なのであります。

そこで次に

**是《ここ》を以て聖人は、其の身を後にして身先んじ、其の身を外にして身存す。其の私無きを以てに非ずや。故に能く其の私を成す。**

というような聖人の生き方を、すべての人々がするようにしなければならないのであります。と云って、この原文のままでは、皆さんにお判り難いと思いますので、ここで、この節の説明を致すことにします。

前節の天地の生き方を人間がしていますと、その生き方のできる人を、聖人と呼ぶのであります。さて、天地の在り方を人間がすれば、どういう在り方になるのでしょう。

聖人はその身を後にして、身先んじ、と老子は云っております。これはどういうことかと申しますと、普通の解釈でいきますと、自分のことはすべて後廻わしにして、他人の利益を先にしてやる、という生き方である、とこのような説明になるのであります。ところが実は、只単にそうした普通の解釈を老子の言葉に当てはめたのでは、折角の老子の教えが死んでしまいます。その身を後にして、身先んじとは、現象に現われている、この肉体的な自分というもの、肉体的の自分の利害ということを後廻わしにして、真実の自身、霊なる自身、つまり、宇宙神の分生命としての自身ということを主にして、先んじて生きなければいけない、という、深い意味があるのであります。

天地が悠久なる生命の現われであると同じように、この人間も悠久なる永遠なる生命の現われなのであり、永遠の生命そのものでもあるのであります。その永遠の生命が、人間の霊身として、各人に分れて、地球をも含めた宇宙世界で、永遠の生命、つまり宇宙神のみ心の現われの為の働きをしているのです。

そして、その霊身の働きの一つの枝として、肉体身を現わし、この物質世界の営みもしているのであります。その真理を忘れて、肉体身だけを人間と考えはじめたところから、この世の乱れが生じたのであり、今日の不幸災難というものが生じているのであります。

聖人という者は、そうした真理を知っていますので、霊身の自身を主なる存在として、肉体身の自己を後廻わしにした生活をしてゆくのです。霊身を主にして生きていれば、肉体身の生活の方は、自由自在に整ってくるのであります。

その身を外にして身存す。その私無きを以てに非ずや、故に能《よ》くその私を成す。

この言葉は、今までの説明ですでにお判りのように、その身を外にしというように、肉体身というものを、心の外にして、先ず霊身から伝わってくる心の通りに動くことが大事なのであります。

霊身というのは、神のみ心のままに動いているものでありまして、丁度、天地のように私無きものなのです。そこで、霊身のまま、私流に云えば、本心のままに行動しておりますと、その身が、安住していられれ、立派に生存していることができるのであります。仏教的に云えば、自由自在身心となるのです。

そうなりますためには、どうしても、習慣性となっております、肉体身本位の在り方を改めて、つまり、その身を外にして、肉体身の自己というものをひと先ず考えずに、霊身（心）本心のままに生きる練習をしなければならないのであります。

老子のようになってしまっていれば、はじめから霊身でこの世に来ているのですから、その説法のような生き方は至極当然なことでありましょうが、普通人には、肉体身の自己を先ず外にして生きるということは、なかなか一朝一夕でできることではないのですが、能くその私を成すのには、自分が真人として大成するには、むずかしくても何んでも、老子の云うような生き方をしなければならないのです。

この宇宙世界というものは、それはそれは無限に広く、無限に深いのでありまして、地球のような存在が、無数にあるのであります。近頃急速にこの地球界でも、宇宙への関心を高めておりまして、その目的意図は別と致しましても、米ソの宇宙船競走などは、実に結構なことなのであります。今日では、地球は地球といったように、他の星の世界と全く没《ぼっ》交渉でくらしてゆくということは、もはやナンセンスになってきている時代なのです。

宇宙のあらゆる星々は、お互いに影響し合って生存しているのであって、地球なら地球が単独で生存しているのではないのです。それは、地球世界の国々が、自分で気づくと気づくまいとに関わらず、お互いに影響し合っていると同じようなものなのです。

時代が進むにつれて、人間の視野も次第に広くなってゆきます。その昔のその昔は、日本一国の中でも、お互いの国々が独り自己の領土の中だけでくらしていて、他の領土のことはあまり知らなかったものが、今は日本一国のことはおろか、米国ソ連はては、アフリカ各国のことにまで関心が及んでいるのであります。

そうした心の広がりは、今や宇宙全般にまで及んでゆく、第一歩を踏み出しているのです。人によりますと、地球界のことの収拾がつかぬのに、宇宙は何んだ可だと騒いでいるのは馬鹿々々しいと云っている人もありますが、その人は地球界と、宇宙全般との関連に全く無知な人なのであります。

今日では、日本にとって米国の動きは一挙手一投足でも重大な影響がある、と同様なことが、宇宙全般の動きと地球の運命とに当てはめることができるのです。

老子や釈尊やイエスなどは、そうした原理をよく知っておりまして、そうした原理の下から、その教えを説いているのであります。宇宙人のことなどいうと、何んだ宇宙人など存在するものかと一口でけなし去る人もおりますが、宇宙人の存在などは、実に確たるものでありまして、私たちは常に交流し合っています。釈尊などはその真理をその教典に説いているのです。

もう、地球界だけの存在とか、この肉体世界しか人間の住いがないなどという愚かなる考えから、いち早く多くの人々が脱出して貰わねばならない時だと思います。

そういう真理が判らないと、老子などの説いていることが、唯の理想境であるようにしか受け取れず、私たちにはそんなむずかしい教えは実行できないさ、と安易に投げてしまいかねません。

老子の教えも釈尊やイエスの教えも、実は、実際に行なえる教えなのです。しかし、今日まではまだ宇宙の運行が、地球人にそうした真理を実行させるに非常な困難をともなうような波動になっていたのでありまして、今日までに聖人のような行為のできた人は、実に偉大な人であったと思います。

ところが、今日では、宇宙の運行が、地球の位置を宇宙神のみ心の中心に一段と高め上げてくれるように運行されてきているのでありまして、そうした運行の下では、今日まで地球上の強い勢力となっていた、悪のような姿、私のいう業想念波動が、急速に消されてゆくのであります。そして、宇宙神のみ心に合致した正しい心的波動をもった人々や集団が、非常に働き易い立場に浮び上がる状態に自然になってくるのであります。

その一つの働きかけが、宇宙人、宇宙天使の地球界への援助の手となって現われてきているのです。この世はすべて波動の世界です。宇宙法則から外れた波動をすべて宇宙法則の軌道に乗せかえる運動が今こそ活撥に行なわれることになるのです。

老子の教えなどは、実に、宇宙法則の軌道をそこに指し示して、さあ人々よ、乗るまでには少しは苦労もあるだろうが、その苦労を超越して、宇宙法則の軌道に真っすぐ乗れ、その軌道はどういう軌道かというと、こういう軌道だ、と云って、数々の教えを説かれているのであります。

肉体身のその身を先にしていたのでは、いつまで経っても、宇宙法則の軌道には乗れません。その身を後にし、その身を外にし、先ず本心開発の道を先にしてこそ、個人も救われ、この地球界も救われるのだ、老子は今も私の中にいてそう云っているのであります。

そうした行為が最も自然に容易にできる方法が、世界平和の祈りなのです。肉体界の諸々の悪や不幸や誤ちはすべて消えてゆく姿、宇宙法則の軌道は、世界平和の祈り言の中に敷かれてあるのであります。そのことをよくよく含味して下さい。

# 第六講　上善は水の若《ごと》し……

道徳経第八章

上善ハ若シレ水ノ。水ハ善ク利シテ二万物ヲ一而不レ争ハ。処ル二衆人之所ニ一レ悪ム。故ニ幾シ二於道ニ一。居ハ善ク地。心ハ善ク淵。与フルハ善ク仁。言ハ善ク信。政ハ善ク治。事ハ善ク能。動クハ善ク時。夫レ惟不レ争ハ。故ニ無シレ尤。

**〔読み方〕**

上善は水の若《ごと》し。水は善く万物を利して争わず。衆人の悪《にく》む所に処《お》る。故に道に幾《ちか》し。居は善く地。心は善く淵《えん》。与うるは善く仁《じん》。言《げん》は善く信《しん》。政《せい》は善く治《ち》。事は善《よ》く能《のう》。動くは善く時。夫《そ》れ惟《ただ》争わず。故に尤無《とがめな》し。

**上善は水の若《ごと》し。水は善く万物を利して争わず。衆人の悪《にく》む所に処る。故に道に幾《ちか》し。**

上善というのは、最上の善ということであります。その最上の姿は水の姿である、というのです。どうして水の姿が最上の善の姿かというと、水は善く万物の為になって、そして何ものとも争わないからである、というのです。

水が万物を利しているということは、一寸考えても判ります。この世の生物で水のおかげを蒙らないで生きていられるものはありません。生きるという根本的なことがそうであると共に、あらゆる機会に水は人をはじめ万物を利しているのです。

そのように万物を利しているばかりでなく、何ものとも争うことがないのでありまして、四角い器には四角く、丸い器には丸い姿となって、その場その場にすっかり和しているのであります。

しかも水は、常に高いところに止まっていることはせずに、低いところ低いところと、自らを一番低いところにおこうとしているのです。衆人の悪《にく》むところとは、人々の嫌がるところ、つまり低い地位ということです。そうした水の姿は、実に道に近い、神のみ心に近いというのであります。

そこで、そのような水の心で人間がこの世に処していったら、どのような行ないとなってゆくか、ということが、次の節に述べられているのです。

**居は善く地。心は善く淵。与うるは善く仁。言は善く信。政は善く治。事は善く能。動くは善く時。夫れ惟《ただ》争わず。故に尤《とがめ》無し。**

居は善く地。というのは、その人がいる場所はすべて善くなってゆくような、そういう人でありたい。それは丁度、水が地をうるおすように、自然の姿のままで、何処にいても、如何なる地位にあっても、人々を善化してゆく人でありたい、という意味であります。心は善く淵というのは、淵というのは深さとか永遠性とかを現わすためによく使われる言葉なのでありまして、心は深く澄み透っていて、永遠性を現わしているようでありたい、というのです。

与うるは善く仁。という仁には、日本的に云えば、無我の愛であり、寛容であり、慈しみであり、叡智の行であるというように、一つの仁という言葉の中に、あらゆる美徳を含めてあるのです。完全なる人格を表現するために、この仁という言葉が使われているのです。

ですから、そうした仁の心で人々に接したいものだ、というのが、この与うるは善く仁というわけです。

言は善く信とは、言葉は虚言であってはならない、常に信用の置ける真実の言葉でなければいけない。あの人の言葉には嘘いつわりがない。あの人の言葉なら絶対大丈夫だといわれるような真のものであり、道に叶った言葉でなければいけない、というのです。

信ということばは、にんべんに言と書かれてありますように、人の言そのものをいうのです。人というのは、霊《ひ》の止まるところ、日《ひ》（光）の止まるところという言葉で、神霊波動のそこに止まって働く者をいうのです。現在一般に人間といわれている者と真実の人といわれている者とは、同じことに使われていますが、実は厳密にいうと全く同じ者ではないのです。

人とは、神霊波動そのものが、そのまま働いている姿につけられた言葉であり、人間とは、神霊波動（光）と業想念波動（迷）との混合された者につけられた名称なのであります。ですから、人間は次第に浄められて真実の人となってゆくわけなのです。

そこで釈尊などは、天人、人間、阿修羅《あしゅら》などという人の境界にそれぞれの名称をつけているのであります。

そこで信という言葉は、真実の人の言葉、言《ことば》とは声に出る言葉だけではなく、想念そのものの波《ひび》動《き》も言《ことば》というのです。言葉《ことば》とは言《ことば》のひびきの枝葉に及んでひびいている時につかわれるのです。

そうした言《ことば》（言葉）は、信という文字になって、信という文字が、そのまま、神霊波動そのもののひびきとして、真実の人の言《ことば》という意味をもつのです。そういうわけで信という言葉は実に大事な言葉となるのです。老子はこの信をますます善いもの、善い言葉として、人々に伝えなければならぬと云っているのであります。

政は善く治。政《まつりごと》は善く治《ち》めなければならないということは当然なことですが、善く治めるということは、老子在世の昔から、今日に至るまで、実にむずかしいことなのでありまして、後には名政治家と称えられている人でも、その人の在職中には、後に挙がった名声程に、その時代の人に賞め称えられたわけではないようです。

善く治まる政を行なう為には、為政者に私心が少しでもあってはならないのだし、常に天の声、神のみ心と一つになって行なわなければならないのです。老子の云う、道に沿った行為のできる人でないと、真実の政治は行なえないのです。

現在の世界中の政治家にこのことを当てはめてみて、当てはまる人が、果して何人あるでありましょうか。私心を全く去って、神のみ心そのものの政治を行なっていれば、その国は平和になり、栄えてゆくにきまっているのですが、今日のように世界状勢が複雑になっていますと、余程の偉人であっても、世界各国の各種の想念波動に妨げられて、神のみ心のままの政治を行うことは容易なことではないのです。

個人が無我になることはまだ易しい。個人が神のみ心そのままに動くことも、精進次第でできうることです。しかし、神のみ心のままを、政治に実現せしめることのむずかしさは、他の何事にも比べられないむずかしさであろうと、私には思われます。

この善き政治の出現は、もう少し先の将来にゆずることに致して置きましょう。老子の言葉を実行にうつすためには、まだまだ世界中がその時機になっていないのです。

事は善く能。とは、事を為すのには、その能力を善く生かして、無駄なことをしてはいけない。善く能力を生かして事に処すれば、誰でもその人を大事にしてくれる、というのです。本当に、自分で自慢たらたら自己宣伝をしないでも、その人が善く能力を生かして働いていれば、自然とその人は重く用いられるのであります。要するに常にその道、その道の実力を養って置くことが肝要である、と老子は云いたいのです。

動くは善く時。如何にこま鼠のように動いていても、その働きが時に叶わなければ、無駄働きになってしまいます。どんな有能な人でも、時を知ってその能力を現わさなければ、かえって身を危うくすることさえあるのです。

世界平和の祈りにしても、これが、法然親鸞時代だの、戦国時代に唱えたとしても、一向に効果がないばかりではなく、その主唱者は恐らくは馬鹿者扱いをされるか、邪魔者扱いされるかして、殺されかねません。

人と時と処とが三相応しないと、物事は完成されないのです。古い昔から聖者賢者が沢山出ておりながら、人類が根本的には救われていない、ということは人があっても、時と処とが、合致しないので、根本的な救われが成就しなかったわけです。

ところが、現代こそ、地球人類の運命は最後の土壇場に来ておりまして、絶体絶命の立場に追いこまれてきているのです。滅びるか全き救われの道に入るかの、両極に起たされているのです。

ですから、今こそ、人と時と処の三相応の姿が必ず成就するのです。何故なれば、神は大愛です。地球人類を最後の苦しみのまま、滅ぼし去るわけはありません。今日こそ真実の救われを地球人類は体得しなければ生きられなくなっているのです。

では、最後の、夫れ惟《ただ》争わず、故に尤《とがめ》無し。ですが、水は争わない、だからとがめがないのだ、と同じように、人も争う想いが無くなって、真に平和の心になれば、すべての善き行為がその心から生れ出でて、とがめも誤りも出てはこない、と結んでいるのです。

実際に、争う想いの少しでもある人は、真の平和論者とはいえないし、老子のこの章のような生き方はとてもでき得ないわけなのです。自己を完全な人格にする最初の出発であり、最後の心でもあるのが、平和なる心であるのです。

平和な心が根底にあって、そこからすべての善徳が生れ出るのであって、平和の心が根底にないと、一つの善徳を積んでも、どこかでその善徳を崩してしまう、不徳をしてしまうものなのです。ですから人は何んにも先んじて、平和な心を養わなければならないし、争う想いを無くしてしまわねばならないのです。

自分の行為が正しくて、相手の行為が悪いのだから、自分が怒るのは当然だというような場合が随分ありますが、私のようにその人その人の過去世からの想念所業の判るものからみれば、その時には、確かにその人の方が正しく、相手方が百％悪いとしても、過去世からのお互いのやりとりを通算してみれば、正しいと思っている方にも、悪いところが沢山あったので、相手方がその人に悪く当ってくる理由も随分とあるわけなのです。

個人同志のやりとりも、国家や民族同志の争いなどでも、その場その時だけのものではなく、過去或いは過去世の歴史的な諸事情の下に、今日の争いも生れてくるのであって、現在正しいからといって、現在正しい方が全面的に正しく、現在悪い方が全面的に悪いとはいえないのです。
また、主義や主張にしても、その主義主張が表面的には国を汚し、人類を乱すように思われることでも、実は国や人類の業想念を奇麗にするための大掃除による、種々のほこりが立っている姿かも知れないのです。

人類が神の子の真実の姿を現わすためには、どうしても、浄めが必要なので、人類の大浄化作用のために、現在は、各種の面妖な思想や、行動が起っているのであります。

そうした間違った思想や行動をみますと、正しい心の人々は、つい腹立たしくなるのでありましょうが、そこで腹を立てたり、争いの想いを起こしたりしたら、その人自身も、神のみ心から離れていることになります。そこで私は、すべての想念を先ず、世界平和の祈りの中に入れて、そこから自分の想念行為を頂き直して、生活してゆきなさい、と人々にすすめているのであります。大事な大事な平和の心を養う最大の方法は、やはり世界平和の祈りを根底にして生きる生活方法よりないのです。老子の一見むずかしそうな教えも、平和の祈りの中から行じる習慣をつけますと、意外な程易しく実行できるようになるのです。

# 第七講　虚を致すこと極まれば……

道徳経第十六章

致《スコトヲ》レ虚極《マレバ》、守《ルコトヲ》静篤《シ》。万物並《ビ》作《レドモ》、吾以《テ》観《ル》二其復《ヲ》一。凡《ソ》物《ハ》芸芸《スレドモ》、各復二帰《ス》其《ノ》根《ニ》一。知《レバ》レ常《ヲ》帰《ルヲ》レ根《ニ》曰《フ》レ静《ト》。是《ヲ》曰《フ》二復命《ト》一。復命《ヲ》曰《フ》レ常《ト》。知《ルヲ》レ常《ヲ》曰《フ》レ明《ト》。不《レバ》レ知《ラ》レ常《ヲ》、妄《リニ》作《シテ》凶《ナリ》。知《レバ》レ常《ヲ》容《ル》。容《ルレバ》乃《チ》公《ナリ》。公《ナレバ》乃《チ》王《ナリ》。王《ナレバ》乃《チ》天《ナリ》。天《ナレバ》乃《チ》道《ナリ》。道《ナレバ》乃《チ》久《シ》。没《スルマデ》レ身《ヲ》不レ殆《カラ》。

**〈読み方〉**

虚《きょ》を致すこと極まれば、静《せい》を守ること篤《あつ》し。万物並び作《おこ》れども、吾以《もっ》て其の復《ふく》を観る。凡そ物は芸芸《うんうん》すれども、各《おのおの》其の根《こん》に復帰す。根に帰るを静と曰《い》う。是を復命《ふくめい》と曰う。復命を常《つね》と曰う。常を知るを明《めい》と曰う。常を知らざれば、妄《みだ》りに作《な》して凶《きょう》なり。常を知れば容《い》る。容《い》るれば乃《すなわ》ち公《こう》なり。公なれば乃ち王なり。王なれば乃ち天なり。天なれば乃ち道なり。道なれば乃ち久し。身を没するまで殆《あやふ》からず。

## 虚を致すこと極まれば、静を守ること篤《あつ》し。

普通一般に使われています虚という言葉は、むなしいという意味に使われていますので、虚言といえば嘘言《うそごと》であり、虚栄といえば、むなしい栄であり、飾り事であります。虚色、虚無、みんなむなしいという意味を現わすことに使われています。

ですから、うっかりこの虚の字を見ますと、真実でないもの、むなしい言葉のような気がして、この言葉の真実の意味をはき違えてしまいます。

虚の真実の意味は、むなしいはむなしいでも、人間の自我欲望の想い、小智才覚の想いを、むなしくする、という意味でありまして、その点は、空《くう》という言葉と等しい意味をもっております。

ただ、空といいますと、そのものずばりと云い切って、空の段階などというものを考えることができないものです。ところが、虚といいますと、虚を致すこと極まれば、と老子が云っておりますように、虚の心境には段階があることを感じさせます。

己れをむなしくする、というむなしくする程度が極まった時に、空と普通云われるその心境と一つになったという感じがします。ですから虚を致すこと極まれば、即ち空なり、と考えてもよいのだと想います。

こんな言葉の詮議はどちらでもよいのですが、読む人にそんな疑問が出はしないかと思って一言しておくわけです。しかし、実際には、私が老子に心の中で云われたように、空にも深い浅いがあるのですから、虚と空とを一つに考えてもよいのでしょう。

そこで、この虚を致すこと極まれば、静を守ること篤《あつ》し、という意味の説明に入りますが、自己の自我欲望や小智才覚の想念を全くむなしく致しますと、その人の心境は、静かに澄みきってきて、如何なる事件事柄にも、その想念が乱れることが無くなってくる、つまり静を守ること篤し、となるわけなのです。

真実に自分の小我というものが無くなり、自己や自己につらなるものの損得感情というものを超えて、虚の心境になっていれば、何もの何事にも驚かず周章てず、静を守っていられるわけです。

**万物並び作《おこ》れども、吾以て其の復《ふく》を観る。凡そ物は芸芸《うんうん》すれども、各《おのおの》其の根に復帰す。**

草木が春になれば一勢に芽を吹き、勢が芸芸《うんうん》、つまり生い茂り盛んになるように、万物は一定の時期になると、各自がその性《さが》に従って、現われ、成長し、やがて老い朽ちて、その姿を本源の世界に復してしまう。どのように一時この現われの世界で栄えているようにみえても、すべての万物は、その各自の根である、本源に復帰してしまうものである。万物の本源とは大生命の中であるが、各自の根とは、大生命が植物なら植物という色分けをした本源のことで、植物がこの地球界にその形を現わす源の生命のひびきのことをいうのです。

草木などが一つ一つの小さな種の中から、見るも美しく或いは雄大なその姿を現わしてゆくさまをみていると、一体あの種の中にどのような仕掛けがしてあるのかと、不思議に思わぬ人はないと思います。

種の中に存在する植物の生命のひびきが、大地に含まれているその生命を育てるひびきに調和して、あのような立派な美しい姿を現わすのであります。

植物ばかりでなく万物すべて、各自の根源の世界にひそんでいた生命が、この世に現われる律動（ひびき）を起すことにより、そして、その生命のひびきを、この世に現わす助けをする様々な生命のひびきによって、この世の繁栄がなされているのであります。

しかし、そういう各自の繁栄は、どうしてもやがては再び本源の世界に復帰しなければならない

ものだ、と老子は云うのです。そして、

**根に帰るを静と曰《い》う。是を復命《ふくめい》と曰う。復命を常と曰う。**

と云っているのです。

根つまり、本源に帰ることを静というと、老子は云っております。老子のいう静というのはどのようなことをいうのかと申しますと、自己という想いの少しもない、本源から離れた動きの少しもない、いわゆる想念波動というものの一切ない境地をさして云っているのです。もっとはっきり申せば、大生命が、一つ一つの生命波動として活動をはじめようとするその元の相《すがた》を静というのです。そしてこの静の状態になった時に、これを復命、命に帰った、命の源と一つになったというのです。そしてその復命を常と曰う、と老子は重ねて云っているのです。常というのはどういう状態かといいますと、普通この世でいっております常識の常とは大分違っております。尤も、この世の常識という言葉は、実は、この常という言葉の真実の意味から出ているのでありますが、今日では、地球世界の一般人の誰れでもが肯定できる事柄をとらえて常識というようになっております。

老子の云っておりますこの常というのは、この世の常識などより計り知れない深いところの本源世界の心の在り方を云っておりますので、一寸判り難いかと思います。最初の、虚の境地から出てくるのが常の心なのでありますが、一口に云うと、宇宙神のみ心を心とした、宇宙心の法則にそのまま乗って生命波動をひびかせ得る境地を常というのです。

**常を知るを明《めい》と曰《い》う。常を知らざれば、妄《みだ》りに作《な》して凶《きょう》なり。常を知れば容る。**

こうした常の心境を知っていることを明という。明というのは、読んで字の如く、あきらか、明るい、ということで、闇がない曇りがない、迷いがない、というのであり、神の心の光明そのものということであります。

そして、常を知らないと、妄りに種々様々なことを想ったり行なったりして、凶《きょう》を生んでゆくのです。これは私がいつも説いておりますように、神のみ心の自然のままに、いわゆる自然法爾《じねんほうに》に、自分の行為ができるようになると、業想念行為が生れてこないし、業《カルマ》の波動で、自己を乱し、人を傷つけ、国を損ない、人類を不調和にするようなことはないのです。

次の常を知れば容る、という言葉のように、常を知れば、何もの何事も容れ得る自然の心と等しい者になるのであります。

**容るれば乃《すなわ》ち公なり。公なれば乃ち王なり。王なれば乃ち天なり。天なれば乃ち道なり。道なれば乃ち久し。身を没するまで殆《あやう》からず。**

〝容るれば〟から〝道なり〟まで、すべて神のみ心の状態を指していますので、そのような神のみ心と一つになっていれば、久遠の生命を得ることができるし、肉体身をもっていても、その身が危うくなったり、困ったりすることがない、というのです。

公なり、王なり、天なり、道なり、と種々の言葉をつかっておりますが、これはすべて虚を致すこと極った心境、即ち空《くう》になり切った心、つまり神人としての心の世界を云っているのであります。

ちなみに公という字は、おおやけ、という意味につかわれています。このおおやけという言葉は、自己がない広い立場をいうのであります。自己を広い立場の中に融けこませている人を公人というのです。ところが現代のというより、いつの世でも、この地球界の公人というのは、真実のおおやけの立場で事に処している人が尠ないのです。汚職まではしなくとも、いつでも自己という立場を持しながら、自己という立場を主にしながら、公人の仕事をしている人が殆どなのであります。

各大臣をはじめ、役所の人々が、自己を公の中に融けこませきって仕事をしているとは、思われません。自分に当てがわれた仕事を一生懸命やっている、という人は沢山あるでありましょうが、真実の公とは、そのぐらいの心境ではないのです。自己の生活とか、自己の立場とか、そんな想いの一切ない、空になり切ったところに、この公という心の立場ができてくるのであります。

公的な立場とは、実はそのように深いものであるのですが、現代の公的といわれる立場にある人に、そうした深い公を教えてもとても無理でありましょうから、私流に、すべての自己心を、消えてゆく姿として、祈り心の中に入れて、仕事をしていったらよいと思うのです。そしてその祈り心は、やはり、世界平和の祈りのような、全く公的な祈り言の方がよいのです。

次の王という字でも、王の上の横線は天を示しているのですし、下の横線は地を示しているのです。そして、天地の間に十字がありまして、この十字が天地を支え大調和させている形になっているのです。

この意味を簡単に申しますと、天の理念を地に現わす為には、人が、縦横十字、つまり、理想と現実を調和させ、精神問題と物質問題とを融合させてゆく能力を持っていなければならない。そうした能力を持っている人を、王というのであります。ですから王になるためには、そうした能力をもった人、神の叡智を自己のものとした神人でなければなり得ないのです。その王たるべき人が、単なる世襲でなったり、権力欲でなったりしているのですから、世界が乱れるわけなのであります。

このようなわけで、虚を致すこと極まった人は、公にも王にも天にも道にもなり得て、その身は安泰であると云うのです。

ところで、老子でも孔子でもそうなのですが、こうした昔の聖賢の教えは、こういう心境になればよい、そうならなければならぬ、というのですが、惜しいかな、そういう心境になる方法が書いてないのです。書いてあっても、それは容易にはできにくい方法なのであります。そうした聖賢はその人の人格の光そのもので、自《おのずか》ら弟子たちを浄めて、自然とその道に達するように仕上げたのでありましょうが、後世の書物となると、そういうわけには参りません。

そこで私のような立場の人が現われて、そうしたむずかしい原理を易しい方法で成就できる方法を教える必要があったのです。消えてゆく姿で世界平和の祈り、という方法がその易しい方法なのであります。

# 第八講　聖を絶ち智を棄つれば……

道徳経第十九章

絶《チ》レ聖《ヲ》棄《ツレバ》レ智《ヲ》、民利百倍《ス》。絶《チ》レ仁《ヲ》棄《ツレバ》レ義《ヲ》、民復《ス》二孝慈《ニ》一。絶《チ》レ巧《ヲ》棄《ツレバ》レ利《ヲ》、盗賊無《シ》レ有《ルコト》。此《ノ》三者《ハ》、以為《エラク》、文《ナレドモ》不《ト》レ足《ラ》。故《ニ》令《ム》レ有《ラ》レ所《ノ》レ属《スル》。見《ハシ》レ素《ヲ》抱《キ》レ樸《ヲ》、少《ナクシ》レ私《ヲ》寡《ナクセン》レ欲《ヲ》。

〔**読み方**〕

聖を絶ち智を棄《す》つれば、民利《みんり》百倍す。仁を絶ち義を棄つれば、民、孝慈に復《ふく》す。巧《こう》を絶ち利を棄つれば、盗賊有ること無し。此の三者は、以為《おも》えらく、文なれども足らずと。故に属する所有らしむ。素を見《あら》わし樸《ぼく》を抱き、私を少なくし欲を寡《すく》なくせん。

**聖を絶ち智を棄つれば、民利百倍す。仁を絶ち義を棄つれば、民、孝慈に復す。巧《こう》を絶ち利を棄つれば、盗賊有ること無し。**

老子の根本を貫いている生き方は、普通いわれる修養などとは、まるで異っています。普通の求道者が、こうしなければならない、と思っているような事柄とは、殆んど逆説的な教え方を、老子は常にしております。

この章なども、聖とか智とか、仁とか義とかいう、誰でもが、尊い生き方であり、そうなりたい、と思うような生き方を、老子はかえって棄てなければならないと云っているのであります。

智を棄てろ、巧利を棄てろというようなことは、普通でもいう人もありますが、仁とか義とかいう、真人の行きつくべき、最高の境地、最高の行為をも棄てろ、と云うのですから、一体どういうことなのかと思ってしまいます。

そして、そうすることが、かえってすべてが善くなることなのだ、と云っているのですから、老子の説は判らない、と云う人が多くいるのも無理はありません。

しかし、そこが老子の老子たるところ、老子が並々ならぬ大聖者であり、神人そのものであるという証拠でもあるのです。

老子の根本の心は、前にも説いてありますが、無為にして為す、というところにあるのでありまして、大生命、宇宙生命の動きと、肉体人間の動きとが、分裂し、分離しているような生き方を、あくまで否定しているのであります。

仁とか義とかいう、人間最高の境地さえもそうなろうと望む想いがあるようでは、宇宙生命、宇宙の心に相対して自分があることになるので、それではいけないというのです。如何なる高い境地でも、立派な理想でも、そうなろうという想念《おもい》があるうちは、そう成り切っていないのだから、そこにはそれだけのマイナス面がでてくる。義の心になり切り、仁になり切っていれば、今更義ということもなければ、仁ということもない、聖と云うことをいうことも、智を云々ということもない。存在するそのままで存在し、たずさわった仕事そのものに融け切っていればよい。そうすれば政治家は素晴しい政治が執れる、従って民の利は百倍するというのです。そのように、そのままの生き方ができれば、すべてが孝慈をつくし、盗賊なども無くなってしまう、というのであります。

こう説いて参りましても、何んだかさっぱり判らない、と思う人が殆どであろうと思われます。

老子というのは、全く、宇宙神のみ心そのものを、人類にそのまま直通させた道を説いておりますので、宇宙神のみ心と相対するような想念を徹底的に否定し切っているわけです。実に深い深い奥底の在り方、大生命そのものの在り方を、小生命である人間にもでき得るのであることを強調するわけなのです。

大生命に直通して、生きつづけている、小生命である人間が、何をもって、大生命の完全性を、自己と離して観ることがあるだろうか、こうしなければいけない、ああしなければならぬ等ということ自体が、もう宇宙神と自己とを、自ら引き離してしまっている証拠なのである、というのです。

無為にして為す、ということは、こういう心から云われているわけなのです。宇宙神のみ心の完全性を信じていさえすれば、何をくよくよ、こちょこちょ想いを動かすことがあるのだろうか。老子のように、宇宙神のみ心と全く一つになっていて、永遠の生命そのものに成り切っているような神人には、この世の人々の小さな心の動きがおかしくてならぬのでしょう。

実際に、宇宙神のみ心の中に自己をすっかり融けこませてしまい、永遠の生命の流れの中を自由自在に活動し得る境地になっていますと、殊更に、何をしよう、どう生きよう、などという気持は起らないのです。生きているそのまま、生かされているそのまま、自己があるそのままで、生き生きとしているのであります。

この世にこうして現われている自分、何や可と想いを巡らす自分というものは、そういう自分が、ぽつんと、神から離れてあるのではなく、宇宙神、直霊、守護神、守護霊、分霊魂（肉体的自己）として、この世に存在しているのでありますので、肉体的自己の自分が何や可と想いを巡らすより先に、宇宙神のみ心の方が、永遠の生命の流れの先々までを観極めて、その人々の生きる道をはっきりとつけておるのであります。

ところが、この世の人は、その真理を知らないものですから、知らないというのは、頭で知っていても行わなければ知らないと同じなのです。ですから、宇宙神のそうしたみ心をつい離れてしまい、宇宙神のみ心と自己の心とを分けてしまって、自分の心で種々と想い巡らしてしまうのでありますす。そこにこの世の不幸や災難というものが生じてくるのです。人間の真実の相《すがた》というものを知らないというものは、どうにも仕方のないものなのです。

聖者賢者という者は、人間の真実の相をその人、その人によって、その深浅はあっても知っていたのであります。中でも老子は実に実に深く人間の真実の相を知り、宇宙神のみ心の中に入りきっていたのです。そのことが、老子のどの言葉を一つとってきても、はっきりと判ります。

ですから老子は、他の聖者のように、細かい心遣いの教えをしないで、深い根本的なことのみを説きつづけているのであります。あまり深い教えというものは、うっかり読むと、とんでもない誤解をしまして、老子の教えを消極的な教えだと思ったり、虚無的な教えだと思ったりしてしまいます。

老子の教えの根本は、宇宙神のみ心のままに生きよ、ということで、積極的とか消極的とか、何々的とかいう、為にしよう、という想念を一切切り捨てることを教えているのであります。

**此の三者は、以為《おも》えらく、文なれども足らずと。故に属《ぞく》する所有らしむ。素を見《あら》わし樸《ぼく》を抱き、私を少なくし欲を寡《すく》なくせん。**

上述した聖智、仁義、巧利の三者は、人の世を開く為にはなるけれども、まだ足りない、というのであります。どうして足りないかというと、聖智にしても仁義にしても巧利にしても、その人やその行為に、人々の心を属させる、執われさせる、そういう形がそこにできてしまう。もっと易しくいいますと、聖者になってみたいな、智者になってみたいな、仁義の人になってみたいな、という心を、人々に起こさせる、聖者、智者、仁者、義人というものに憧れを抱かせ、そういう一つ一つの形に人の想念を執われさせることになる。

だから、そういう人々に把われの想いを起こさせるようなものではいけない。例えそれが、どのような善い行為であってもそうなのだ、というのであります。

それなら、一体どういう生き方をしたならばよいのであろうか、というと、素《もと》を見《あら》わし、つまり、何一つ飾りのない、心に何んの想念もない、生かされている生命そのままを現わし、樸な素直な生き方をすればよい、というのです。

その生き方は仏教的にいえば空《くう》の境地ということになるのですし、私のやってきた生き方で説けば、想念停止後の自然法爾《じねんほうに》の生き方ということになるのでありますが、そういう生き方ができるようになるのは、私の経験からしても大変なことなのです。そこで老子はこの章の最後には、そういう生き方をする為には、私という自己を少なくし、欲を寡《すく》なくせん、というように、無くせとはいわず、少なくしろ、と言葉を緩和しているのであります。

老子の云いたいことを結論的にいいますと、生かされた立場を、自然の在り方のようにそのまま生きよ、ということで、小智才覚をめぐらすようなことは勿論、善悪を問わず、頭脳で想念を走らせてはいけない、自然法爾でゆけ、というのです。

その教えの根底には、宇宙神のみ心は完全なのだから、宇宙神のみ心のままに動いていることが一番人間を完全に生かす道なのだ、という心があるのです。

そこで頭脳の想念をめぐらさなければ、一つとして物事ができぬではないか、という疑問が、普通人の心には起ってくるのですが、私の体験からしますと、肉体人間の想念をめぐらさなくなった時に、はじめて、神智のままの生き方ができ、神のみ心のままの歩みがその人にはじまるのだと、はっきり云いきれるのです。

頭脳にどんな想念が去来しようと、それはすべて過去世の因縁性の想念の消えてゆく姿なのであって、その想念が、現在自分として生きている生命そのもののひびきではないのです。生命のひびきというものは、丁度心臓や肺臓が、頭脳想念を駈け巡らさなくとも、自然に動いているのと同じように、そのまま自然の行為となり、自然の想いとなって行為されてくるものなのです。

幼児が誰に教わらなくとも、口を開いて乳房を吸ったり、自然に掌を開いて物を摑むというのも、生命のひびきが、自ずと行動となってきているのであります。人間というものは、いくら成人しても、根本はそうした生き方をすべきものなのですが、種々と外面的な干渉の結果、生命のひびきそのままの生き方を損ねてしまい、生命そのままのひびきと、頭脳想念とが相反するような生き方を習慣づけてしまったのであります。

聖者とか賢者とかいう人たちは、生命のひびきそのままの生き方のできた人で、生命のひびきそのままの生き方のできにくい人程生きてゆくのに苦悩が多くあるか、人格が低劣であるかするのであります。

　そこで今度は、老子の説を私が、もっと現代の人々にも近づける為に言葉をつけ加えますと、老子のいう聖智仁義巧利を絶つ程の心の在り方になる為には、一度に到底そのようになれる筈のものではないのですから、ひとまず、生命そのままのひびきを、本心と致しまして、本心そのままの生き方をするのには、どうしても、頭脳を去来する想念が邪魔になります。そこで、頭脳を去来する想念のすべてを消えてゆく姿として、宇宙神のみ心の中にその瞬間瞬間に祈り言を通して入れてしまう練習をすることにするのです。明日の仕事のこと、これからの計画のこと等々、すべて一度は宇宙神のみ心の中に入れきることにして、入れきった後で、今度は行為として現われた場合には、その行為をすればよい、ということにするのです。それを私は、消えてゆく姿で、世界平和の祈り、という祈り言に結びつけて説いているのであります。何や可と想いわずらう想念はすべて消えてゆく姿と思うと、心が静かになって、生命のひびきがすこやかになるのです。そうして遂いには老子の説く無為の生き方のできる人間になってくるのであります。

## 第九講　弊《やぶ》るれば則ち新たなり……

道徳経第二十二章

曲レバ則チ全シ。枉レバ則チ直シ。窪メバ則チ盈ツ。弊ルレバ則チ新タナリ。少ナケレバ則チ得。多ケレバ則チ惑フ。是ヲ以テ聖人ハ、抱イテレ一ヲ為ル二天下ノ式ト一。不二自ヲ見ハサ二。故ニ明ラカナリ。不二自ラ是トセ一。故ニ彰ラカナリ。不二自ラ伐ラ一。故ニ有リレ功。不二自ラ矜ラ一。故ニ長シ。夫レ惟不レ争ハ。故ニ天下莫シ二能ク与レ之争フコト一。古之所謂、曲レバ則チ全シトハ者、豈虚言ナランヤ哉。誠ニ全クシテ而帰サンノミレ之ヲ。

〔読み方〕

曲《まが》れば則《すなわ》ち全し。枉《まが》れば則ち直《なお》し。窪《くぼ》めば則ち盈《み》つ。弊《やぶ》るれば則ち新《あら》たなり。少なければ則ち得。多ければ則ち惑《まど》う。是《こ》こを以《もっ》て聖人は、一《いつ》を抱いて天下の式《しき》と為《な》る。自《みずか》ら見《あら》わさず。故に明らかなり。自ら是《ぜ》とせず。故に彰《あき》らかなり。自ら伐《ほこ》らず。故に功《こう》有り。自ら衿《ほこ》らず。故に長し。夫《そ》れ惟《ただ》争わず。故に天下能《よ》く之と争うこと莫《な》し。古の所謂《いわゆる》、曲《まが》れば則ち全しとは、豈《あに》虚言ならんや。誠に全くして之を帰《かえ》さんのみ。

**曲れば則《すなわ》ち全し。枉《まが》れば則ち直し。窪《くぼ》めば則ち盈《み》つ。弊《やぶ》るれば則ち新《あら》たなり。少《すく》なければ則ち得。多ければ則ち惑《まど》う。**

曲れば則ち全し、枉《まが》れば則ち直し。という言葉でこの章がはじまっていますので、老子の教えを消極主義の教えと解釈している人々は、この章で、老子がはっきりとその主義を表明しているように思い勝ちですが、私は、老子を依然として消極主義者などとは思ってもみないのです。

曲れば則ち全し、という言葉を、木に例えて説いている人がいまして、真直《まっすぐ》な木は、有用な材として、伐られて使われるが、曲った木は用いにくいとして使われず、そのまま樹木としての生命を全うし得る。人もこのように、真直に自己を出していれば、世には目立って役立たされるが、苦労や、危険が多い、しかし、常に控え目控え目にして自己主張をしないでいれば、目立たないかわりに、その生活が安全である、というような、自己を守ってゆくための消極主義と解釈しているのですが、私は老子をそのような消極主義を教えている聖者とは思っていないのです。

曲れば則ち全し、枉れば則ち直し、（この枉ればというのは、身を屈っするという意味です）という二つの言葉は己れの正しさや、己れの立派さを、人に示そう示そうとすることのみに把われず腰を曲げることも、身を屈っすることも、相手次第、その時次第で自由にできる、何事、何ものにも把われぬ如何なる形にも、地位にも、物質にも一切把われぬ、心の自由自在性を説いているのであって、自己の身を守る為の消極の道を説いているのではないのであります。

老子の言葉は、すべて生命の自由自在性を根本にして説かれているのでありまして、単にこの世の身を守る消極主義を説いているような、小さな教えをしているわけではないのです。

窪めば則ち盈つ、弊《やぶ》るれば則ち新たなり。少なければ則ち得。多ければ則ち惑う。という言葉も、すべて、その自由自在性から自然と生れてくる態度を説いているのであります。

老子にとっては、窪むことも、盈つることも、弊るることも、少ないこともそんな表面上の形のことは、どちらでもよいのです。ただ常に大生命から流れてくる自己の本心を惑わさず生きてゆくことが、大事であると説くのであります。

ただし、すべてが多い場合、それが学問知識でも物質でも、その多いということは、相当その人が立派な人であっても、その多いことによって、惑いが生じ易いので、多ければ則ち惑うと云って、多いことには充分に心を用いなければいけない、といましめているのです。

この言葉の中で、私が最も心をひかれる言葉は、弊るれば則ち新たなり、という言葉なのです。実に善い立派な、真理の言葉だと思うのです。私の消えてゆく姿、という教えは、この弊るればを、易しく柔らかく説いていることになるのです。

この現象世界は、常に古いものが弊れて、新しいものが生れ出でてゆくところなのです。いつまでも古いものに把われていると、新しいものが生れ出ずる邪魔になって、宇宙の運行を妨げることになるのであります。

古いものがたとえ、素晴しい善なる事柄であっても、その事柄が古いままでいることは絶対にないので、古いそのままに執着していてはいけないのです。

毎度宇宙子科学の話をもってきますが、宇宙子科学の原理によりましても、電子や中間子や陽子という、つまり微粒子といわれる地球科学の現在最終の現れより、十七段階も遡った、宇宙の根源の微粒子である宇宙子は、常に新たに宇宙心の中から放出されているのでありまして、古い宇宙子は、次々と役立っては消滅してゆくことになっているのであります。

宇宙子というのは精神的な波動となっているものも、物質的な波動となっているものもありまして、この精神と物質の調和によって、この地球世界も成り立っているのです。この精神と物質の宇宙子は、常に新陳代謝《しんちんたいしゃ》しているのでありまして、瞬々刻々古いものと新しいものとが代ってゆくのであります。この原理を知らないで、いつまでも古い自己や事物に把われていると、その古い自己なり事物なりを消し去る為に、新しい宇宙子が次々と宇宙心から送りこまれて参りまして、嫌でも応でも、新陳代謝させられてゆくのです。

そのように、古い自己の習慣性、古い事物への執われの想念波動が、消されてゆく姿として、病気や不幸や、国と国との間では戦争などという、弊れる状態が起ってくるのであります。

私はこれを消えてゆく姿と人々に教えているのであります。弊れること破れること、滅びること消えてゆくこと、すべて新陳代謝の原理によるのでありまして、そのことを、恐れる必要はないのです。それは常に自己なり、人類なりを高め深めて、真実の神の子と成し、神の世と成すための神のみ心であるからなのです。すべての人々が、永遠の生命にそのままつながり得て、滅せず傷つかずの真（神）人としての誕生を、神々は願っているのであって、その為に救世の大光明という地球人類救済の大きな慈愛の力が、現在地球界に働きかけているのであります。

弊るれば即ち新たなり、実に実に善い言葉です。ただ、私の行っている方法は、この弊るる時に人々の受ける衝撃を、最も尠ないものにしたい、と思ってはじめられたものでありまして、この方法が、この世に現われてくる悪も不幸も病気も不調和もすべてそれは過去世からの神のみ心を離れていた想念波動の誤りの消えてゆく姿なので、消えてゆくに従って、真実の神人である自己や人々が生れてくるのである、という教えとなっているのであります。そしてその消えてゆく姿だ、という想いをもって、直ちに、世界人類の完全調和を願う、世界平和の祈りの中に、飛びこんでゆきなさい、世界平和を祈りつづけることを生活の根底にして生きてゆきなさい、と教えているのであります。

こう致しておりますと、古いものと、つまり過去世からの業想念波動《カルマ》と、新しく生れ出てゆく、本心そのものの自己とのずれが救世の大光明のみ光によって、巧みに消されてゆきまして、心痛まず傷つかず、そして恐れの想いが尠なくして、自己や人類の新陳代謝が完成されてゆくのであります。

ですから、皆さんは、悪や不幸や病気や災難などを恐れる必要はないのです。すべてはより善いあなたの環境が生れ出ずるためのものであり、あなたが立派な人格を生みなしてゆく為のものであるのですから、このことをしっかり心に刻みこんで、世界平和の祈りを祈りつづけて生活していって下さればよいのです。

私の中の老子は、強くこの真理の言葉を、くりかえして告げています。

**是を以《もっ》て聖人は、一を抱いて天下の式と為る。自《みずか》ら見《あら》わさず。故に明らかなり。自ら是《ぜ》とせず。故に彰らかなり。自ら伐らず。故に功有り。自ら衿らず。故に長し。夫《そ》れ惟《ただ》争わず。故に天下能く之と争うこと莫《な》し。古の所謂、曲れば則ち全しとは、豈《あに》虚言ならんや。誠に全くして之を帰さんのみ。**

聖人という者は、一を抱いて天下の式、つまり範となる。この一とは、宇宙神のみ心そのものということでありまして、宇宙神のみ心と一つになっていますと、自己を、自意識で世間に現わそうという必要もない。自己主張をすることもない。聖人は宇宙神のみ心と一つになっているのだから、自然法爾《じねんほうに》、そのまま生きていることによって、自己の天命が自《おのずか》ら行われてゆくのである。そういう心境になっていると、すべての事柄が鏡にうつるように明らかになってくるのである。

だから、尚更に、自ら是と思う自己是認することの必要もなければ、自己を誇ることもない。そうするとますます、功を積んでゆくことになり、人と争うことも無い。そういう聖人にみんなが成れば、天下に争いは起らない。

古《いにしえ》にも云われていたが、曲ることも真直になることも、自由自在にできるようになると、天命を完うすることができるのである。全く自由自在の心というものを、自己のものとすれば、全し、という言葉は、虚言《うそごと》ではなかった。人は、こういうように自由自在心を得て、天命を果して、この世の肉身というものを、宇宙神のみ心の中にお還えしすればよいのだ。

と老子はこの章を結んでいるのであります。文章というものは、その真意を知ることがむずかしいものです。まして、老子のように、永遠の生命そのもののように成っている人の言葉は、その表面だけを聴いていると、その聴いている人の心の在り方や、心境の程度に従った理解となるのでありまして、解釈する人の悟りの高さが大事となるのであります。

現在私たちのように、この世に生存しておりまして、月々このように文章を書き話をしております者の文章や言葉でも、聴聞する人の心境如何によっては、まるで違ってくることもあるのですから、昔の人の残した言葉の解釈のむずかしさは、云うまでもないことなのです。

私がこうして老子講義をしておりますと、私の心の中で、老子が、しきりと、解釈の手伝いをしてくれているのです。他の誰が、どのような解釈をしようともかまわぬ、わしは、そんな意味のことを云った覚えはない、と云うのです。ですから、種々と老子講義も出ておりましょうが、私の老子講義は、私の心境と老子の心とが、全くぴったり一つになって、ここに解釈されてゆくのですから、どうぞそのおつもりでお読み下さい。

私はこの老子講義を書きながら、老子の深さ広さには、毎々頭を下げつづけておるのです。偉いとか偉くないとか、そんな段階的な言葉をはるかに超えた神人、大聖者老子、無礙《むげ》自在の老子、これからの私の全生涯を、老子は、何や彼と、その生命力をぶっつけて、指導してくれることになっているのです。

老子は、はっきりと生きているのです。その豊かな生命力、その烈しい気魄は、私の世界平和の祈りの道の大先達として、無くてはならぬ大きな存在となっているのであります。

キリストに、釈尊にそして老子によって支えられている世界平和の祈りの大運動が急速に拡まってゆくことを私は確信しているのです。

# 第十講　失ある者には失に同じくす……

道徳経第二十三章

希言ハ自然ナリ。故ニ飄風ハ不レ終ヘレ朝ヲ、驟雨ハ不レ終ヘレ日ヲ。孰カ為スレ此ヲ者ゾ。天地ナリ。天地スラ尚不レ能ハレ久シキコト。而ルヲ況ンヤ於テヲヤレ人ニ乎。故ニ従二事スル於道ニ一者ハ、道アル者ハ同ジクシ二於道ニ一、徳アル者ハ同ジクシ二於徳ニ一、失アル者ハ同ジクス二於失ニ一。同ジクスレバ二於道ニ一者、道アルモノモ亦楽シムレ得ルコトヲレ之ヲ。同ジクスレバ二於徳ニ一者、徳アルモノモ亦楽シムレ得ルコトヲレ之ヲ。同ジクスレバ二於失ニ一者、失アルモノモ亦楽シムレ得ルコトヲレ之ヲ。信不レバレ足ラ、有リレ不ルコトレ信ゼ。

〔読み方〕

希言《きげん》は自然なり。故に飄風《ひょうふう》は朝《ちょう》を終《お》えず、驟雨《しゅうう》は日を終えず。孰《たれ》か此《これ》を為《な》す者ぞ。天地《てんち》なり。天地すら尚久しきこと能《あた》わず。而《しか》るを況んや人に於てをや。故に道に従事する者は、道ある者には道に同じくし、徳ある者には徳に同じくし、失《しっ》ある者には失に同じくす。道に同じくすれば、道あるものも亦之《またこれ》を得ることを楽しむ。徳に同じくすれば、徳あるものも亦之を得ることを楽しむ。失《しっ》に同じくすれば、失あるものも亦之を得ることを楽しむ。信足ざれば、信ぜざること有り。

**希言《きげん》は自然なり。故に飄風《ひょうふう》は朝を終えず、驟雨《しゅうう》は日を終えず。孰《たれ》か此《これ》を為す者ぞ。天地なり。天地すら尚久しきこと能《あた》わず。**

希言《きげん》は自然なり、というのは、希言とは読んで字の如く、希《まれ》なる言《ことば》ということです。希なる言とは、もっと云いかえると、言が表面に現われていない、表面に現わさない、言が無い、或いは不言ということでもあるのです。

そうした表面にはっきり現われない、いちいち自己を現わさない相《すがた》を自然というのであります。ところが、飄風いわゆる大風でも、驟雨《にわかあめ》でも、一時は烈しくその相を現わしますが、一日中吹きつづいたり、二日も三日も降りつづいたりすることはありません。

こうした飄風や驟雨などは、誰れが吹かしたり降らしたりするのかと云いますと、天地である、というのです。天地のような大きな広い、無限と思われる力がやっていることでも、あまりに烈しい現わし方をしますと、そう永つづきはしないものなのです。

老子はこの節ではこう云っているのであります。そして、それでは永つづきする現わし方や現われ方はどうしたらよいか、ということを、次のように述べているのであります。

**而《しか》るを況《いわ》んや人に於てをや。故に道に従事する者は、道ある者には道に同じくし、徳ある者には徳に同じくし、失ある者には失に同じくす。道に同じくすれば、道あるものも、亦之《またこれ》を得ることを楽しむ。徳に同じくすれば、徳あるものも亦之を得ることを楽しむ。失に同じくすれば、失あるものも亦之を得ることを楽しむ。信足ざれば、信ぜざること有り。**

この節を解釈致しますと、次のようになるのです。

天地すら烈しい現わし方をしますと、久しく現わしていることはできないのですから、まして人間が、そのような自己表現をしていましたら、とても、この世での調和を保つことはできません。

そこでどうしたらよいかと申しますと、道にある者には道に同じくし、とあるように、道即ち、正しい生き方、宇宙神のみ心に乗った生き方をしている人に対しては、自分もそれと同じような生き方でその人に対さなければいけない。

また、徳ある者には徳に同じくし、という風に、その人の心の在り方と等しい心の在り方で対さなければいけない、というのであります。

老子の説法は、他の章と同じように、実にむずかしいことを、平然と云ってのけているのですが、こう平然と云われる教えを、はいそうですね、と頭で受け止めても、なかなかそうなり得るものではありません。

道に在る者が、同じ道でありまして、そう高い境地にいる人でなければ、何んとかその人の心境と同じ心境で対することができましょうが、自分より高い境地の道を歩んでいる人ですと、これはどうも一つ心で対処することはできそうにありません。

老子の教えは毎回申しますように、聖人君子に対しての説法でありますので、聖人君子の心の状態まで行っておりませんと、教えられて、胸のすくような魂の快感は覚えますが、実際には実行でき得ない気がするのです。

しかし、老子の境地に普通人が行きつくことはできない迄も、老子の指し示している道を発見し、道の初歩や一歩二歩は、誰でも歩ゆむことはできるのです。ですから、老子の教えはむずかしくてとても私たちにはできそうもないなどと、はじめから諦めずに、少しづつでも、老子の指先にすがって、真実の道を歩ませて頂きましょう、という気持で、やれるだけのことを真似ていったらよいと思うのです。

人間の心というものは面白いもので、やろうと決意してやりはじめると、自分ではとてもできそうにもないと思うことが、意外と次第にできてゆくものなのです。スポーツでも、技術でも、たゆまず修練していますと、いつの間にか初歩の頃とはまるで見違えるように、その道で立派になってゆくのです。

これは心の問題にでも云えることで、修錬しつづけ、磨きつづけてゆけば、一月二月、一年二年、自分で気づかぬうちに、心のトレーニングができてきて、人から見ると、何んとあの人は立派になったろう、と思われるようになるものです。

私の会の人たちでも、平和の祈り一念の心の修業をつづけているうちに、やらぬ前とは見違える程の高い心境になっている人がかなり存在するのであります。ですから、相手が道に秀でた人であれば、その人の説を素直に聴聞する気になって、その説を拝聴していれば、老子の云う、道を同じうすることになるわけであります。徳を同じうする、ということでも、その人の徳の高さを慕い敬う気持でその人に接していれば、その人はその気持を喜んでくれて、その人を愛してくれるものなのです。

私たちでも、真面目に話を聞いてくれる人をみると、自分と全く一つ道の人として、その人を愛し、その人の存在することを喜びとするのです。

誰にでも愛され敬われる、一番必要な心は、素直な心であるのです。素直な心の人は誰とでも調和できて、そして自然と、道に叶ってくるし、徳をも積んでくるのです。私などが今日の心境になり、今日の立場にあるのは、頭が良かったからでも、才能があったからでもなく、只、素直な心をもっていた、という一つの美点の為だったのです。

素直という心は、道を極めるためには、得難い、大事な心なのであります。神様は素直な心の人を一番喜んで下さるのです。

そこで今度は、失に同じくすれば失ある者も亦之を得ることを楽しむ。というところの説明を致しましょう。前に説明致しました、道ある者とか、徳ある者、というような偉い人、秀でた人との接触の方より、失敗したり、貧乏したり病んだりしている、いわゆる失意の人に対する方が、対し易いと人々は考えられるでしょうが、失意の人或いは欠点のある人に対する程むずかしいことはないのです。

　これは、只素直な心というだけでは駄目なのでありまして、相手の心の状態を見抜いて、相手の心に合わせてゆく、洞察力がなければなりませんし、深い愛の心がなければなりません。

　そこで、そうした観察力、洞察力を養い、深い愛の心を自己のものとするにはどうしたらよいか、ということが、こうした人々に対処する根本の問題になってくるのであります。

　只素直な良い人でありますと、訴えたり、愚痴ったりするのを、その人と同じ想いになって、悲しみの心で聞いてやっていることでしょう。そう致しますと、相手の人の心は訴えたり愚痴ったりすることによって、幾分心は晴れては参りますが、そうした訴え癖や、愚痴りぐせが培《つち》かわれてしまって、その失意に自己を陥れた、自己の欠陥に気づかずに、そのまま魂の向上を阻止してしまうような生き方の人になってしまいます。

　そうした人々が、繰り返えし、繰り返えし、素直な善良なその人に、愚痴り訴えつづけますと、ついには、素直な善良な人の方が、かえって、相手の業想念《カルマ》の波の中に巻きこまれてしまって、自分自身の生活や心の状態を乱されてしまうことになり、折角、失に同じくするという、老子の真理の教えがかえって仇となってしまうのです。

こうした場合、こちらが素直でない、心に自己本位の想いのあるような人の方が、その人の愚痴の波に巻きこまれず、いい加減にあしらってしまうので、損をみないで済む、という結果になるものです。

そこで私は、失に同じくするということが全くむずかしいことである、と云うのです。失意の人を慰め力づけるために、相手の心と同じ立場に立ってやることは、老子の云う通り善いことでありますが、慰め力づけるこちら側が、相手と同じ業想念波動の渦の中にいてもいけないし、相手の想念とは全く離れた想念の状態でいてもいけないのです。

こちら側は常に、守護の神霊を含めた、自己の本心の立場に自己を置いて、相手の失に同じくしなければいけないのです。自己の本心の立場というのは、神のみ心の中です。神のみ心の中には、愛も智慧も力もすべて含まれているのです。

そうした本心の立場から、自然と口に出てくる言葉で相手を慰め、相手を力づけてやるようにしていますと、相手の業想念波動（迷いの想い）に同化されることなく、相手の業想念波動を浄め去る光明波動が、自己から相手に伝わってゆくのであります。

そうした本心の立場に自己を置くのには、どうしたらよいかと云いますと、祈り心一念ということなるのであります。その祈り心というのも、他人の平安を祈り、大きくは人類の平和を願う、世界平和の祈りのような大きな広い祈り心がよいのです。

世界人類が平和でありますように、という祈りと共に、相手の人の天命（神が定められた使命）が完《まっと》うされますように、という深い愛の心のひびきが、非常な効果をもつのであります。

相手のその場だけの失意を柔らげてやっても、それは相手の天命を完うさせるための、たいした行為にはならないのです。相手のその場その場の失意を慰めるということよりも、もっと根本的な、相手の天命が完うされて、その人が、真実の人として、この世の生涯を完うし、あの世での働きもし易くするような、そういう深い愛の心が大事なのであります。

そうした深い愛の心というものは、いくら相手の業想念を受けても、その業波動に巻きこまれぬ大光明に輝いているのであります。只単なる相手への同情心などというもので、失意の人に対することは、自己にとっても、相手にとってもプラスになることではありません。信足らざれば、信ぜざること有り、と老子が結んでいるように、相手の神からきた天命を信じてやり、人はすべて天命を持ってこの世に生れ出でてきたのであることを、自己も知り、人にも知らせてやらなければならないのです。信とは神の大愛と、人々の天命の完うを信ずることであるのです。

# 第十一講　独立して改まらず周行して殆《あやう》からず……

道徳経第二十五章

有物混成、先天地生。寂兮寥兮。独立不改。周行而不殆。可以為天下母。吾不知其名。字之曰道。強為之名曰大。大曰逝、逝曰遠、遠曰反。故道大、天大、地大、王亦大。域中有四大、而王居其一焉。人法地、地法天、天法道、道法自然。

〔読み方〕

物有りて混成《こんせい》し、天地に先だちて生ず。寂《せき》たり寥《りょう》たり。独立して改《あらた》まらず。周行《しゅうこう》して殆《あやう》からず。以て天下の母と為《な》す可《べ》し。吾《われ》其《そ》の名を知らず。之《これ》に字《あざな》して道と曰《い》う。強《し》いて之が名を為して大《だい》と曰う。大に逝《せい》と曰い、逝に遠《えん》と曰い、遠に反《はん》と曰う。故に道も大なり、天も大なり、地も大なり、王も亦大なり。域《いき》中に四大《しだい》有り、而《しか》して王は其の一《いつ》に居《お》る。人は地に法《のっと》り、地は天に法り、天は道に法り、道は自然に法る。

**物有りて混成し、天地に先だちて生ず。寂《せき》たり寥《りょう》たり。独立して改《あらた》まらず。周行《しゅうこう》して殆《あやう》からず。以て天下の母と為《な》す可し。**

物有りて混成し、という物は、この世でいう物質的な物でないことは勿論ですが、さてそれをどうして説明してよいかというと、これが実にむずかしい。天地に先だって生ず、という根本的な存在なのですから、これを一口に宇宙神と云ってしまえば一番簡単でよいわけなのですが、宇宙神だというまでに、種々の説明を加えた方が、知性的な人や、知識欲に燃えている人たちには、その根本的な存在である宇宙神のみ心がかえって判り易くなってくるわけなのです。そこで、この老子講義などは、老子さんが様々な言葉で、この根本的な存在（大智慧、大能力）を表現しようとしておりますので、説いていてまことに張合があるわけなのです。

この天地に先だって生じていた物というのは、寂《せき》たり、寥《りょう》たり、というように、音もなく、形も姿もなく、それでいて、在りとしあらゆるものをうちに含んでいる、いわゆる混成しているものの なのであります。そしてそれは、他の何者何事に頼ったり、力を借りたりするものではなく、頼ろうにも、力を借りようにも、その物は絶対なる一であって、その物の他に、何物何事も存在していないのであります。天地に先だって存在する物なのですから、当然そういうわけです。いわゆる独立独歩なのです。

しかもこの物は、どのように動こうと、どのように行こうと、決して危ういこともなければ誤ちもない物なのであります。ですからこの物を天下万物の生みの親、つまり天下の母と為す。というのです。

現代の言葉で云えば、創造主とか、造物主とか、絶対者とかいうのでしょうが、老子は次の節では、種々な言葉でこれを現わそうとしているのであります。この節の中で、私が一番心をひかれる言葉は、周行して殆《あやう》からず、という言葉なのです。私はこの老子の一言で、私の現在説いている光明思想というものが、やはり間違いのないものであることを更に確信したのであります。

この天地に先だって生じていた物は、天下の母なのです。この物、大能力は、周行して殆からず、つまり、どのように巡り、どのように歩もうと殆くない、誤りがないということなのです。殆くない、誤ちのない大能力から生み出された、人類をはじめ、すべての存在は、やはり、殆くない、誤ちのない、完全性の存在だと思わなければなりません。ここにはっきりと光明思想の道が示されているのです。

ですから私は、この世が如何に悪いように見え、不幸や誤りに充ちているように見えようとも、それは、真実に存在するものではなく、宇宙神のみ心が未だ、はっきり現われきっていない姿であり、宇宙神のみ心、み光がすっかり現われきってしまえば、消え去ってゆく姿であるというのです。それで私は、簡単に、すべての悪も不幸も、誤った想念行為も、消えてゆく姿である、消えてゆくに従って、本心の光がよりはっきり現われてくるのである。と説いているのであります。

**吾　其の名を知らず。之《これ》に字《あざな》して道と曰《い》う。強《し》いて之《これ》が名を為して大と曰う。大に逝《せい》と曰い、逝に遠《えん》と曰い、遠に反と曰う。故に道も大なり、天も大なり、地も大なり、王も亦大なり。域《いき》中に四大有り、而して王は其の一《いつ》に居る。人は地に法《のっと》り、地は天に法り、天は道に法り、道は自然に法る。**

この節では、天地に先だって生じていた物について、老子さんは、自分は、その物の名前は知らない、と云っているのです。ただ自分の方から、字して云うと、道と云う、強いて之に名をつければ大と云う、といっています。

全く、絶対者はすべてに先立って存在しているのであり、すべての生命を内に有っているのでありますから、絶対者の中《うち》にすべての生物の運行があるのです。ですから絶対者、大生命の一筋一筋として、人は絶対者をみつめたり、眺めたりしているわけです。そこで、自らの生命の源を遡ってゆけば、絶対者の心にじかに触れ得るわけなのですが、遡っても遡ってもなかなか、絶対者の懐に触れることはできないのです。何故かというと、大生命の一筋の自己というものがあって、その小生命意識、つまり自己意識があって、大生命の懐を探ろうとしても、小生命としての自己の分野だけしか、絶対者の在り方が判らないのです。

そこで老子は常に、無為にして為せ、と云って、自己意識のない、無為の生活を説いているのです。老子そのものは、無為にして為して、絶対者（大生命）の懐深く入りきっている人であるのですが、その老子にしても、絶対者の名を知らずと云っているのです。

絶対者につけられた名は、すべて人類の側からつけられたものであって、現在は神と云ったり、如来、仏と云ったりすることが多くなっているわけです。老子は、その名を道と云っているのですが、大とも云い、逝《せい》とも遠とも、反とも云っているのです。

これはすべて、その意味をもって、絶対者に当てはめてあるのです。ちなみに、大という字の説明をしてみますと、大の横の一は、天地が分れぬうちの、天地が合体したまま含まれている一なのでありまして、その一の上に人が乗っている形になっています。人とは毎度申しますように、霊の止まっているところであり、陰陽合体の姿であります。もっと深くいえば、すべてが、そこに止まっている姿なのであります。天地が未だ分れていない以前の一の上に人が乗っている、その人というのは、この肉体をもった人間のようなものではなく、人間の根本である人（霊止《ひと》）なのであります。それも只の霊止、霊人ではなく、天地が未だ分れぬ以前の一の上に位する人なのであります。

この人の姿は、現代流に云えば、宇宙神の姿ということになります。そしてこの宇宙神の姿を、最も簡にして要を得た文字に現わしてみると、この大という字になるのです。ですから、老子が、宇宙神の名を大と云う、といったのは実に当を得た説き方であって、流石は老子だなァ、と思わざるを得ません。

この大が、種々な運行をはじめますと、逝ともなり、遠ともなり、反ともなるのであります。故に道も大なり、天も大なり、地も大なり、王も亦大なり、ということになるのであります。これをもっと判り易くいうと、道も天も、地も王も、これすべて、宇宙神の現われである、というわけです。そして、域中に四大有り、而して王は其の一《いっ》に居る。人は地に、地は天に、天は道に、道は自然に、それぞれ法《のっと》っている。と老子は結んでおります。

この大、つまり宇宙神の現われとして、大きなものは、人と道と天地である、と云って、人は宇宙神の現われのうちの四つの大きなものの一つとしているのであります。その人は地に法っている、というのです。地に法るというのは、今更説明するまでもありませんが、地の法則によって生かされている、ということであります。そして、地は天に、天は道に、道は自然に、という工合に、それぞれ関連した立場立場の法則によって存在しているというのです。

これはみなそれぞれが、それぞれに益しあい、それぞれの法の流れに沿って、宇宙神のみ心を表現してゆくわけなのでありまして、宇宙神のみ心は、すべてを生みなし、そして育ぐくみ、包み、しかも、その存在、その存在の中《うち》にも、その生命力を生き生きと働かせしめているのであります。

これを、宇宙子科学的な説明にして申しますと、宇宙神のみ心が、宇宙核というすべての物を生みなす場となり、その宇宙核の中から、森羅万象、すべての生きとし生けるもの、在りとし在らゆるもののうちに、その根源となって働いている、宇宙子というものを、生みなし、活動せしめているのであります。

宇宙子の中には、精神的な宇宙子と物質的な宇宙子とがありまして、この離合集散によって、万物が生れ、万物が育ち、変化してゆくのであります。

ですから、宇宙神のみ心は、すべてを包みながら、すべての中《うち》に在る、ということになるので、あらゆる世界は、宇宙神のみ心の動きそのものでできている、ということになり、真に存在するものは、宇宙神のみ、ということになるのであります。

一人の人間がこの地球界に生を受け、こうして生活しているのは、普通、人といわれる肉体の姿をした人間だけが生きているのではなく、森羅万象が、一人の人間として生きて、生活しているわけなのであります。

これを易しく申しますと、一人の人間がこの世に生れてくるのには、先ず、父母を必要とします。そして、父母を通して流れてくる養分を必要とします。この父母を通してくる生命要素及び肉体要素は一体どこからくるかと申しますと、天地自然の中から、種々な形となって現われている、神のみ心からくるのであります。

それを知ることが、人間が人として生くる為の知識でなければなりません。この根本のことをなおざりにしておきますと、いつまで経っても、人間は立派になりませんし、真実の人、つまり霊止《ひと》、神の分生命の存在者とはなり得ません。

如何なるこの世の知識がありましょうとも、こうした根本の、万物の恵み、神の恩恵に対する感謝の気持がなければ、その人は、万物の霊長であり、四大の一《いっ》である、真人というわけにはいきません。それればかりでなく、そうした知識から生れた生活は、やがてはその人を滅ぼし、延《ひ》いては人類滅亡の一役を買っている、ということにもなるのであります。

ソ連がかつて、その業の本性を現わして、人工衛星からロケット爆弾を地球の何処へでも自由に落せるようになった、と発表していたのをみると、如何に、人間の根本というものを知らぬ、愚かなる人々の知識ほど恐ろしいものはない、と思わされます。

地球人類は先ず、人間とは如何なるものかということを先ず知ることに努めなければ、自らの生命を自ら滅亡させてしまう愚を為してしまうものなのです。

そこで私は、その愚かさを消し去る為に、こうした老子講義を書き、世界平和の祈りを実践し、宣布しているものなのであります。

# 第十二講　……無棄人……無棄物……

道徳経第二十七章

善行《ハ》無二轍迹一、善言《ハ》無二瑕讁一、善計《ハ》不レ用《ヒ》二籌策《ヲ》一。善閉《ハ》無《クシテ》二関鍵一、而《モ》不レ可《カラ》レ開《ク》。善結《ハ》無《クシテ》二縄約一、而《モ》不レ可《カラ》レ解《ク》。是《ヲ》以《テ》聖人《ハ》、常《ニ》善《ク》救《フ》レ人《ヲ》。故《ニ》無《シ》二棄人一。常《ニ》善《ク》救《フ》レ物《ヲ》。故《ニ》無《シ》二棄物一。是《ヲ》謂《フ》二襲明《ト》一。故《ニ》善人《ハ》不善人之師《ナリ》。不善人《ハ》善人之資《ナリ》。不レ貴《バ》二其《ノ》師《ヲ》一、不レ愛《セ》二其《ノ》資《ヲ》一、雖《モ》レ智《ナリト》大《イニ》迷《フ》。〔是《ヲ》謂《フ》二要妙《ト》一。〕

〔読み方〕

善行《ぜんこう》は轍迹《てっせき》無く、善言は瑕讁《かたく》無く、善計《ぜんけい》は籌策《ちゅうさく》を用《もち》いず。善閉《ぜんぺい》は関鍵《かんけん》無くして、而も開く可《べ》からず。善結《けつ》は縄約《じょうやく》無くして、而も解《と》く可からず。〔是《これ》を要妙《ようみょう》と謂《い》う。〕是《ここ》を以《もっ》て聖人は、常に善く人を救う。故に棄人《きじん》無し。常に善く物を救《すく》う。故に棄物《きぶつ》無し。是《これ》を襲明《しゅうめい》と謂う。故に善人は不善人の師なり。不善人は善人の資《し》なり。其の師を貴《たっと》ばず、其の資《し》を愛せざれば、智《ち》なりと雖《いえど》も大いに迷う。

**善行は轍迹《てつせき》無く、善言は瑕謫《かたく》無く、善計は籌策《ちゅうさく》を用いず。善閉《ぜんぺい》は関鍵《かんけん》無くして、而も開く可からず。善結は縄約《じょうやく》無くして、而も解《と》く可からず。〔是を要妙と云う。〕**

真実の善なる行いというのは、車が道を行くのにその跡を止めないように、自分の心に善行をしたという誇りを止めるようなものではないし、人々の眼に華やかに知られるような在り方でもない。そうした善行のように、善い言葉も、その言葉が、少しでも自分を傷つけ、人を損うようなものであってはならない、というのです。

私もよく云うのですが、どんな立派な聖者の言葉を人に話すのでも、相手が他のことに忙しい時とか、その日はそんな話は聞きたくもないというように、気分の曇りきっている時などに話してみても、少しも相手の為にならぬばかりか、相手の気分をかえって損ない、その聖者の言葉に、反感を持ったりするもので、その相手の反感の想いで、またこちらの心も曇らされたりして、双方共に損をするようなことが多々あるものです。

ですから、どんな善い言葉も、時を得て話さねばならぬし、相手をみて話さねばならぬのです。それに場所柄をみて話す、ということもあるわけです。

善計は籌策を用いず、というのは、最も善い計算は、いちいちそろばんを弾《はじ》いてやるようなものではなく、大綱《たいこう》をみて、つまりすべてを見通して、その場その時だけの損得を超越してやらねばならぬ。それは計算ばかりではなく、あらゆる計画は、みな根本をよく見定め、枝葉の利害打算を問題にせずにやらねばならぬ。そうした深い心から出てくる計算や計画が善計というのである、というのです。

善閉《ぜんぺい》は関鍵《かんけん》無くして、而も開く可からず。これは、善い戸締りは、何もかんぬきを使ったり、鍵を使ったりしなくとも、誰も開けることはできぬようなものである、と同じように、人の心も、常に用心深く、相手に心の中を見せまいとしたり、都合の悪い相手から遁れようとしたりする、心にかんぬきや錠前をかけて置くような生き方をしなくとも、自らの心が宇宙法則（神のみ心）に叶ってさえいれば、どんな相手にでも、みすかされて悪い想いも無いし、自分の心に踏みこまれて傷つけられるようなことも無い、というのであります。

善結は縄約無くして、而も解く可からず、というのは、善い立派な結びつきというものは、縄で縛ばって置くように、種々と細い条約付きで結びついているような、そんなあやふやな結合ではなく、何んの縛りも、何んの誓約もなく条約が無くても、争いごとができたり、利害損得のやりとりで、その結合が解けてしまうような、そんなものではない、心と心との全き交流なのだ、というのです。

こうした生き方を、精妙なる生き方、奥深い在り方というと老子は云っているのです。

**是を以て聖人は、常に善く人を救う。故に棄人無し。常に善く物を救う。故に棄物無し。是を襲《しゅう》明《めい》と謂う。故に善人は不善人の師なり。不善人は善人の資《し》なり。其の師を貴《たっと》ばず、其の資を愛せざれば、智なりと雖《いえど》も大いに迷う。**

聖人というものは、前述のような生き方をしているので、善く人を救うことができるのである。だから棄人無しなのである、というのですが、この棄人無し、ということのむずかしさは、これはとても並大抵なむずかしさではありません。

どんなに自己にとって不都合な人でも、如何なる醜悪な人でも、悪人でも、見棄てないで救うということの大変さは、私など嫌という程体験させられています。

近親者とか、どうしても因縁的に救わねばならぬ知人などなら、嫌な性癖の人でも悪人でも、狂人でも、棄てることはできませんが、そうした深い知人でなければ、あまり面倒だったら見棄ててしまうのが普通人です。

ところが聖人ともなれば、その人がいては、自分の体の自由を損われ、自分の行動にも、限度を定められてしまうような、自分の生活にとって、全く不都合きわまるような、しかも離せば離せるような人々をも、見棄てることなく救う、というのです。

自己に倚ってきた人は誰も彼をも、救いあげる、ということを考えると、皆さんは、ぞっとする程の愛の厳粛さを感じられることでしょう。真の愛の行為は、とても生やさしいものではありません。あの人は善い人なのに困っている、可哀想だから救ってあげよう、とか、私を好いてくれているから救ってあげよう、などというのは当り前の行為なのです。

これは小説の話ですが、ユーゴの、噫々《ああ》無情の中の、ミリエル僧正が、一晩泊めてやった恩も忘れて、僧正を殺して銀の燭台をうばおうとした、ジャンバルジャンを官憲の手から守ってやり、盗んだ燭台をそのまま与えて旅立せる、という、ああした行為こそ、老子の云う聖者の行いであろうと思います。

　こうした行為の人には、どうしたら成れるかと申しますと、やはり深い空の境地、老子の無為の境地にならぬとできないのであります。

　ところが毎度申しますように、深い空の境地とか、無為の心境にはなかなかなれません。そこで、少しぐらい愛の行為をしたとか、人を救ったとかいうことで、自分を高く評価したり、高慢になったりしたら、とんでもないことだと思います。老子のいう無棄人とか無棄物とか云うのは、こうしよう、ああしようと思ってする愛行為でも救済でもなく、このくらいしてやったからよい、私はこんなに愛が深いなどという類《たぐい》のものでもありません。

　無為の底から、深い空の奥から、自然法爾《じねんほうに》に行為となって現われてくる、愛の行為であり、救済の行為なのです。ですから、聖人には、人を愛しているという想いも心にとどまっていなければ、人を救ったという想いも止まっていないのです。

　常に想いはすみやかに流れてゆくのであり、心は澄みきっているのであります。ああしよう、こうしようではなく、想念と行為とが全く一つになって、自然に、世の為になり、人の為に役立っているような天意に叶う動き方のできる人、これが聖人と云われる人なのであります。

こう考えて参りますと、私共は、少しぐらい人の為になったからといって、自分を誇らしく思ったり、役立たぬ人をいやしめたりしてはいけないと思うのです。老子の云う、無棄人の境地になるためには、自己をすべて、宇宙神のみ心の中に投入し切って、はじめて成り得るのですから、少しでも自己の想念がある愛行為、善行為であったらば、自己のある部分だけは、その愛行為、善行為からマイナス分として差引かなければなりません。自分が自分が、という想いは、その分だけ、宇宙神のみ心から離れている想いなので、宇宙神のみ心がそのまま流れて、自分の全行為になるのだ、という真理を知れば、自分がした、という、神と自己とを離す思いが消え去って、無為にして為す、という境地になるわけなのです。

しかし、そうなることが実にむずかしいのですから、実際問題としては、自分のあらゆる想念を、一度は、神のみ心の中に祈り言をもってお還えしして、自分の想念行為を改めて頂き直すことがよい、と私は云うのであります。その祈り言は、自分と全人類とを一つに結んでしまい、宇宙神のみ心と全人類の願いとを一つに結合させる、世界平和の祈り言がよいと私は云うのです。

世界人類が平和でありますように、という祈り言は、易しい言葉の中から、無為にして為す、その境地と一つのひびきが、自《おのずか》ら伝わってくる、素晴しい唱え言なのであります。宇宙神のみ心と自己の心とが全く一つにつながる祈り言、それが、世界人類は平和である、という、宇宙神のみ心と、世界人類が平和でありますように、という人類の心とを一つにつないだ、世界平和の祈り言なのであります。

ですから私共は、自分たちの善行為に誇らず、謙虚な気持で、世界平和の祈りの中に、自己の全生活を投入して、むずかしい無為の行いを易しく為し遂げてゆくのであります。

無棄人、無棄物の行いのできる人を襲明の人、つまり明に入った人、神のみ心深く入った人、と老子は云っています。そしてその次に、故に善人は不善人の師なり、不善人は善人の資なり、其の師を貴ばず、その資を愛せざれば、智なりと雖《いえど》も、大いに迷う。と結んでいます。

善人が不善人の師であることは、誰しも肯ずけることですが、不善人が善人の資である、ということは、一寸肯きかねる人もあるでありましょう。だが、ここが老子の教えのやはり根底にあることでありまして、この世に現われているものは、何一つ、宇宙神のみ心に無いものはない、という深いところからでている言葉なのであります。

善人というものが、不善人のあることによって、どれだけ自己が磨かれてゆくことであろうか、不善人は、善人をますます、深い善人にする資料である、と云うのです。全く物事、事柄を、すべてこのように考えてゆけば、自己にとって不都合なことは、何一つ存在しないことになるのです。自己に不都合と見える事柄は、すべて、自己の人格を磨き高めてくれる、資料であるわけです。如何なる智者といえども、自己の前に不都合な、事件事柄を認めているようでは、大いに迷わなければならぬというのであります。

すべてのものを棄てぬ、という心の第一歩は、自己の環境に現われてくる、すべての事件事柄を、すべて善《よ》し、とみうる心境になることなのです。その心境になる易しい方法が、私の常に云う、消えてゆく姿で世界平和の祈り、という生き方になってくるのです。

現われてくる、すべての想念も、事件事柄も、みんな過去世の因縁の消えてゆく姿である、消えてゆくにしたがって、自己の神の子の本体がそこに輝かに現われてくるのである、という教えは、やがては、老子の云う、無棄人、無棄物の境地に入り得ることになるのであります。

この要妙の境地に入る為の易行道である世界平和の祈りの道に、この老子講義を通して、多くの人々が入って下さることを、私の中の老子も切に薦めているのであります。

# 第十三講　無極に復帰す……

道徳経第二十八章

知リテ二其ノ雄ヲ一、守レバ二其ノ雌ヲ一、為ル二天下ノ谿ト一。為レバ二天下ノ谿ト一、常徳不シテレ離、復二帰ス於嬰児ニ一。知リテ二其ノ白キヲ一、守レバ二其ノ黒キヲ一、為ル二天下ノ式ト一。為レバ二天下ノ式ト一、常徳不シテハレ忒、復二帰ス於無極ニ一。知リテ二其ノ栄ヲ一、守レバ二其ノ辱ヲ一、為ル二天下ノ谷ト一。為レバ二天下ノ谷ト一、常徳乃チ足リテ、復二帰ス於樸ニ一。樸散ズレバ則チ為ルレ器ト。聖人用フレバレ之ヲ、則チ為ル二官長ト一。故ニ大制ハ無シレ割クコト。

〔読み方〕

其の雄《ゆう》を知りて、其の雌《し》を守れば、天下の谿《たに》と為《な》る。天下の谿と為れば、常徳《じょうとく》離れずして、嬰児《えいじ》に復帰す。其の白きを知りて、其の黒きを守れば、天下の式と為る。天下の式と為れば、常徳忒《たが》わずして、無極に復帰す。其の栄を知りて、其の辱《じょく》を守れば、天下の谷と為る。天下の谷と為れば、常徳乃《すなわ》ち足りて、樸《ぼく》に復帰す。樸散ずれば則ち器《き》と為る。聖人之《これ》を用《もち》うれば、則ち官長《かんちょう》と為る。故に大制《たいせい》は割くこと無し。

**其の雄《ゆう》を知りて、其の雌《し》を守れば、天下の谿《たに》と為《な》る。天下の谿と為れば、常徳《じょうとく》離れずして、嬰児《えいじ》に復帰す。其の白きを知りて、其の黒きを守れば、天下の式と為《な》る。天下の式と為れば、常徳忒《たが》わずして、無極に復帰す。**

其の雄《ゆう》を知りて、其の雌《し》を守れば、天下の谿《たに》と為《な》る。其の雄というのは、勇気に充ちた、明るい男らしい知性に秀でて積極的な、ということで、知りてという意味は、ただそういう心を頭で知っているというのではなく、心でしっかりそうした態度を持っている、ということです。

そういう心を自分で持っていながら、しかも雄の反対の雌即ち、女性的な柔和な静かな、そして謙虚な、ものを育《はぐ》くみ育てる愛情を湛えているような心を守っていれば、天下の谿と為る、というのです。天下の谿というのは、天下という大きな言葉が上についていますから、底知れぬ深い心、何人何ものをも容れ得る大寛容ということで、そういう大人物になり得るということであります。

そういう、天下の谿のような大人物になれば、常徳離れずして、嬰児に復帰す。つまり、神のみ心そのもののような徳をそのままの行為として、赤児のような、自然に任せきった無邪気で素直な伸び伸びとした心でいられる、というのです。

次の、其の白きを知りて、其の黒きを守れば、天下の式と為る。と申しますのは、其の白き、この白きというのは、白は純潔の象徴であり、清らかさであり、様々な光の交流し合って澄み徹った光であり、聡明そのものの心ということなのです。そういう心を自己のものとしながら、黒きを守る。つまり、黒とは闇のことであり、光のとどかぬ未開地のことであり、愚かなる無智なる、真理に暗い人々のことなのであります。

この地球界は、老子が老子として中国に存在していた古い昔から今日に至るまで、未だに、宇宙神のみ光のとどききっていない、未開発の人間の住んでいるところなのです。いわゆる神の子、仏子の本心、本体がはっきり現われきっていない世界なのです。いわゆる白光に輝きわたった世界ではなく、凡愚の世界、黒の世界なのであります。

こうした凡愚の世界、黒の世界にあっては、純白そのものの心、高い真理そのものの心をむき出しにしていては、人々との交わりができません。人々との交わりができねば、社会人類の為に働きたくとも働くわけにもゆきません。一人高くそびえ立っていて、孤高の人になってしまい、政治政策などとれるものではありません。

そこで老子は、その白きを知りて、黒きを守れ、黒い世界、凡愚の世界の生き方に順応して、自己も凡愚の一人となって、すべての人々の生き方を自己のものとして、社会人類の為に働けば、多くの人々から、あの人は、自分たちの心をよく知っていてくれる、物判りのよい、しかも私心のない立派な人だ、自分たちの味方なのだ、ああいう人物にあやかりたい、と云って、その人を敬慕し、天下の範としてその人の感化に知らず知らず浴してゆくことになるのである、と教えているのであります。

人間の心というものは、おかしなもので、あの人は立派な人だなぁ、と思っていても、その人の平常の態度が、あまりに自分たちと離れ立派に見えすぎると、どうも自分たちとは境界が違うと思って、近寄りがたくなったり、あんな立派なことは自分たちにはとてもできない、とはじめから諦めてしまって、自分たちの模範にしようとは思わなくなってしまうのです。水清ければ魚住まず、の言葉通りなのです。

白きを知り、黒きを守る生き方として、天下の範（式）となれば、常徳忒《たが》わずして、無極に復帰す。と老子は云うのですが、この無極に復帰す、という言葉は、実に大変な言葉なのです。無極に復帰す、という言葉のもつしーんと静まりかえった、空の奥の又奥の、と私が老子という詩で書いた、あの深い深い、どこまでも深い、真理の光の放射を遡って遡って、窮極のところ、無の境地に復帰する、というのですから大変なことなのです。

無の極地、無極とは宇宙神のみ心の根源なのです。ですから無極に復帰す、ということは、宇宙神のみ心そのものに成りきった、ということなのです。

これは、老子そのものの本住のところを示しているようです。実際に自分が住んでいるところでなければ、このように説くことはできません。無《む》とか空《くう》とかいう言葉は、宗教用語としてはかなりつかわれていますが、無極に至る凄さ、空に成り切る為の過去世からのたゆまぬ精進というものは、文字だの言葉では、その実を伝えることは全く至難なことですが、もう少しくわしく説明しますと、この肉体波動の世界を深く深く奥に入りますと、霊光の世界に突入します。その霊光の世界に入り切りますと、またその奥にもっと深い光明世界が開けてきます。そうした光明世界は何段階となく、奥に奥にとひろげられてゆくのです。そうした奥の奥の奥底に、深い空の世界、無極の世界があるのです。

宇宙子科学で毎度申し上げる、宇宙核の中の世界なのです。宇宙万物の生命波動の生みなされる根源の世界、それが無極なのです。光とか光明とか申しますと、普通この物質界の可視光線、太陽の光線とか電気の光とかを、どうしても想像しがちです。ところが、宗教的にいう光とか、光明とか申しますのは、この肉眼の感覚では感じられない光なのでありますが、肉眼より少しでも微妙な霊眼になりますと、そうした光や光明が感じられてくるのです。霊眼とか霊感覚と申しましても、これがまた実に幾段階もの階層がありまして、その深浅の差が非常に多いのです。

ですから霊眼、霊感と云われる人々の光明世界の把握にしても、入口の光明世界と深い奥の光明世界との差異が、各人によってあるわけです。

この世の人々が、肉眼で感じ、触覚で感じている光にしても物質にしても、すべては素粒子の運動をそれと感じているのでありまして、すべては波動の現れなのであります。

地球の科学は今日非常に進んでいまして、昔はただ細胞分子の集りとだけいわれていたような生体物体が、今日では、細胞分子は原子から成っている、その原子は原子核と電子から成っていると云い、原子核は、陽子と中性子によってできているものであるとし、陽子や中性子の他にも、中間子というものが存在し、その中間子にも、ハイペロン、K中間子、パイ中間子、ミュー中間子などというものがあり、その他ニュートリノだの光子などという素粒子なども発見され、すでにアルファー、ベーター、ガンマーの各放射線や宇宙線をはじめ、素粒子の世界で発見されたもの何十種類という程になっているのです。

普通私たちが電気と云っているものは、電子の流れであり、光と云っているものは、光子の波動なのであります。そのように、この地球科学で発見されているものも、もう直ぐにでも、霊眼、霊感で感じられる光明波動のひびきを発見しそうなところに迫ってきています。いずれも自然界の波動のひびきであることには違いないのですから、やがて一つのつながりとして証明される日がくるのであります。

この可視光線と不可視光線とのつながりがはっきり証明されますと、今まで宗教的にだけ説明されていた光明世界とか、空《くう》や無の世界の証明が科学的の証明のもとに説明されるようになってくるのです。私共はそうした科学を、宇宙人の指導の下に日々やっているのであります。宗教的にいう光や光明世界というのは、精神的なものが主になっていますが、精神的な光といえど、やはり科学的な証明がつけられるものなのです。それは宇宙子科学で教えられた宇宙子の存在によって証明されてくるのです。宇宙子には、精神的に働く精神宇宙子と、物質的に働く物質宇宙子とが、はっきり区分されていて、ここが地球科学と異なっているところなのです。

そこで、老子の云う無極のことでも、自然の奥底、宗教的にいえば、宇宙神のみ心から、すべての宇宙子が波動として働きを開始する根源の世界である、と説くわけなのであります。無極の説明はこのくらいに致しまして、次の説明にうつりましょう。

**其の栄を知りて、其の辱《じょく》を守れば、天下の谷と為る。天下の谷と為れば、常徳乃ち足りて、樸に復帰す。樸散ずれば則ち器《き》と為る。聖人之を用うれば、則ち官長と為る。故に大制は割《さ》くこと無《な》し。**

その栄誉を知り、繁栄の中にいながらも、辱かしめを受けていた頃の、まだ人の長とならなかった低い地位の頃の自己の謙虚な心がけを忘れず守っていれば、天下の谷となる。いわゆる大人物となる。そういう人物になれば、神のみ心の徳が充分で、樸、つまり木の元、云いかえれば、生命の根源の素直な世界に復帰するのだ。素朴な、本のままの姿というものは、他のものとつぎ足して使ったり、他のものの材料として使うわけにはゆかないが、種々の器の元として使うことはできる。人間的に云えば、人の下役に使われるには人物が大きすぎて使われぬ。

聖人が、こういう生き方をすれば、百官の長となる、と老子は云っているのです。そして結びの言葉として、大制は割《さ》くことなし、と云っていますが、この言葉は、このように宇宙神のみ心の根源の世界から、そのまま生れ出でているような人物は、細かい下役的な仕事をさせられることはなく、どうしても、中心人物となってしまう。その最たるものが君主であって、君主が存在するだけで、すべてが大調和してゆくのであって、君主が分割的な仕事をすることはないのだ、と老子は云っているのです。

世の中には、種々様々な才能がありながら、常に人に使われているような人もあれば、のんびりとゆったりしている、別にこれといって特別の才能がありそうもないのに、常に人の頭に立っている人もあります。

ですから、特別な才能が無いからといって悲観したり、自分で不器用だからと、自分に見きりをつけたりすることはありません。常に、自分の想念を、宇宙神のみ心の中、生命の根源、つまり、世界平和の祈りの中に投入しつづけて、自己の現在の環境を素直に生きぬいてゆけば、宇宙神のみ心の中から、光明波動がその人の肉体身に流れてきて、何んともいわれぬ魅力のある人間になってくるのであります。天命を信じて、人事を尽くせ、天は自ら助くる者を助く、という言葉をよく噛みしめて、生きていって下さい。

# 第十四講　自ら知る者は明なり……

道徳経第三十三章

知ルレ人ヲ者ハ智ナリ。自ラ知ル者ハ明ナリ。勝ツレ人ニ者ハ有リレ力。自ラ勝ツ者ハ強シ。知ルレ足ルコトヲ者ハ富メリ。強ヒテ行フ者ハ有リレ志。不ルレ失ハ二其ノ所ヲ一者ハ久シ。死シテ而不ルレ亡ビ者ハ寿シ。

〔読み方〕

人を知る者は智なり。自ら知る者は明《めい》なり。人に勝つ者は力有り。自ら勝つ者は強し。足ることを知る者は富めり。強いて行う者は志《こころざし》有《あ》り。其の所を失わざる者は久し。死して亡びざる者は寿《いのちなが》し。

**人を知る者は智なり。自ら知る者は明《めい》なり。**

と老子は、智と明ということを使いわけております。人を知る者が智で、自らを知る者は明《めい》だ、というのですが、智というものと、明という境地とを、老子はどのように区別して考えていたのでしょう。この文章では、人を知り、自己を知ることの大事なことを説いているので、人と自、智と明とを、特に区別して話しているわけではありませんが、老子の心には常に、人を知ることより、自己を知ることの方がむずかしく、しかも深い境地であると思っているので、自然と、智と明というように言葉に区別ができたのだと思います。

どうして明の方を智という言葉より上位においているのでしょう。

先ず、智という言葉を説明してみましょう。智という文字は、日《ひ》の頭に知という字がついております。日というのは毎度申しておりますように、霊《ひ》という言葉と同意義なのでありまして、霊或いは本源の光、または本心、本体とも云えるのであります。

智という文字は、本心、霊、つまり日を下にして知が頭についているのです。これはどう解釈するかと云いますと、本心で知る、霊覚的に知るというのではなくて、頭で知る、頭脳知識で知る、頭脳に残っている体験で知る、というように、頭で知るということを現わした文字なのであります。

頭で知ることは勿論悪いことではありませんし、普通はみな頭で理解し、頭で知るのでありまして、頭で理解する能力の弱い人を、馬鹿める習慣を人間は持っております。人と附き合って、相手をよく理解するということも頭のよい人、智の発達した人でないとできません。

一寸自分を賞《ほ》めてくれたり、何か都合のよいことをしてくれたりすると、その人をすぐ立派な人だ、善い人だ、と思いこんでしまったり、自分をたしなめたり、自分に都合の悪いことをされると、すぐに相手を悪く思ったりして、その人の真価というか、真実の人格というようなものを、理解することのできない人は、智に欠けた人というのです。

そこで老子は、人を知る者は智なり、と云っているのであります。ところが、人を知るのは智でもできるが、自己を知ることは、頭で知ろうとしても、とてもできることではない。想いを静め、心を深めて、じっと、生命の本源の世界にまで入ってゆかないと、つまり、無とか空とかいうような深い境地に入ってゆかないと、真実の自己と、現れの自己との区別をはっきりつけて、真実の自己、大生命の分生命である自分というものを知ることはできない。

そういう境地になることを明というのだと説いているのです。明というのはどういう意味かと申しますと、明という文字を縦に二つに分けますと、日と月ということになります。日は陽《よう》であり、月は陰《いん》であります。この原理は誰でも知っておられることでしょう。

日の陽つまり＋《プラス》と、月の陰・－《マイナス》との大調和の姿を示したのが、この明という文字なのです。日も月も肉体人間の手のとどかぬ、高い高いところにあります。高い高い、深い深い、奥の奥の世界、自然の本源の世界における、大調和の相《すがた》を明という文字は現わしているのであります。

ですから、明の境地というのは、宇宙神のみ心の中に入りこんだ境地、微塵《みじん》も自我、小我の無い境地、澄み極った心境のことをいうのです。真実に自分を知るということは、このようにむずかしく、大変なことなのであります。真実の自分を知りはじめますと、すべての想念行為が正しくなり、自由になり、他人の言に左右されたり、地位や物質や情愛で動かされたりすることが無くなり、神のみ心のまま、本心そのままの行為ができるように、次第になってくるのです。

智の場合にも、只単に智といわずに、明智とか叡智とかいうことがありますが、これは頭だけの智ではなく、神のみ心からでてきた智ということを表現しているので、その明という文字は非常に尊い文字であるわけです。

さて次に

**人に勝つ者は力有り。自ら勝つ者は強し。**

とあります。この辺はあまりくわしい説明の必要はないと思いますが、一通り説明いたしましょう。

老子の云う通り、人に勝つには力がいります。これは勿論腕力ばかりではなく、あらゆる能力のことであります。力の無い人が、陰で人の悪口を云ったり、偉そうなことを云っている程、鼻もちならぬものはありません。自分を偉く思わせようとして、やたらに地位の高い人や、著名な人々の名前を持出し、さも親しい知己のような話をする人がありますが、これ程、自分の低劣さをみせる行為はありません。

人に勝つには、何んといっても力が有ることが第一なのです。それは国と国との間でもそうなのです。実力も無いのに、やたらに強国に向って嫌がらせをやるような態度は、あまり感心できぬのは、個人関係と同じことです。国の実力というのは武力ばかりをいうのではありません。個人の利害を先ず第二にしても、国を守ろうという心で、国民が一致団結しているような国があったら、武力が無くとも、その実力は権威あるものとなります。日本人もそういう国民になりたいものです。

私はそうした実力を、世界平和の祈り一念という国民運動にして、つけたいと思っているのです。世界平和は武力では決して成就せぬのは明らかなことです。武力に代わる力、そうした力を、私は世界平和の祈りの運動によって日本のものにしたいと思っているのです。私たちのやっている宇宙子科学の実践は、その大きな力になることは間違いないのです。

このように、人に勝つには力ですが、自分に勝つには何が必要なのか、老子は、強し、と云っているだけなのです。これは、前に自ら知る者は明なり、と云っていますので、自分の欲望、業想念行為に勝つには、明の心境になるに越したことはありません。

明の心の現れとしては、あらゆる欲望に負けぬ強い意志力が生れてきます。明の心境から生れた意志力というのは、自然法爾に生れてくるので、如何なる業《カルマ》の誘惑でも、どうにもならぬ程、底強いものなのです。それは、単に意気張っていたり、耐えているようなものではなく、さらりさらりと何気なく、業の誘惑を超えてゆく、というような自由無礙の強さなのです。真実に自分に勝つということは、容易なことではありません。あらゆる業想念波動を超える程の強い意志力は、やはり明といわれる程の心境にならぬと現われぬことなのでしょう。

## 足ることを知る者は富めり。

この言葉は、よく云われる言葉なのですが、人間の欲望というものには限りがありませんで、金が出来れば地位が欲しくなり、地位が高くなれば、もっと高くなりたくなり、最高の地位につけば、いつまでもその地位に止まりたいと、種々と権謀術策をして、心の休まる暇がありません。

ですから、足るを知るということは、実に大事なことだと思うのです。どんなに貧しい生活をしていても、その貧の中で満足して、心を休んじていられる人は、富んでいるも同じ心の余裕というものがあります。安心立命していられます。想念を常に物質世界の中に置かずに、神のみ心の中に入れきっている人は、如何なる環境にいても、足ることを知る人であり、心富める者なのでありま す。何故なれば、神は無限の富者であるからです。

### 強いて行う者は志《こころざし》有《あ》り。

これは、自らが思い立った道を、どのような困苦があろうとも、努力研鑽《さん》して突き進んでゆく人は、その道に志有る者であって、必ずその道は成就するというのであります。

実にその通りでありまして、天命がその仕事あるいは、その道にある者は、どんなことがあっても、その仕事、その道を成就するものなのです。ですから、自己の天命を信じて、その場、その時々の環境立場に全力を挙げてゆくということが大事なのです。

各人にはすべて天命があるのですから、その環境立場が嫌だから、と云ってすぐに遁げ腰になったりしていては、自己の天命を完《まっと》うすることは到底できるものではありません。何事にも全力を挙げてぶつかってゆける人こそ志有る者として、神は天命を成就させるのであります。

## 其の所を失わざる者は久し。

其の所というのは、単なる場所とか、地位とか、役職ということではなく、真理の所、老子流に云えば、道に立っていれば、道を見失わなければ、ということであります。今日的に云えば、神のみ心の中にいれば、ということです。

どんな高い地位にいようと、どのような立派な住宅に住んでいようと、それは久しいものではありません。この世だけの地位とか、住いとかいうものは、この世だけのものであって、いくら長くつづいたとしても、この世だけのもので、百年とはつづきません。

この久し、という言葉は、この世だけの時間を云っているのではありません。道にそって生きている者の永遠性というものを云っているのであります。それは次の

## 死して亡びざる者は寿《いのちなが》し。

という言葉と関連しているわけです。

死して亡びざる、ということは一体どういうことでありましょう。

唯物的な考え方からすれば、肉体が死ねば、生命は亡びたことになります。ですから、唯物的な人が、この言葉を解釈すれば、死して亡びざるとは、何かこの世に自己の仕事や、善行を残していった、そうした仕事や善行が、長くその人の名をこの世にとどめておくであろう、ぐらいの解釈しかつきません。

ところが、死して亡びざる者は寿しというのは、そんな浅い言葉ではないのです。

死んでも亡びない、ということは、肉体が死んでも、生命は生きているのだ、という真理を知っていることなのであります。肉体が亡びたら自分の生命はもう無いのだ、と思っているような人は、

死んでも亡びない人ではありません。肉体が無くなっても、生命は霊体を纏って生きつづけているのだ、ということを知るまでは、丁度夢の世界を迷い歩いているように、様々な妄想の中をさまよい歩くのであります。生命が死んだ生活をつづけるわけなのであります。

肉体人間というのは、あくまで、生命のひびきの一つの現れにしか過ぎないので、真実の人の姿は幾通りの世界をもつくっているのです。その現れの姿の一駒の肉体というもののみに摑まっていて、この肉体世界だけしか、人間の世界は存在しない、というような浅薄な人間観では駄目なのだ、と老子も云いたいのであります。

何もの、何事にも心を乱さず、如何なる利害得失にも迷わず、永遠の生命の大調和のひびきを、その想念行為に現わしてこの世を生きぬいてゆくのには、やはり、自らを知る明の境地に立っていなければなりません。

明の境地というものは生《なま》やさしく入り得るものではありませんから、その明の境地への入口である、祈り心をもって日常生活をすることが大事であります。祈り心のうちで最も高い広い祈り心は、世界人類が平和でありますように、という世界人類の平和を願う祈り心であると、私は確信しているのであります。

# 第十五講　大道は氾としてそれ左右す可《べ》し……

道徳経第三十四章

大道《ハ》氾《トシテ》兮其《レ》可《シ》㆓左右《ス》㆒。万物恃《ミ》㆑之《ヲ》、以《テ》生《ジテ》而《シテ》不㆑辞《セ》。功成《リテ》不㆓名《ヲ》有《セ》㆒。衣㆓被《シテ》万物《ヲ》㆒、而不㆑為《ラ》㆑主《ト》。〔常無欲〕可《シ》㆑名㆓《ヅク》於小《ト》㆒。万物帰《シテ》㆑之《ニ》、而不㆑為《ラ》㆑主《ト》。可《シ》㆓名《ヅケテ》為《ス》㆒㆑大《ト》。以《テ》㆔其《ノ》終《ニ》不㆓自《ラ》為《サ》㆒㆑大《ト》、故能《ク》成《ス》㆓其《ノ》大《ヲ》㆒。

〔読み方〕

大道は氾《はん》として其れ左右す可《べ》し。万物之《これ》を恃《たの》み、以て生じて而《しか》して辞せず。功成《な》りて名を有せず。万物を衣被《いひ》して、主と為《な》らず。小と名づく可し。万物之に帰して、主と為らず。名づけて大と為す可し。其の終《つい》に自《みずか》ら大と為さざるを以て、故に能く其の大を成《な》す。〔常無欲〕は諸橋本にもとずいて省く。

## 大道は氾として其れ左右す可し。

大道というものは、大きく一つに固まったようなものでも、広がって固定しているようなものでもなく、水がひろがりあふれ充ちていながら、右にも左にも自由に動き得るように、右にも左にも動くこともできれば、左右に分けることもできるし、また、縦でも横でも自由自在に動き得るものなのである、というのです。

## 万物之を恃《たの》み、以て生じて而して辞せず、功成りて名を有せず。

万物、つまりすべての生物は、この大道の力によって生じているのだし、生育し生かされているのであるが、道、今の言葉で云えば、宇宙神は、万物に対して、生命力を与えながら、その生育や繁茂を阻止したり、邪魔だてしたりはしないで、自然の力に任かせておくし、万物の方も、これだけで結構です、というように、その生命力を辞退したりはしない。また、神は万物に生命力を与え、万物それぞれの分野において、生命の歓喜を味あわさせるような、素晴しいことをしながらも、その名を高めようとしたり、誇ったりはしない。

**万物を衣被《い》して、主と為らず。小と名づく可し。**

大道即ち宇宙神のみ心み力というものは、実に不可思議で、愛に充ちているものであります。人類から、山川草木、獣類、鳥魚虫類に至るありとしあらゆるものに、それぞれの形を創り成し、色彩を与え、生命力を輝かせていながら、各自を各自の主人公にさせて、自身は何処かにひっそりとしていて、自分はお前たちの主人だぞなどと云って、万物に命令したりしはしない。それでは一体何処にひそんでいるのだろうか、と考えてみると、万物それぞれの内部にいて活動している生命そのものだと云える。そこで、道というものは、小と名づけてもよいのではないか。

とこういう説明になるのですが、現在のように、科学が進んで参りますと、老子の云う、小と名づく可し、という言葉が、実に当を得ている言葉だということが判ってくるのです。

何故かと申しますと、万物、あらゆる生物も物体も、現在の科学によれば、炭素Cとか水素Hとか、酸素Oとか窒《ちっ》素Nとかいう、多くの元素によってできていることが確実に判ってきていますし、その元素はまた、電子や中間子など種々の微粒子によってできている、ということも判ってきていますし、私共の宇宙子科学では、もっともっと微小な宇宙子によってできていることも判明しています。

こうした微小な存在に輝いている力が、道の力つまり、神の力であるのですから、道のことを、小と名づく可し、と云った老子の言葉は流石である、と感嘆させられるのです。

**万物之に帰して、主と為らず。名づけて大と為す可し。**

この節は、前節とは全く逆に、名づけて大と為す可し、となっております。

万物は前節でも述べたように、道の力によらないで生じているものも生育しているものもないのですから、従って、万物は大道に帰一していることになります。それなのに、大道は自らをすべての主宰者なりとして現わすことをしていないのです。

どこからどう考えても、大道は万物すべての主宰者であり、生みの親であり、育ての親であり、すべてのすべての力の源であることがはっきりしているのですが、大道は自ら我は主宰者なりと名乗りでられない。人間的に考えれば、これだけの力を持ち、すべての生命の流れを自らの手中に握っていながら、自分を表面的に現わすことをしない、ということは、そのみ心が、どれ程広く、どれ程大きいのか、計り知れないものである、と思わざるを得なくなります。

何んという広大なみ心なのだろうなァ、と驚嘆しながら、大空を見上げれば、果しない大空に、数知れぬ星を散りばめて、その星々を、一つの法則の下に、その処を得さしめている、その大きなみ姿が仰ぎ見られるようで、全く老子のいうように、大と為す可し、と云わざるを得なくなります。

道とは全く、限りなく微小にして、限りなく宏大なるものであります。聖人とは、この道のように、自らを現わさず、生命そのものを素直に自由に生かしきっている人のことをいうのであります。そういう人は、神と離れた想念で私は偉いのだ、私は悟っているのだ、私は皆の為に働いているなどと、自分の存在を人に知らせようなどとはせず、自ずと相手から称えられ、感謝されるものなのです。

## 故に能く其の大を成す。

ということになるのです。大というのは、大道即ち宇宙神ということになりますので、聖人というのは、宇宙神のみ心に近い行為のできる人のことをいうわけなのです。

私はこの老子講義をしながら思うのですが、老子が、神のことを、道とか大とか云って説いておりますが、道とか大とかいう言葉で、神を説くことは、実に賢明なことであると思っているのです。

何故かと申しますと、神という言葉で絶対者を説きます場合に、神というものが、自己とは全く懸け離れた存在に思われてきたり、何か常に自分の行動を監《かん》視していて、自己の自由を縛っているような気がしたり、或いは一寸でも間違いを起すと、すぐにも罰を与えられたりするような、そんな畏怖の気持で対してしまう場合が多いのです。

ところが、絶対者（神）は、人間に対して罰を与えるようなことは一切していないし、それでいて、人間と離れたところに存在しているものでもない。常に人間の内部にあって人間を生かしているものであり、また外部にいて、人間の存在を助けているものでもあるのです。

内部にあって人間を生かしている、というのは、どういうことかというと、その人その人の生命として働いているし、頭脳、内臓等々の諸機関として、その肉体活動を為さしめている、ということです。

外部にあって助けているとは、太陽や地球自体の存在をはじめ、空気や水や食物そのものとなって、人間の肉体を維持せしめている、ということであります。

ですから、神の力は、人間の内にも外にも充ち充ちていて、人間を今日のように存在せしめているわけなのですが、それでいて、何可《なにか》と、人間に命令したり、要求したりはしていないのです。

神は只、生命の法則として、自らの定めた法則の通りに、宇宙を運行し、人類の運命を定めているのであります。人間が病気になり、不幸災難にあったとしても、それは、絶対者たる神が罰を与えたわけではなく、人間自体が、生命の法則や、宇宙運行の法則を外れたことによる、病気であり、不幸災難であり、天変地異であるのです。

ですから、絶対者、大生命を、神と教えるよりも、老子のように、道というように、自然運行の相《すがた》として教えて、その道に乗って生きる、道に沿って行為することを教えた方が、かえって、すべての人に真理が判り易くなるのではないか、とさえ思えるのです。

釈尊が、絶対者の姿を、神と云わずに、如来とか仏とか、云って、人間自体の解脱しきった姿と一つにして教えたことも、絶対者大生命のみ心と、人間の業《カルマ》の想念との混交するのを防ぐためであったのです。

よく、神が何故こんな業想念の多い人間を創ったのか、などという質問を受けますが、この質問などは、まさしく、絶対者、大生命の法則と、人間自体の業想念とをごたごたにして考えていることによって起る疑問なのであります。

絶対者宇宙神は、あくまで、大生命そのものであり、宇宙生命の法則なのであります。いわゆる道なのです。人類に命令もしなければ罰もあたえない、人類の主人公だと名乗ってもでない、宇宙万般の法則（さだめ）そのものなのです。

老子の云う道そのものなのであります。道は極微、微小にして、宇宙大に宏大無辺なのです。大きくは、大千世界、大宇宙のあらゆる存在に処を得さしめ、人類はじめ、あらゆる生物の中に極微の宇宙子、原子となって、生命の運行をなさしめているのであります。すべてを、生き生きと、生かしきっているのです。

人類は、只、その道に乗って生きればよい。道に沿って活動していればよい。道とは宇宙法則であり、生命の法則であるのですから、宇宙法則の通りに生きればよい、生命の法則に沿って生きればよい。

ところが、この道が判らない。宇宙法則、生命の法則が判らない。その無知によって個々人の不幸となり、人類滅亡の極みにまで、地球世界を運んできてしまったのであります。

宇宙法則とか、生命の法則とかいうと、何んだか余計むずかしくて判らなくなりそうですが、老子のように道と云って説明するとかえって判りよさそうに思えます。

道（法則）には先程から申しておりますように、宇宙子電子原子の法則《みち》もありますし、人の道というように、人間の生き方を示す道もあります。老子は常に聖人の生き方を説いておりますが、聖人の行く道を少しでも真似て生きていれば、少しづつでもその人の人格は立派になるに違いありません。ただ、道即ち法則の神だけでは、人間なかなか道に乗れませんので、私は宇宙神とは別に守護神、守護霊という救済の力を説きつづけているのであります。

老子は人の道を説きますのに、よく水についてその道を示していますが、水のように、一つの形に把われず、どんな立場にも自由に入り得て、その場その場で処を得た生き方のできることは実に立派なことであるのです。

大道は氾《はん》としてという氾という言葉でも、やはり水の相《すがた》を云っておりますので、水は自由自在な、相手によってどうにでも動き得る悟りの姿そのものということになります。

人間の道を指し示すのは、あに水ばかりではありません。雲の姿でも、風の姿でも、鳥や、草木の姿にでも、人は学ばんとすれば、何処からでも、どのような生体物体からでも、自己の正しい道を発見し得るのです。

科学者などは、常に、あらゆる自然の動き、生体物体の動きに注意を向けていて、自己の学問を深めようとしているのであります。宗教の道でも科学と同じことで、自分の一挙手一投足、他人や、あらゆる存在の動向を注意深く観察して、自己の善き生き方の手本とするような謙虚な、真面目《まじめ》な生き方が必要だと思います。

道は到るところにある、という言葉がありますが、道を神と置きかえてみますと、神は到るところに御座《おわ》す、のであります。それはあらゆる生体物体の法則としておわす、のであって、その神を見出すのは、人間側の真面目な努力と守護神、守護霊への感謝行によってなされるのであります。

私は私の道を、宇宙神の根源からの分れである守護の神霊の導きによって見出したのであります。そして今日、私は私の道をまっしぐらに進んでおります。その道は、世界平和樹立への道であり、世界平和の祈りの道であるのです。

世界平和の祈りの道は、そのまま老子の云う大道であり、宇宙神のみ心そのものの道であったのです。世界平和の祈りの道は、極小なる宇宙子の存在を知り得、大宇宙法則の重大な一つの鍵を握り得たのであります。大道を左右する陰陽の道、陰陽合体して現わるる大道の道、それは極小な宇宙子の世界にも当てはまるのです。老子やますます偉大なりであります。

# 第十六講　大象を執りて天下に往けば……

道徳経第三十五章

執リテ二大象ヲ一天下ニ往ケバ、往イテ而不シテレ害アラ、安平大ナリ。楽ト与ハレ餌ハ、過客止マル。道之出ズルハレ口ヨリ、淡乎トシテ其レ無シレ味。視レドモレ之ヲ不レ足ラレ見ルニ。聴ケドモレ之ヲ不レ足ラレ聞クニ。用フレバレ之ヲ不レ可カラレ既クス。

〈読み方〉

大象《たいぞう》を執《と》りて天下に往《ゆ》けば、往《ゆ》いて而《しか》して害あらず、安平大《あんへいだい》なり。楽《がく》と餌《じ》とは、過客止《くわかくとど》まる。道の口より出《い》ずるは、淡乎《たんこ》として其《そ》れ味無《あじわい》し。之《これ》を視《み》れども見るに足らず。之を聴《き》けども聞くに足らず。之を用《もち》うれば既《つ》くす可《べ》からず。

**大象《たいぞう》を執《と》りて天下に往《ゆ》けば、往《ゆ》いて而《しか》して害あらず、安平大なり。**

大象というのは勿論、大道つまり神のみ心ということの比喩《ひゆ》であります。何故大道を大象に例えて説いたかと申しますと、大きな象は百獣の王といわれるライオンや虎でさえも恐れて道をさける程の自《おのずか》らなる権威を持っています。しかも象というものは、ここで老子の例えている大象は、遠いアフリカあたりの象ではなく、中国の隣国である印度象であることは当然なことであります。

印度象というのは、その性質は非常に温厚で、自分の方から他の動物に攻撃しかけることは致しませんが、それでいて、他から冒されない、悠々たる態度を持し、強い権威を備えています。

ですから神のみ心を動物に例えて云えば、大象をもってくるのがやはり当を得たものであると思います。

大象を執りて、つまり、宇宙神のみ心を自己の心とし、大道を歩んでいるものは、往《ゆ》いて而《しか》して害あらずで、どのような環境にあろうとも、どのようなところを往こうとも、如何様なことをしようとも、決して自分を損うこともないし、他から害されることもない、というのであります。

自分を損うこともないし、他から害されることもないのですから、安平大なり、つまり安心この上もないし、天下太平の生き方ができるというのです。

## 楽と餌《じ》とは、過客《くわかく》止まる。道の口より出《い》ずるは、淡乎《たんこ》として其れ味無《あじわい》し。

楽というのは、音楽だけのことをいうのではなく、すべての華やかな歌舞伎曲や遊びごとのことをいうので、眼や耳を通して感情を楽しませてくれることごとをいうのです。餌というのは、口を通して楽しませてくれる食物やすべてのものをいうのであります。

そうしたものは、人々の心をひきつけて、そこに心をとらえてしまうが、老子が道の話をする場合には、淡々として、何んの虚飾もなく話をするし、聞く人に調子を合わせて話すようなこともしない。人間として行なってよいことや悪いことを、はっきりと云うのだから、当然のことであるけれど、どうも聞いている方には耳ざわりがよくないし、歌を聞いたり踊りをみたりするような表面的な面白い味《あじわ》いが無い、というのであります。良楽は口に苦しというところであります。

近頃の宗教団体の中には、人生はエンジョイすべきものだというので、ダンスパーティなどを盛んに開いたり、スポーツで信者を引き寄せたりする、老子の道とは全然反対なことを行なっている向もあります。信者を増やす為なら、道に反するような、口当りのよい言葉を平気で云って恬《てん》として恥じない宗教者もいます。

こうして毎月老子講義を書いていますと、老子が、如何に深い奥底から道を説いているかが判りますし、老子が常に人間の最も深い高い生き方を巧みな比喩で説いているかも判ります。しかし老子の言葉を字義通りの解釈にしてゆきますと、どの章でも、とても私たちにはできそうもない、というような慨嘆《がいたん》を読者からききそうな気がします。そこで私は、老子の深いとても普通人にはできそうもない、この章で老子が云っているように、表面的は面白味や味わいもなさそうな、むずかしい、しかも断乎とした真理の言葉に、普通人にも易しくできる、易しく昇ってゆける、光の柱を立てまして、老子講義としているわけであります。

**之を視《み》れども見るに足らず。之を聴《き》けども聞くに足らず。之を用《もち》うれば既《つ》くす可からず。**

という言葉は全く同感でありまして、道といい、真理の言葉というものは、言葉で聴いても、形で見ても、みなそれは、大道の片鱗でありまして、道そのものというのは、自分が行なってみて、はじめて、その効用がはっきりするものなのであります。

音楽や舞踊などは、聴いたり見たりすること自体が楽しいのであり、食事はそれを口にすることが喜びなのであります。しかし、道そのものは、自己が行なわなければ、その効用はないのです。老子は今までの各章で、種々な深い心の在り方、真人としての生き方を説いてきておりますが、どんな深い真理の言葉も、それが行為として現われなければ、すべて足らずなのであります。

老子そのものが説法の人ではなく行為の人なのであります。行為の人といっても、自らが政治にたずさわるとか、事業に手をつけるとかいうのではなく、宇宙神の光、道の在り方を自己の存在そのものによって、人々に認識させた神人なのです。神の光そのものなのです。

道というもの、真理というものは、何も超特別な行為の中にあるのではなく、平々凡々たる日常茶飯事の中にあるのであります。例えていえば、日々こうして私共が生活していられるのは誰のおかげか、と云いますと、先ず肉体の諸機関がそれぞれの分野において、その定められた働きをつづけているからであります。そう致しますと、私共をこの地球界に生かしていて下さるのは、自分自身の肉体の諸機関であります。そうなりますと、心臓さんありがとうございます、肺臓さんありがとうございます。腕さん足さん、すべての筋肉さんいつもつつがなく働いていて下さってありがとうございます。

という感謝の心が湧いてでても、これは不思議ではありません。当然の心の在り方であります。

ところが、そんなこと当り前の話だ、今更云われなくとも知っている、と鼻の先であしらって、自分の肉体の諸機関に感謝する人は極く尠《すく》ないのです。

淡乎《たんこ》として味無《あじわい》し、というところなのでしょう。次に感謝しなければならぬのは、水であり空気であります。水が無ければ生きられないし、空気がなければ生きられないのですから、自由に水が得られ、何んの代償もしないで空気を呼吸していられることは、何んと感謝しても感謝したりない程の有難さです。しかしこれも、淡乎として味無しで、そんなこと誰でも知ってらあ、と簡単に片づけられて、感謝の想いを抱く人は尠ないのです。

こうしていちいちありとしあらゆるものごとを取り上げて考えてみると、何一つとして感謝せずに受けられるものは無いことがはっきり判るのですが、これが生れた時からの眼に見えぬ、手に触れ得ぬ自然界からの贈りものなので、殊更礼を云う気にならぬのであります。

そこでこうした物事を一纏めにして、ここにこうして生かされていることは神のみ力によるのだから、常々神への感謝の心で送りなさい、と宗教者は教えるわけなのです。

こうした教えは、面白味も甘味もないので、面白おかしく、その場その時々を楽しませてくれる娯楽の方に人々の想いはひき寄せられるのであります。そして神信心に心をむけるような人でも、お祈りすればすぐにも病気が直るよとか、貧乏などはすぐふっとんでしまう、というような、口当りのよい、調子のよい宣伝文句のうまい宗教団体の方に、お詣りをすることになるのですが、これは老子の時代でも今日の時代でも中国でも日本でもその他の国々でも、たいして変りのない人の心なのであります。

老子はそうした人間の心をよく知っていたのですが、自己の教えを引き下げて教えるようなことは絶対にしないで、大生命の根源につながる人間の生き方を説きつづけているのであります。

ですから老子の言葉には、自《おのずか》らなる高い格調がありまして、原文のままで読んでも、ひとりでに心が高まり深まるような、そうした気持になるのです。自然に浄められるからでありましょう。老子が老子として在世中に直接教えを受けた人は、老子の声に出る言葉そのものより、言葉以前の光のひびきによって魂を高められていたに違いありません。

私など、霊的にいつも老子と一緒にいるのですが、老子の光のひびきの烈しさと云おうか、強さと云おうか、一瞬にして、如何なる業想念をも打ち破ってしまう、その光明波動には、只々敬意を表しているばかりでありまして、文字に現わし、言葉に現わしていることのもどかしささえ感じているのです。

大象を執りて天下を往《ゆ》けば、という章のはじめの言葉のように、老子は正に大象なのであります。老子は大象の中から地球界の救済に現われ、これと思う人々を大象の中にひき入れて、その人々を大象そのものとして仕立上げようとしているのです。

私などもその一人として、光明波動の老子が私の霊体に合体してきて、肉体身の方の私までもそのまま大象の中にひき入れてしまったのであります。老子合体のその時から、神界の私も、肉体界の私も、全く大象の中の働きとして、何等の差異もなくなって、この地球世界を、光明遍照の世界に高めあげる大神業を成し遂げる為の働きをつづけているわけなのであります。

神界の自分と肉体界の自分とが全く一つになって働き出す時、その人の力は偉大な働きとなって現われるのです。そうした神我一体の人を創りあげてくれるのが、老子であり、釈尊であり、イエスであり、各守護の神霊の方々なのであります。

皆さんは、老子が昔の昔中国にいた聖者であった、という想いを捨てなければなりません。老子は今救世の大光明の中で、その烈しい強い光明波動を皆さんの一人一人に送りこんでいるのであります。

老子は生き生きと生きているのです。大道の中心に立って、房々とした白光の白髪をなびかせて、皆さんの心の中をじっとみつめているのであります。

淡乎として味無き言葉を、深い味いとして心に沁みて受け止めているかな、そうした人々が何人あるかなあ、とじっとみつめているのです。

老子の言葉は凡にして深く、深遠にして、しかも日常茶飯事の行ないの中に行為し得るのであります。

大道は言葉そのものではない、之を用《もち》うれば既《つ》くす可《べ》からず。之を行為として現わした時に妙々として人々の心を打ち、人類の道を光り輝かせるのであります。

先ず自らの肉体身に感謝せよ。大地に水に空気に感謝せよ、すべてのものへの感謝行を第一にして、自らの第一歩を踏み出し、第二歩を踏みしめてゆく、という平凡にして非凡なる感謝行の生活を、老子講義を読まれる方は先ず第一にして頂きたいと思うのであります。この感謝行の中から、神との一体化が巧まずして為されてゆくのです。

理論的に哲学的に頭をひねくりまわすより、感謝行の生活から、理論を生み出し哲学を打ち出していったらよいと思うのです。行為は何ものよりも大事です。行為のない理論は死物です。

老子は行為の人であり、私も行為をもって尊しとしている一人であります。感謝の行為と愛の行為こそ、この地球人類を平和にする基本的な行為です。

そして、この感謝の行為と愛の行為とを一つにしての行為が、世界平和の祈りなのであります。世界人類が平和でありますように、という祈り言葉と、守護神、守護霊への感謝の言葉、これこそ、やがて世界平和を導き出す、大事な大事な祈り言なのであります。

老子講義の時に何故いつも世界平和の祈り言を出すかといいますと、この世界平和の祈りの中心者の一人は老子そのものであるからなのです。

このことはやがてはっきり現実的に現わされてゆくことでありましょう。私共は手をたずさえて、大象を執りて、天下を往《ゆ》こうではありませんか、そうすれば、往いて而して害あらず、安平大なり、なのであります。安平大なり即ち世界が平和になるということなのであります。

## 第十七講　上徳は徳とせず是を以て徳有り……

道徳経第三十八章

上徳ハ不レ徳トセ。是ヲ以テ有リレ徳。下徳ハ不レ失ハ徳ヲ。是ヲ以テ無シレ徳。上徳ハ無クシテレ為スコト、而無シ二以テ為ニスルコト一。下徳ハ為シテレ之ヲ、而有リ二以テ為ニスルコト一。上仁ハ為シテレ之ヲ、而無シ二以テ為ニスルコト一。上義ハ為シテレ之ヲ、而有リ二以テ為ニスルコト一。上礼ハ為シテレ之ヲ、而莫ケレバ二之応ズルコト一、則チ攘ゲテレ臂ヲ而扔クレ之ニ。故ニ失ヒテレ道ヲ而ル後ニ徳。失ヒテレ徳ヲ而ル後ニ仁。失ヒテレ仁ヲ而ル後ニ義。失ヒテレ義ヲ而ル後ニ礼。夫レ礼ハ者、忠信ノ薄ニシテ而乱之首ナリ也。前識ハ者、道之華ニシテ而愚之始ナリ也。是ヲ以テ大丈夫ハ、処リテ二其ノ厚キニ一、不レ居ラ二其ノ薄キニ一。処リテ二其ノ実ニ一、不レ居ラ二其ノ華ニ一。故ニ去リテレ彼ヲ取ルレ此ヲ。

### 〔読み方〕

上徳《じょうとく》は徳とせず。是《ここ》を以《もっ》て徳有り。下徳《かとく》は徳を失わず。是を以て徳無し。上徳は為《な》すこと無くして、以て為《ため》にすること無し。下徳は之《これ》を為して、以て為にすること有り。上仁《じょうじん》は之を為して、以て為にすること無し。上義《じょうぎ》は之を為して、以て為にすること有り。上礼《じょうれい》は之を為して、之に応ずること莫《な》ければ、則《すなわ》ち臂《ひじ》を攘《かか》げて之に扔《つ》く。

故に道を失いて而《しか》る後に徳。徳を失いて而る後に仁。仁を失いて而る後に義。義を突いて而る後に礼。夫れ礼は、忠信の薄《はく》にして乱の首《しゅ》なり。前識《ぜんしき》は、道の華《はな》にして愚の始なり。是を以て大丈夫は、其の厚きに処《を》りて、其の薄きに居らず。其の実に処りて、其の華に居らず。故に彼を去りて此を取る。

**上徳《とく》は徳とせず。是を以《もっ》て徳有《あ》り。下《か》徳は徳を失《うしな》わず。是を以て徳無し。**

一口に徳といいましても、上徳つまり最高の徳もありますし、下徳もあります。上徳というのはどんな徳かと申しますと、徳を積もうと思って徳をするのでもなければ、徳を積んだと自分で思っているわけでもない、自然と行為に現わした物事事柄が、徳になっている、そういう行為を上徳の行為というのであります。

下徳というのはどのような徳かと申しますと、その人の行為が、いつも徳を積みたいとか、徳を残したいとかいう、徳という行為に自分の心が離れずにいて、徳の行為をしている、といった徳のことをいうのです。そういう下徳というものは、徳の行為をしながらも、それが純粋の意味でいう徳ということになっていない、というのであります。

**上徳は為《な》すこと無くして、以《もっ》て為にすること無し。下徳は之を為して、以て為にすること有り。**

上徳というものは、人為をもってするのではなくて、自然法爾《ひとりで》に行為しているものであって、上徳の人にはその徳を何かに利用したり、どうしようというような自我の想いがでることがない。下徳は、徳の行為をしても、その徳を自分の為に役立てようとする作意をもつことがある。

**上仁は之を為《な》して、以《もっ》て為にすること無《な》し。上義は之を為して、以て為にすること有り。上礼は之を為して、之に応ずること莫《な》ければ、則《すなわ》ち臂《ひじ》を攘《かか》げて之に扔《つ》く。**

上意の仁というものは、この行いをしても、その仁を自分の為に役立てようとか、仁の行為をしたことによって人に感謝されようとかという、さもしい心は無いが、義というものは、それが上意の義であっても、その行為によって、自分の心の満足を欲っしたり、何等かの報酬を期待したりすることもある。まして、礼ということになると、上意の礼にしても、自分の礼に対して、相手が礼を失っするような場合には、臂《ひじ》を攘《かか》げ、つまり、喧嘩腰で相手にぶつかってゆくようなこともあるというのです。

**故に道を失いて而《しか》る後《のち》に徳。徳を失いて而る後に仁《じん》。仁を失いて而る後に義。義を失いて而る後に礼。夫《そ》れ礼は、忠信の薄にして乱の首《しゅ》なり。前識は、道の華にして愚の始なり。是を以て大丈夫は、其の厚きに処《を》りて、其の薄きに居らず。其の実に処りて、其の華《はな》に居らず。故に彼を去りて此を取る。**

この節は、人の生き方を、道そのまま生きることを最高の生き方として、道そのままを生きられぬものは徳を、徳を失ったら仁を、というように、道、徳、仁、義、礼、というような順序に人の生き方を説いているのでありますが、礼については、忠信の薄にして乱の首なり、と孔子の教えを受けた人が聞いたら気持を悪くするようなことを、はっきりいっているのであります。

忠信の薄というのは、忠というのは、中心に帰一する心のことで、只単に主君に忠とか、主人に忠とかいうだけのことではなく、もっと深い深い意味のある言葉なのであります。中心に帰一といいますと、今日の人々の中では、戦争中や戦前の指導者たちの、自分勝手な言葉のように思っている人々もありますが、実はそんな薄っぺらな言葉ではなく、宇宙の中心に帰一する、一つになるという言葉でありまして、宇宙の中心に帰一するためには、人は自己の中心である本心に帰一すべきなのであります。

本心と申しますのは、宇宙神のみ心、つまり道と一つに通っているものでありますので、本心に帰一致しますれば、神と一つの心になれますし、道そのものの生き方のできる人になるわけであります。ですから忠という言葉は大事な言葉であるのです。信というのは、前篇にも書きましたように、人と言とが一つになっている、言《ことば》は神なりきでありますので、神と人とが一つになっている真実そのものということで、信心というものは、真実そのものの心、神と一つの心ということであります。

そういう、忠信の心の薄く浅くなった時に、為政者や、指導者たちが、これではいけないと思って、形の上からでもよいから、人間同志が尊び合うようにという気持で、礼を交じえ合うように指導したわけなので、礼というものが起ってきたその時代そのものに、もう乱のきざしがあり、世の乱れのはじまりであったのです。

老子はそのことをいっているのでありまます。老子の根本は無為ということでありまして、形の上でも心の上でも、ああしようとか、こうしようとかいう、人為を用いることを善しとはしなかったので、如何なる時の老子の言葉でも、無為に外れた行為を低いものとしているのです。

そこでこの節でも、道、つまり神のみ心そのものの行為、無為にして為し得る行為を最高の行為としていて、その無為に少しでも何かがつけばその何かのつき工合によって、次第に低い行為としていったわけです。徳、仁、義、礼という順序でもそういう老子の心の現れなのでありますが、今日の人には、徳と仁と義の区別はむずかしいことと思いますので、老子はこのように深く心の状態をみつめていたのだ、という、老子の人格の一つの現われ方として心にとめておいたらよいと思います。

前識は道の華にして愚の始なり。というのは、前識というのは、事前に事を知ろうとする想い、易しくいえば知識のことであります。知識というものは、道そのものではなく、道に咲く花のようなもので、知識を競い合うことは華々しくて華やかではあるが、そうした知識に酔しれていると、それがいつの間にか、本道を外れていってしまい、愚の始めになってしまう、というのです。

ですから、大丈夫というもの、真人というものは、そんな薄っぺらな境界にはいないで、光の厚い、本心の座、道のままの処に住しているもので、どんな華やかそうにみえようとも、すぐに散ってしまう花の座に想いを遊ばせず、神のみ心の実の成る処に常住いるのである、というのであります。

老子は、自《みずか》らが無為に住しておりますので、無為から自然に行われる行為を尊しとしておりまして、どうしても、うちもよおし、自然に行為されてくる事柄に対して、いちいち頭脳でとやかく分析してゆくような知識欲というようなものや、知的な頭脳的な遊びを高く評価していないのです。

ここのところは実にむずかしいところでありまして、無為にして為す程の境地になってもいないのに、やたらに知識をけなしてみたりすることは、世の為、人の為にもならないし、自分の為にもならぬことであります。無為に成り切り、空《くう》になりきった人のみに、知識を云々することができるのでありまして、凡夫がやたらに、知識や智慧を無用視してはいけない、と私は思っております。

無為の境地になっていますと、わざわざ頭脳智で考えて行為をしないでも、自然に深い智慧の行為が為されてゆくのですから、自然法爾の行為、神もよおしの行為を止めて、人間智で考え直して行為する必要はありません。道そのものの行為が、頭脳智で一度止められてしまいますと、頭脳智の中には、習慣的に小我の自己や自己の周囲の利害を打算する想念がありますので、その想念がどうしても、神のみ心そのものの流れを阻止してしまって、その行為を凡人の行為にしてしまうのです。

ここのところを充分に考えてみて、この現代においては、知識はいらぬなどということはできぬことでしょうから、あらゆる頭脳智を一度祈り心の中にいれ切ってしまうことを私はすすめているのです。

老子にとっては、いつも申しますように、一番深いところ、一番高い境地だけが問題なので、それを引き下げて道を説こうとはしていないのです。そこで私が、この深い境地、高い境地を、知らぬまに自己のものとしてゆけるように説いているのであります。

確かに老子の徳や仁の境地を、礼というところまで引き下げてしまいますと、深い高い心の世界の問題が、形の世界で、心を離れてもできる状態に、つまり偽善的な行為にしてしまう始末になってしまいます。ですからつい形の世界だけですましてしまい、形式的な儀礼の交わりが行われてゆくようになってしまうのです。

今日の青少年の一部のように、全く礼を失した行為を平気でしているよりは、形の上でも礼が行われているほうがよいにきまっていますが、形式的な礼だけで、本心から出ている行為の甚だ尠い社会をつくってしまってもこれは困りものなのです。

老子の教えをそのまま持ってきても、なかなか実行できる人はいないので、一服の清涼剤のような気持で、老子の教えを読んでいる人もあるわけですが、私はこの老子の教えを、清涼剤だけで済ませず、今日の社会における生き方として実行できる教えに直して説くわけなのです。

上徳の行為ができねば下徳の行為でも、下徳の行為ができなくとも、義の行為を人々はしてゆきたいと思います。形式的な礼儀の行為をしないで、自《おのず》ら礼に叶っている、そういう人でありたいものです。

老子は徳と仁と義とこう分けて説いてはおりますが、私共はこうした言葉を一つに致しまして、神のみ心として、本心の発露として、想念行為に現わしてゆきたいと思います。あまり高い境地ばかりを目指しておりますと、なかなかそこまで行きつかなくて、自分自身がかえって情けなくなって、道を求めることに疲れてしまいます。そこで私は、すべての想念行為を消えてゆく姿という言葉にしてしまい、その消えてゆく姿をひっさげて、常に常に神のみ心に飛びこんでゆくことを教えているのであります。その飛びこんでゆく方法が祈りでありますし、その祈りの最高の心が、世界平和の祈りであるのです。世界平和の祈り即ち道であり、上徳であるのです。

# 第十八講　昔の一を得たる者……

道徳経第三十九章

昔之得《タル》レ一《ヲ》者。天《ハ》得《テ》レ一《ヲ》以《テ》清《ク》、地《ハ》得《テ》レ一《ヲ》以《テ》寧《ク》、神《ハ》得《テ》レ一《ヲ》以《テ》霊《ニ》、谷《ハ》得《テ》レ一《ヲ》以《テ》盈《チ》、万物《ハ》得《テ》レ一《ヲ》以《テ》生《キ》、侯王《ハ》得《テ》レ一《ヲ》以《テ》為《ル》二天下《ノ》貞《ト》一。其《ノ》致《セルハ》レ之《ヲ》一《ナレバナリ》也。天無《ケレバ》二以《テ》清《キコト》一、将《ニ》《ス》二恐《ラクハ》裂《ケント》一。地無《ケレバ》二以《テ》寧《キコト》一、将《ニ》《ス》二恐《ラクハ》発《カント》一。神無《ケレバ》二以《テ》霊《ナルコト》一、将《ニ》《ス》二恐《ラクハ》歇《マント》一。谷無《ケレバ》二以《テ》盈《ツルコト》一、将《ニ》《ス》二恐《ラクハ》竭《キント》一。万物無《ケレバ》二以《テ》生《タルコト》一、将《ニ》《ス》二恐《ラクハ》滅《セント》一。侯王無《ケレバ》二以《テ》貴高《ナルコト》一、将《ニ》《ス》二恐《ラクハ》蹶《カント》一。故《ニ》貴《キハ》以《テ》レ賤《シキヲ》為《シ》レ本《ト》、高《キハ》以《テ》レ下《キヲ》為《ス》レ基《ト》。是《ヲ》以《テ》侯王《ハ》自《ラ》謂《ウ》二孤・寡・不穀《ト》一。此《レ》非《ズヤ》二以《テ》レ賤《シキヲ》為《スニ》一レ本《ト》耶。非《ナルカ》乎。故《ニ》致《サントスレバ》二数輿《ヲ》一無《シ》レ輿。不レ欲《セ》二琭琭《トシテ》如《ク》レ玉《ノ》、落落《トシテ》如《クナルヲ》一レ石《ノ》。

**〔読み方〕**

昔の一《いつ》を得たる者。天は一を得て以《もつ》て清く、地は一を得て以て寧《やす》く、神は一を得て以て霊に、谷は一を得て以て盈《み》ち、万物は一を得て以て生き、侯王《こうおう》は一を得て以て天下の貞《てい》と為る。其の之を致せるは一なればなり。天以《てんもっ》て清きこと無ければ、将に恐らくは裂けんとす。地以《ちもっ》て寧きこと無ければ、将に恐らくは発《ひら》かんとす。神以《しんもっ》て霊なること無ければ、将に恐らくは歇《や》まんとす。谷以《たにもっ》て盈つること無ければ、将に恐らくは竭《つ》きんとす。万物以て生きること無ければ、将に恐らくは滅せんとす。侯王以て貴高《きこう》なること無ければ、将に恐らくは蹶《つまず》かんとす。故に貴きは賤しきを以て本と為し、高きは下きを以て基と為す。是を以て侯王は、自ら孤《こ》・寡《か》・不穀《こく》と謂《い》う。此れ賤しきを以て本と為すに非《あら》ずや。非なるか。故に数輿《すうよ》を致さんとすれば輿無《よな》し。琭《ろく》琭《ろく》として玉の如く、落落《らくらく》として石の如くなるを欲せず。

**昔の一《いつ》を得たる者。天は一を得て以《もっ》て清く、地は一を得て以て寧《やす》く、神《しん》は一を得て以て霊に、谷は一を得て以て盈《み》ち、万物は一を得て以て生き、侯王《こうおう》は一を得て以て天下の貞《てい》と為《な》る。其《そ》の之を致せるは一なればなり。**

昔の一を得たる者。というのは、永遠の一を得たる者という意味です。永遠の一というのは、大生命ということでもあり、あらゆる力、あらゆる能力権能をもっている一であり、種々様々な相《すがた》で現われている、万象万物のそれぞれの相《すがた》で現われぬ以前の、全能の一である、易しくいえば、宇宙神のみ心そのものということであります。

一といいましても、現在では種々なる物事事柄に使われていますし、一の次には二というように、数のはじめの言葉として使われていますが、老子が昔の一といっている、この一というひびきの物凄さというか、素晴しさというか、心身を圧する全能の力というか、深い深い深い深い、いくら探っても探りきれなく深く、高く、高く、高く、その高さ極まりない透徹した無限永遠の底に響きわたる光そのものであることを、私は心の底から感じるのです。言葉というものは不思議なもので、いっているその人の心の高さ深さが、聞く人の心にそのままひびいてくるものです。

老子のいう一たるや実に、宇宙神のみ言葉そのものとして私にはひびいてくるのです。そうした深い根源の一を得ていると、天は清く、地は寧《やす》く、神は以て霊に、というのでありますが、神は以て霊に、ということが読む人にはどういう意味か判らないでしょうから、説明致しましょう。

ここでいう神というのは、宇宙神というような意味の神ではなく、魂《こん》という意味なのであります。釈尊なども、霊魂のことを神《じん》というい方をしています。ですから、神が一を得て霊にというのは、根源の力を得て、はじめて霊魂としての自由自在性を得るのだというのです。

谷は一を得て盈《み》ち、万物は一、つまり大生命につながっていることによって生き、侯王は真理を得て以て、天下の貞、即ち基範となる。こういうように、それぞれの生き方在り方を正しくするのは、みな根源の一につながっているからである。一なる宇宙神のみ心によるのである、というのであります。

**天以て清きこと無ければ、将《まさ》に恐らくは裂けんとす。地以て寧《やす》きこと無ければ、将に恐らくは発《ひら》かんとす。神《しん》以て霊なること無ければ、将に恐らくは歇《や》まんとす。谷以て盈《み》つること無ければ、将に恐らくは竭《つ》きんとす。万物以て生くること無ければ、将に恐らくは滅せんとす。侯王以て貴高なること無ければ、将に恐らくは蹶《つまず》かんとす。**

天以て清きこと無ければ、将《まさ》に恐らくは裂けんとす。ということは、実に真実のことでありまして、この地球上の天変地異は、すべて天の汚れが一の力によって浄められるときに起るものであります。天の汚れというのはどういうことかと申しますと、この地球界の主宰者は人類なので、人類の想念波動によって、どのような光明界にもなり、地獄絵ともなるのです。人間の一人一人の発している想念が汚れたものであれば、地球界はそれだけ汚れるのであります。そうした人類想念の汚れは、地球界をつつんでいる天をも次第に汚してゆくのであります。

この汚れがあまりにひどくなりますと、一の力、つまり大生命の力が、この汚れを払うために、それまで働いていた以上の力をそそぎこむことになるのです。そう致しますと、その汚れが一瞬にして払われまして、その様相が、いわゆる業《カルマ》波動の消えてゆく姿、として、大天変地異となるのであります。

これが、将に恐らくは裂けんとす、なのであります。地以て寧きことなければ恐らくは発《ひら》かんとす、もやはり同じ意味でありまして、この災害を防ぐためには、人間側が、天変地異に先んじて、自《みずか》らが一の中に自分たちの想念波動を入れきってしまわなければならないのです。これが祈りなのであります。そしてこの祈りの最高の方法が、世界平和の祈りなのです。世界人類が平和でありますように……この祈りこそ、人類が一を得る最上の方法なのであります。

神《しん》以て霊なること無ければ、将に恐らくは歇《や》まんとす。この神ということは先にも申しましたように霊魂ということでありますが、もっと深くいえば、地球世界の人類の五感に触れない様々な生命体、守護の神霊をも含めたものともいえます。

この守護の神霊といえども、守護の神霊単独で働いているのではなくて、一なる大生命の力を得て、人類守護の任に当っているのであり、その神通力を現わしているわけでありますから、大生命即ち大霊から流れてくる霊光が絶えてしまえば、その働きができなくなってしまうのであります。

この守護の神霊の働きを自由になさしめ、祖先や縁者の霊魂の働きを易くするためには、肉体人間側が、常に祈り心一念の生活をしていることが必要なのです。何故祈り一念の生活が必要かといいますと、祈りというのは、人間の想念を、生命の根源、つまり老子のいう一の中に常に入れきっている姿をいうのでありますから、人間が霊そのままの姿になっているわけです。従って、人類全体の業想念波動の中にいても、本来の神の子の姿そのもので生活していられるのです。そこで、そうした光明的なひびきは、守護の神霊の働きと一つのひびきとなり、守護の神霊の働きを楽にし、諸々の霊魂の光明化にも役立つのであります。

谷以て盈《み》つること無ければ、将に恐らくは竭《つ》きんとす。以下すべて、一を得ることによって、それぞれの本来の働きができるのであり、一の力が働かなくなれば、すべてはその働きが消滅してしまうものである。というのであります。

故に貴きは賤《いや》しきを以て本《もと》と為し、高きは下《ひく》きを以て基《もとい》と為す。是を以《もっ》て侯王《こうおう》は、自《みずか》ら孤《こ》・寡《か》・不穀《こく》と謂う。此れ賤《いや》しきを以て本と為すに非ずや。非《ひ》なるか。故に数輿《すうよ》を致さんとすれば輿《よ》無し。琭琭《ろくろく》として玉の如く、落落《らくらく》として石の如くなるを欲せず。

このように、すべての存在は一なる大生命、永遠の生命によってなされているのであるから、貴いということも、賤《いや》しいということも（この賤しいということは、心の問題ではなく、位のことであります）一の現われであって、貴い位の人は、賤しい位の者を以て、その本として、差別をつける心をもたぬようにし、高さは、下《ひく》きをその基として、貧富の差をもって賤しむような想いをもってはいけないというのです。

だから侯王ともなれば、自分のことを、孤つまり、みなしごであるとか、寡《か》、徳のすくない者であるといったり、不穀、稔りのない、ふしあわせの者である、というような、号をつけて、自分を低く置いているのであります。こうして、自分の想いを低いところに置いて、賤しい者や貧しい者の生き方を手本としているのである、といっているのです。

であるから、一つの乗物なら乗物をみるのに、一つ一つの車をはずしてみて、これが乗物かとみれば、そこには乗物の形が崩れて無くなってしまうように、一なる大生命の表現である、すべての存在を、これは輝いた玉のようだとか、これはごろごろころがっている石ころのようだとかいうような差別をつけてはいけない。

例え、形の上や生活の上で、貧富や貴賤の差はあるとしても、その形の現れをみて、軽蔑視の想いや、差別した想いでみてはいけない。すべては生命においては兄弟姉妹なのである、と老子はいっているのであります。

この章で老子のいわんとしていることは、すべてが、大生命、永遠の生命に帰一していさえすれば、この現れの世界は大調和しているのであるが、この帰一する想いに欠ければ、その欠けた分だけが、不調和、不完全になり、その者、その事柄、その存在に欠点ができてくるのであり、遂いに消滅してしまうのである、というのです。

老子が中国に存在した頃からそうなのですが、地球人類は、この一の恩恵を忘れ、一の偉大さを忘れ果てているのであります。勿論個人としては、この一、つまり宇宙神のみ心を自己の心として生きている人もあるでありましょうが、一度び人類国家社会としてみますとき、確かに、人類は一に対する感謝の想いに欠けているのであります。

すべての現れの根源である一なる力を、自分自身の心から離してしまった時には、老子のいうように、天地も万物も、裂け発《ひら》かれ、滅してしまうでありましょう。

現在の地球世界は、その根源の一から離れきってしまうかどうかという危機にあるのです。それはどうしてかと申しますと、あらゆる人々、あらゆる国々が、現れの存在である肉体人間の自己というものにのみ把われ、その肉体人間の集団である国家というものに執着して、根源の一なる存在、大生命から与えられている、割り当てられたる富や力を、自分たちの方により多く奪い取ろうとしているのであります。これは、一なる存在の定めたる宇宙法則の軌道をそれた生き方でありまして、一を得ざる心の状態であるのです。一を得ざる状態になれば、どのような事態が起るか、老子は、生くることなければ、恐らくは滅せん。といっているのであります。

根源の一の中から出てくる力ではなく、一を離れた力をもってして、如何なる資産を積もうとも、如何なる権力の座にいようとも、それは根源の力の働いていない、数であり座であるのですから、恐らくは滅せんで、いつかは消滅してしまうものなのです。

現在の地球世界の情勢は、前記の通りの状態でありまして、根源の力を離れた数の偉力を誇り、仮の姿の地位に執着しているのであります。

宗教も科学も、昔の一を得なければその道は生きません。永遠の生命の流れをみきわめる明智がなければ、地球人類を救う道とは成り得ません。

それにはどうしても、人為によってつくられた神を捨て、仮につくられたる数をも捨てなければなりません。そうした過去のすべてを捨てて、無為なる生活に帰えらなければなりません。

その方法が、世界平和の祈りなのです。世界人類が大調和している、根源の一なるみ心のままなる生き方を希求し熱願する、世界人類が平和でありますように、という祈り言にすべての自己の想念を投げ入れて、投げ入れたところから再び、自己の生活を感謝で頂き直さなければなりません。

それが真の信仰であり、一を得たる者の姿です。真に一を得る時、その人の宗教もその人の科学も、それは人類の平和に役立つ宗教となり科学となるのであります。

# 第十九講　上士は道を聞いては……

道徳経第四十一章

上士《ハ》聞《イテハ》レ道《ヲ》、勤《メテ》而行《ハントシ》レ之《ヲ》、中士《ハ》聞《イテハ》レ道《ヲ》、若《ク》レ存《スルガ》若《ク》レ亡《キガ》、下士《ハ》聞《イテハ》レ道《ヲ》、大《イニ》笑《フ》レ之《ヲ》。不《レバ》レ笑《ハ》、不レ足《ラ》二以《テ》為《スニ》一レ道《ト》。故《ニ》建言《ニ》有《リ》レ之。明道《ハ》若《ク》レ昧《キガ》、進道《ハ》若《ク》レ退《クガ》、夷道《ハ》若《ク》レ類《ノ》、上徳《ハ》若《ク》レ谷《ノ》、太白《ハ》若《ク》レ辱《ノ》、広徳《ハ》若《ク》レ不《ルガ》レ足《ラ》、建徳《ハ》若《ク》レ偸《キガ》、質真《ハ》若《ク》レ渝《ルガ》、大方《ハ》無《ク》レ隅、大器《ハ》晩成《ナリ》。大音《ハ》希声《ナリ》。大象《ハ》無形《ナリ》。道《ハ》隠《レテ》無《シ》レ名。夫《レ》唯道《ハ》善《ク》貸《シテ》且《ツ》成《ス》。

〔読み方〕

上士は道を聞いては、勤めて之を行わんとし、中士は道を聞いては、存するが若《ごと》く亡きが若く、下士は道を聞いては、大いに之を笑う。笑わざれば、以て道と為《な》すに足らず。

故に建言《けんげん》に之《これ》有《あ》り。明道《めいどう》は昧《くら》きが若く、進道《しんどう》は退《しりぞ》くが若く、夷道《い》は類《るい》の若く、上徳は谷の若く、太白《たいはく》は辱《じょく》の若く、広徳《こうとく》は足らざるが若く、建徳《けんとく》は偸《うす》きが若く、質真《しっしん》は渝《かわ》るが若く、大方《たいほう》は隅《ぐう》無く、大器は晩成なり。大音《たいおん》は希声《きせい》なり。大象《たいしょう》は無形なり。道は隠れて名無し。夫れ唯《ただ》道は善く貸《か》して且つ成す。

**上士は道を聞いては、勤めて之を行わんとし、中士は道を聞いては、存するが若《ごと》く亡《な》きが若《ごと》く、下士は道を聞いては、大いに之を笑う。笑わざれば、以て道と為すに足らず。**

上士というのは勿論志の上等の人、上位の心の人という意味ですが、そういう人は、道を聞くと、どのようなむずかしい行為でも、勤めてこれを自己の行為に現わそうとするが、中士は道を聞いても、判らないところでも、判ったような顔をしてみたり、頭では理解しながらも、なかなか行為に現わそうとする努力をしなかったりする。それは道に対する信というものがあまり深くないからで、この人たちにとっては、道というものが、自分の都合次第では存在するようにも思えたり、存在しないものに思えたりするのである。ところで下位の人になると、道を聞いては、そんな道などというものが存在するものかというように、大笑いに笑いとばしてしまう、というのであります。

そして老子は、そういう下級の人に大笑いされないようでは、道というには足りない、といっているのです。こういうところは、老子の時代も今日の時代でも少しも変っていません。今日の宗教者がいくら口をすっぱくして神の存在を説き、神の道を説いても「そんなものあるものか、神様があるのなら、何故こんな不公平な世の中を造ったんだ。口惜しかったら、こんな苦労しなくとも楽に食えるような世界をつくってくれ、あなたたちのいうような、神の道なんていうのは、私たちには用はないよ」などという人々がかなり多いのであります。

老子は神の存在ということと、神のみ心の在り方というものを、ここでは道という言葉だけで説いております。そして、この道ということが判るのはむずかしいことなので、そうやすやすと理解できるものではない。だから、現象世界の利害得失のみに追われているような、下級な志の者には理解しがたく、そんな話を聞いたって、一文の得にもならない、と馬鹿にされて大笑いされるものなのだ、道というものはそんなものなのだ、といっているわけです。

実際この世の大半の人々は、利害得失ということが、先ずその想念の先に立つのでありまして、宗教信仰をしているような人々でも、自己の現世的な利益を保証して貰いたいが為の信心であったりすることが、多いのであります。

ですから老子のいうような上志の人は実に尠ない人数しかないのではないかと思われます。しかし、信仰の最初は中志の人であっても、その信心をつづけてゆくうちに、いつの間にか上志の人と同じレベルの心境に到達している人々が、世界平和の祈りの同信には非常に多く存在するのです。そこでたゆみなき信仰ということが大事になってくるのであります。

神などあるものか、それよりは飯だ、というような下級な想いの人々でも、医者に見放なされた病気などになると、溺れるものは藁をも摑む、というように、神信心に想いをむけることもあるのですから、現在下級のように見えている人でも馬鹿にしてはならない。人はみな神の光のひとすじなのだ、と私は常にいっているのであります。

話がすこし横道にそれましたので次の解説にうつります。

**故に建言に之有り。明道は昧《くら》きが若《ごと》く、進道は退《しりぞ》くが若く、夷《い》道《どう》は類《るい》の若く、上徳は谷の若く、太白《たいはく》は辱《じょく》の若く、広徳は足らざるが若く、建徳は偸《うす》きが若く、質真《しつしん》は渝《かわ》るが如《ごと》く、大方は隅《ぐう》無く、大器は晩成なり。大音《だいおん》は希声《きせい》なり。大象《たいしょう》は無形なり。**

道というものは、前節のように、志の低い者には判りにくいので、昔の真理の言葉に、道の種々な現れに対して、次の訓戒がなされているのである。といって、老子は次の十二の訓《おしえ》をしているのであります。

明道は昧《くら》きが若く、とは、真理の道というのは、自我欲望の想念があると、その自分の醜い汚い姿を、あまりに明らかに照し出される道なので、どうにもその道を歩いてゆくことが恐ろしいような気がしてきて前に進む気がしない。それは丁度、暗い道を歩むのが恐ろしいのと同じように、歩み進むことができにくいのだ、ということなのです。

進道は退くが若く、とは、神のみ心に向って進んでゆく道は、この世の利害得失をひとまず離して進んでゆく道なので、進んでいるうちに、人の為にこの世的な損失をまねいたり、一般の常識人が、おおむね打算的な生き方をしていて、社会の地位を築いてゆくので、打算を外にした良心的な生き方をしていると、この世の物質的生活水準が、同年輩の人々より低くなり勝ちになってくる。真実は神のみ心に向って進みつづければ、やがては、そうした水準をはるかに突きぬけた立派な生活ができるのだけれど、暫くの間は、どうも進道はかえって、退くように、人々に遅れを取るように思われてくる、というのであります。

夷《い》道は類《るい》の若く、夷道というのは、平らかな道、平和なる道ということですが、この平らかな道は、類の若く、類というのは、紬《つむぎ》のような絲のでこぼこの多いものをいうのでありますから、一読すれば、平らかな、平和な道は、でこぼこの道のようだ、という、へんてこな解釈になってしまいます。

ところが真実の解釈はそうではなく、平らかな平和な道に出るのには、やすやすと簡単にそういう道に出られるのではなく、多くのでこぼこ道、難儀な道を通ってこなければならない。それは自分自身の心の中にある、種々様々な不調和な想いもそうであり、社会生活における数多くのやり取りにおいても、でこぼこの生活がどうしてもできてくるのです。

ですから平らかな平和な道というのは、でこぼこの道を通り越してはじめて出られる道なのであって、でこぼこ道を当然のこととして生活している人より以上に、でこぼこ道に耐え得る気力というものが必要なのである、ということなのであります。

上徳は谷の若く、とは、最高の徳は、谷のように深い心で、如何なる水の量も水の力をも受け容れるものであるというのです。

太白は辱《じょく》の若く、太白というのは極めて白い或いは、潔白ということですが、この太白は辱、つまり、汚れている、黒くみえるというのですから、一読しただけでは恐らく意味が判らないだろうと思います。潔白が汚れと同じだということがあるはずがありません。

それではどういう意味なのでしょう。それは、太白のつまり真白な心の人、白光に輝くような人は、自己の心の清らかさ、潔白さをいちいち人々に知らせようなどはしません。かえって、汚れけがれた、辱多い人のような、人目に立たない、ひっそりとした生き方をするものである、というのが、太白は辱の若くというわけなのです。

広徳《こうとく》は足らざるが若く、ということも、やはり同じような意味で、広い徳をもった人は、謙虚であるというのです。

建徳《けんとく》は偸《うす》きが若く、というのは、高い確固とした徳は、華やかに人眼をひくような現わし方はしないで、隠にかくれた行為としてなされるので、それは恰も、盗みでもするようなひそやかな態度である、というわけです。

質真《しっしん》は渝《かわ》るが若く、これは、真理に通じた人は、自由自在な心をもっているので、時と処と相手とによっては、その態度をどのようにでも変化させることができる。それは丁度安い染物が色変りしやすいのに似ているし、軽薄な人物の利害得失でその節操を変えるのに似ている、というのです。

しかし覚者は、その根本が神のみ心と一つなのですから、その変化の様は常に社会人類の為に役立つのであります。

大方は隅《ぐう》無く、大器は晩成なり。これは有名な言葉ですが、一通り説明致しましょう。

もっとも大きなもの、宇宙には隅《すみ》がなく、大器つまり大きな製作品、宇宙神からいえば、宇宙そのものとか、小さくいって地球といったものは、そう簡単に完成するものではなく、長年月かかるものである、ということを、人間にふりかえて考えると、大きな人物というものは、そうやすやすとできるものではなく、その人物が大きければ大きい程、完成するのは晩くなるものだ、というのです。だから、大人物たらんとするものは、あまり四角四面に纏ってしまわないで、すべてのものを容れ得る大度量をもつようにすべきだ、そういう大人物になるには長い年月かかってもよいのだ、ということなのであります。

大音《たいおん》は希《き》声なり、大象《たいしょう》は無形なり。大音というのは神のみ声、神のみ心のひびきということで、宇宙を鳴りわたっているひびきのことです。こういう大きなひびきは、なかなか聞きとめることができない。聞きとめ得る人は実に稀である。そして大きな現象というものは、これは把えようとしても把え得るべき形が無いのである、というのです。

真実に宇宙神のひびきをそのまま聞き得る人は実に稀であるし、宇宙神の現れを、そのまま形として把え得ることはできません。聞き得ず、把え得ないのであるけれども、そのひびきが、すべての根源となってひびきわたっていることは間違いない事実なのであります。

**道は隠《かく》れて名無し。夫《そ》れ唯道は善《よ》く貸《か》して且つ成す。**

道は隠れて名無しというのは、道というものは、すべての根源の働きであり、大生命そのものであるけれども、何処にどうして存在するのか判らない、摑みようも把えようもない。尨大そのものでもあり、微小そのものでもある。従って特定の名をつけようがない、というのです。

夫《そ》れ唯道は善く貸《か》して且つ成す。道というものは、そのように自《みずか》らを表面に出すのではなくて、宇宙の星々といい、人類といい、動植物鉱物というように、あらゆる存在、あらゆる元素にその力を貸し与えて、それで自らを完成させようとしているのである、というのであります。

真人というものはこの道、大生命のように、自らを表面に打出そうとしないで、常に社会人類の福祉の為、宇宙人類すべての平和の為にその有《も》てる力を貸し与えるような生き方をすべきである、と説いているのであります。

老子のこの言葉のように、私共も自己の利害得失を消えてゆく姿として、世界人類すべての平和を祈願する、世界平和の祈りの中に投入しつくして、この地球世界の生涯を生きつづけてゆきたいものであります。

# 第二十講　道は一を生ず……

道徳経第四十二章

道生一。一生二。二生三。三生万物。万物負陰而抱陽。冲気以為和。人之所悪、唯孤・寡・不穀。而王侯以為称。故物或損之而益、或益之而損。人之所教、我亦教之。強梁者、不得其死。吾将以為教父。

**〔読み方〕**

道は一《いつ》を生ず。一は二を生ず。二は三を生ず。三は万物を生ず。万物は陰《いん》を負《お》いて陽《よう》を抱《いだ》く。冲気《ちゅうき》以て和を為《な》す。人の悪《にく》む所は、唯孤《こ》・寡《か》・不穀《ふこく》なり。而《しか》るに王侯《おうこう》は以て称《しょう》と為す。故に物は或は之を損《そん》じて而《しこう》して益《ま》し、或は之を益して而して損ず。人の教うる所は、我も亦之を教えんとす。強梁《きょうりょう》なる者は、其の死を得ずと。吾将に以て教の父と為さんとす。

## 道は一《いつ》を生ず。一は二を生ず。二は三を生ず。三は万物を生ず。

道は一を生ず、というと、道というものが、一の生みの親であるという風に考えられて、この一というのが、絶対なる一、大生命としての一ではないのか、と感違い致す人もあるかと思いますが、これはそういう意味ではなく、大宇宙に充ち充ちている大生命の表現をここでは道といったのであり、その宇宙に充ち充ちている大生命が、万物を生みなそうとする力を働かしめるために一なる宇宙の心つまり宇宙心として、絶対者の一としてその生みの力を結集したということであります。

ですから、ここでいう道という宇宙神の力が、まだ宇宙に充ち充ちているだけで働き出さぬ状態の表現であり、働き出そうとして力を結集させた状態を一といっているのだと解釈してよいわけです。

この一が二を生じたということは、⊕⊖《プラスマイナス》陰陽を含めた絶対なる一が、⊕と⊖、陰と陽の、二つの要素を生み出したということであります。これはあくまで生み出したのであって、一が二に分れて、本来の一が二に形を変えて無くなってしまうというのではなくて、絶対なる一の中で二つの分れた働きになったということなのです。

絶対なる一というものは、無限の縦と横、無限の⊕⊖をうちに持った宇宙心であります。この宇宙心の働きを二つに分けますと、縦と横、陽と陰、⊕と⊖ということになります。この原理を一から二を生ず、というのです。

宇宙心というのは、宇宙子科学的に申せば、宇宙核を通して天地を貫いて働いているのでありまして、宇宙大の一から、電子や中間子、否もっと微小なる宇宙子の一にまで働いているのであります。

もっといい方を変えますと、絶対の一なる宇宙心のひびきは、最も微小なる縦なる働き、活動している宇宙子の一にもそのひびきを伝えていると同時に、横なる静止している宇宙子の一にも働いているのであります。しかしその働きかけ方は、絶対なる一そのものがそのまま働きかけるのではなく、絶対なる一は、根源的な無限大の二として、縦横、陰陽、⊕⊖の働きの二つに分れて働きかけるのであります。

ですから絶対の一なる宇宙心は、大小無限の数をうちに有するのであり、それらの活動力の源泉として存在しているのであって、実際の働きは二と分れた宇宙心のみ心によってなされるのです。

神道などでは、絶対の一なる宇宙神（心）を天御中主大神《あめのみなかぬしのおおかみ》と称え、二なる宇宙心を高御産巣日神《たかみむすびの》、神産巣日神《かみむすびの》というように、一神の次ぎに陰陽二神の名をつけております。そして次ぎに、三神の名をあげているのであります。

この陰陽二神は、宇宙大の陰陽から、電子、中間子、宇宙子の極微の陰陽⊕⊖の中にまでその働きの権能を有《も》つのです。しかしながら、この陰陽、⊕⊖が如何なる力をもつとしても、その働きを別々な形でしているうちは、宇宙世界には、何事、何物の変化も表現も行われないのです。この二なる原理が、この二神の働きが相互に働きかけた時、そこに三が生じるのであります。三が生じて、はじめて、この宇宙世界に宇宙神、つまり道、絶対なる一のみ働きが表現されてゆくのであります。

これが、二は三を生じ、三は万物を生ず、というのであります。これは只単に地球世界の物質のことのみをいうのではなく、宇宙根源の世界、つまり、神界から肉体界までの、すべての世界を通しての真理なのです。

宇宙根源の世界、神界というものは、絶対者の一なる心の中にあるのでありますが、二神、三神、五神、七神というように、先ず最上の段階が七神に分れておりましてこれが各自七つの段階に分れて各種の宇宙進行の働きをなしているのであります。

これが宇宙子科学でいう、宇宙子のような極微の世界にも、同じような法則として、同じような働きとして現われてきているのです。宇宙子科学では、七を一つの纏まりとして、七の二乗の四九をその次の纏まりとしているのであります。

この点、神々の在り方と、宇宙子の組合せや働き方は全く等しい定理《さだめ》によってなされているのが、実によく判ります。宇宙子科学の法則に合わせて、神々の宇宙運行の在り方を考えますと、神々のみ心が科学的な姿となって判ってくるのです。

## 万物は陰《いん》を負《お》いて陽を抱く。冲《ちゅう》気以て和を為す。

万物はすべて陰陽の原理、⊕⊖の交流の原理によって生じております。つまり、万物は陰を負い、陽を抱いているわけです。しかし陽といい陰といい、⊕⊖といっても、陽中陰あり、陰中陽あり、というように陽の中にも陰があり、陰の中にも陽があるのであり、⊕の中にもマイナスがあり、⊖の中にもプラスがあるのであります。

人間の構造はそのもっとも複雑なものであって、神のみ心のままの人となって、この地球界で生活してゆくのには、余程深く、宇宙法則の真理を知らねばならぬのです。いわゆる宇宙心の在り方を知らなければならないのです。

それはどういう心かというと、冲気以て和を為す、と老子はいっているのでありますが、老子は私の心の中で、冲というのは、和するとか、やわらぐとか、虚しいとか、いう言葉でありますが、老子は私の心の中で、冲気というのは、自然の心そのままということであって、人心に当てはめていえば、自己を虚しくした、自然の気と合致した心をいう、といっています。

これをやさしくいえば、陰陽、⊕⊖、縦横という相反する性質のものが、宇宙心の法則にのったそのままの在り方で交流し合い、交叉し合い、融合し合い、離合集散し合うことが、大自然の調和なのであり、その姿が、冲気以て和を為す。というのであります。

**人の悪《にく》む所は、唯孤《こ》・寡《か》・不穀《ふこく》なり。而《しか》るに王侯は以て称と為す。**

これはどういう意味かと申しますと、人の嫌がることとは、孤独で淋しい生活であったり、物質や地位的に恵まれぬ、すべてに恵まれることの寡《すく》ない生活だの、何をしてもうまくゆかない生活だのでありますが、王侯となりますと、かえって自《みずか》ら、人々の嫌がるようなそうした状態の名を自分の号として称えております。

どうしてそんなことをするかといいますと、王侯ともなれば、実際的にはすべてに恵まれていましてその号とは全く反対の生活をしているわけです。そうした恵まれた自分の状態に慣れ親しんでしまっていると、恵まれない社会の人々の心が判らなくなってしまいます。そこで、常に貧しい恵まれない社会の人々の上に自分の心が及んでいるように、常にその人々のことが気がかりになるようにと、自分の号にそうした恵まれない貧しい状態を現わす号をつけて、自らの反省にしているのであると同時に、自らの心の中で富と貧と幸と不幸という相反するものの調和を計る指針としているのであります。

**故に物は或は之を損じて而して益し、或は之を益して而して損ず。人の教うる所は、我も亦之を教えんとす。強梁《きょうりょう》なる者は、其の死を得ずと。吾将《まさ》に以て教の父と為さんとす。**

この世界というものは、すべてにおいて相反するようにみえるものの和合によって成り立っているのでありますから、物質にしても何にしても、損する者があれば得するものがある。益したと思っているうちに、いつの間にか損をしている時もある。そういう状態を人は常に自他の生活の中で教えられている、というのであります。老子のいいたいことは、この表面に現われていることを土台にして、だから、損だとか得だとか、幸だとか不幸だとかいう、そうした現象面にだけ把われないで、もっと奥底の生命自体の在り方、宇宙神のみ心に合わせて生活してゆくことが必要なのだ、といっているのであります。

そして最後に、強梁《きょうりょう》なる者は死を得ず、といっているのです。強梁なる者というのは、自己の力に慢心している者、つまり、自分の権力や利害のためには、どんな手段でも講じ、神をも天をも畏れぬ者は、死を得ず、という極端な言葉で、こうした心をたしなめているのであります。こうした生き方をしてはいけないということを、教の父、教の最大のものとしてゆこう、とまでいっているのです。

世の中には、人間の在り方というものを、少しも考えずに、只、肉体身として存在している自己の金力や地位力や権力のみに頼って、神の大調和精神を全く離れた生き方をしている人が、かなりあります。そうした力が通用しているうちは、御当人は鼻高々と生きておりますが、真理を知っている者の眼からみると、実に気の毒な、哀れな人に思えてくるのです。

それは何故かといいますと、その人が慢心の日々を重ねてゆくに従って、その人の苦悩に充ちた未来の姿が濃厚に現われてくるからなのであります。

その人は死を得ることができない、と老子がいうのは、死を生命の安らぎ、という意味に取ってみますと、肉体滅後のその強梁なる人の死、つまり肉体の消滅は、死後の世界における暗黒苦悩の生活がそこに画かれつづけてゆくのであって、少しの安らぎも、安穏も見出すことができないのです。

死後の世界は、自己の想念のままの世界が即座に繰りひろげられてゆくのでありますから、神をも畏れず、肉体世界の自己の力のみに頼って、人を圧迫しつづけたような想念の波が、そのまま、自己の運命として、その人の生活に還元してくるのです。

その人の肉体界での生活は、神より流れてくる生命そのものの調和した力をもってしたのではなく、肉体界のもつ物質力や地位力、腕力や武力によってなされていたのですから、そうした力の通用しない死後の世界においては、まるで無力の痴《し》れ者として生活しなければならないことになるのです。

こうした原理を知ることこそ、何んにもまして知らなければならぬ、最大の教である、教の父と為すべき真理である、と老子はいっているのであります。

実際に、この地球世界では、神仏の力というより、武力や金力の方が、優位をしめているようにみえ、世界は武力や金力によって抑えられているようにみえてはいますが、神のみ心が、真直《まっすぐ》に地球界に現われてくる時代になりますと、死後の世界と同じように、生命の法則の大調和精神に反すれば反する程、その人やその国の運命は損われてゆくのであります。

やがてくる時代は、神の力の偉大さが、如何にこの世的な金力や武力という権力に勝るかということを、はっきり地球世界に証明する時代となるのです。それは今日までのあらゆる聖者賢者の言葉であり、宇宙子科学完成の暁の真実の姿でもあるのであります。

## 第二十一講　天下の至柔は天下の至堅を馳騁す……

道徳経第四十三章

天下之至柔、馳騁天下之至堅。出於無有、入於無間。吾是以知無為之有益。不言之教、無為之益、天下希及之。

〔読み方〕

天下の至柔《しじゅう》は、天下の至堅《しけん》を馳騁《ちてい》す。有ること無きより出でて、間《かん》無きに入《い》る。吾是《われここ》を以て無為の益有るを知る。不言《ふげん》の教、無為の益は、天下之に及ぶこと希《まれ》なり。

**天下の至柔《しじゅう》は、天下の至堅《しけん》を馳騁《ちてい》す。**

天下で一番柔らかく、素直で柔和な水のようなものは、天下で最も堅いもの堅固なものでも、馳《ち》騁《てい》即ち支配し駆使することができる、というのであります。

老子の話の中には、水に譬えて道を説くことが、実に多くありますが、実際水というものは、柔和で素直で、どんな器にでも自由に自《みずか》らを合わせ調和させることができるし、どんな谷の底にでも下りることができる、水の心というものには、自分というものが全く無く、その場、その時々の相手の状態に合わせて、どのようにでも自分の形を変えることができるのであります。

それでいて、一度び自然の勢いに乗れば、如何なる堅固なるものでも自己の支配のままにすることができる、それはどうしてそのようなことになるかというと、自らの立場というものも、自分の形というものも、自分の在り方というものも、一切の自分というものから解き放たれた、柔らかな、素直な、自然そのままの天命によって動いているからなので、相手により処により、時によって自由自在の活動ができるのである、というのです。

## 有ること無きより出でて、間無きに入る。

ところで水は一体どこから生れてくるのか、どのような状態で水が現われでたのか、というと、現在では水は$H_2O$で、水素原子二個に酸素原子一個の組合せによってできる、と科学的に答えるわけですが、この答だとて、実は判っているようで、判っていない答なのです。

何故かといえば、それでは水素はどうしてできて、酸素はどこにあったのかと突っこまれると、そこまではどうも、と頭をかいてしまいます。それ以上の答は私共のやっている宇宙子科学での答になってきますが、宇宙子科学の答にしても、最後には一番の大元の宇宙神の在り方ということになって参りまして、やはり、有ること無きより出でて、ということになります。

この有ること無きより出でた水は、如何なるところ、どんなところにでも、隙間のないようにみえる鉄石のようなものの中にまで浸透することができる、というのであります。

**吾是を以て無為の益有るを知る。不言の教、無為の益は、天下之に及ぶこと希《まれ》なり。**

この節はこのような水の在り方をみていると、無為にして為す、ということが如何に有益であるかが判る。不言の教えや、無為にして治めるということの有益なることは、天下に之に及ぶことはないのではないか、という意味であります。

ところで、この不言の教えとか、無為とかいうことは、文字で読んで一応判ったような気が致すことでしょうが、この言葉の奥の深さというものは無限なのであります。

不言の教えということは、只、言葉尠なくとか、何もいわないとかいう意味ではありません。大自然はいちいち言葉に出して、人に教えを説くということは致しませんが、その自然の一齣一齣、一瞬一瞬の動きや現象の姿の中で、宇宙神のみ心の在り方を人類に知らせているのであります。大自然の教えというものは、その一つ一つの現象となって現わされてゆくのです。

そうした大自然の教え、宇宙神のみ心を人間が現わすとすれば、その人の全人格が、その人の日常茶飯事の行為となって、他の人に光を及ぼす、というようになるわけです。

殊更に説教くさい教えを説かなくとも、自ずと人々がその人を慕い敬って、その人の生き方を真似してゆくような人がいたら、その人は不言の教えを実行している人なのであります。

ですから、不言の教えを実行している人は、大自然の生き方と軌道を一つにした生き方のできている人であるわけです。只黙って坐っているだけでも、人々の心を温め、人々の心に勇気を与えるような光明化した人こそ、不言の教えの人であり、真人というべき人なのであります。

無為については度々お話しておりますが、実際には無為にして為すなどということができるものなのであろうか、という疑問を抱く人が随分あると思います。

無為ということを間違えて考えて、人に目立つようなことは何んにもしない方がよいのだと思いこんで、あたら有能な人が、何んにもしないでその一生を終ってしまうようなこともあるのですが、無為というのは、そんな消極的な教ではないのです。

これをしよう、あれをしようと考えつつするのではない、ということは、この肉体の頭脳智に頼って為すことは、することが小さくて、たいして人の役に立つことはできない、ということなのです。

何故かと申しますと、肉体人間というものは、只単なる先端の現れであって、人そのものではないということなのです。人の生命というものは、肉体身を先端として、奥深くずうーとつながっているものであって、その一番深いところは、宇宙神のみ心の中なのであります。

ですから、肉体身として現われている、一番粗い波動の現れ、一番速度の遅い波動の現れだけを自己そのものと思っていますと、その自己だけに想念が集中していますので、その粗い波動、スピードの遅い、遅鈍な在り方の中で、その範囲、その中だけの知識や智慧で思慮分別して、自分の生き方や人の生き方を判断するわけですから、どうせたいしたことができる筈がありません。小さな、こせこせした生き方や考え方しかできないのは理の当然です。

それは丁度、世界というものの全体を知らない未開の国の人が、その国のしかも山奥の小さな土地だけの生活より知らないでいて、それだけをすべてとして他を顧みないでいるとしたら、その人の智能程度は非常に低いものであることはあたりまえのことです。

人というものの全体を知っている真人や聖賢の眼からみますと、人というものが肉体身だけの者だと思っているような人々の在り方をみていると、丁度そうした未開人の生活をみているようなものにうつるのです。

真の人の姿というものは、肉体身だけを人とみているような、そうした低い段階のものではなく、自由自在心をもつ生命そのものの存在者なのです。

人間生命の働きの段階は、それは非常に数多くの段階がありまして、肉体身のしかも、自己の利欲だけに想いを集中しているような人は、そうした最も低い段階の住者でありますが、人の為を想い、社会人類の為を想って行動しているような人でも、肉体界だけが、人間の世界だと想っている限りは、自己の肉体頭脳智だけで行動するのですから、宇宙のみ心の大計画から外れてしまう行為をしばしばすることになるのであります。

右翼の人左翼の人、何々主義と標謗して社会活動をしている人々の中には、自分自身の利害関係を度外視して、犠牲的な生活の中で行動している人も随分とあるわけです。しかし、そうした善と想われるような行為であっても、人間の本質本体を知らずに行動している、いわゆる、神からみた無智の行為となることがあるのです。

人間の行為というものは、この肉体頭脳智で考えているうちは、どこかに抜けた、宇宙神、大生命のみ心から外れた行為となってしまうことが多いのです。

ですから、各自の集団が、自分達の思想行為こそ、社会を善くし、世界を安定させる、と各自が想って、その活動をしているのですが、その各自の行動が、お互いにぶつかり合ってしまって、宇宙神のみ心の根本的な在り方である大調和を乱す争い事になってしまうのであります。

そこで老子は声を大にして、無為にして為せ、無為にして治めよ、というのであります。肉体の頭脳智に頼っている以上は、無為にはなり得ません。無為になるためには一度肉体頭脳智を何処かに無くさなければなりません。私はその方法を世界平和の祈りをもってしなさい、というのです。

この地球界に住みついていますと、肉体身の頭脳ですべてを思考し行為するような習慣がついてしまいます。そんなことは当り前のことじゃあないか、頭で考えないで一体何処で考えるのか、という反撥がすぐにこだましてくるようですが、そこが、永遠の平和を地球人類にもたらすかもたらさないかの境目なのです。

肉体人間的な考えで、この世の中が、争いの一切無い、病気や貧乏人の姿の無い世界になると思いますか、なるとしたらどのような方法でしたらよいのでしょう、と問われたら、一体何んと答えますか。それは判らない、と答えられることでしょう。確かに肉体人間の頭脳智では判らないことなのです。

判らないけれど、誰の心にも世界平和ということと、人間の世界に老病貧苦の悩みの無い日の来るのを待ち望む心はあるのです。ただ、どうしようもないので、そのことについてあまり深く考えずに、その日その日の行動をしているだけなのであります。

それは肉体身の頭脳では判りようがないのです。そこで古来の聖賢はみな、肉体智を捨てよ、空の心になれ、といい、老子は無為の道を根本の教として説いているのであります。

ところが人間は、頭脳で考えないでどうして行動ができようか、ということにひっかかってしまうのです。それは無理もありません。肉体身の頭脳の他に考えの湧いてくるところなどありはしないと思いこんでいるからなのです。

しかし、私がいつも申しておりますように、人間の体というものは、大きく分けて、肉体身、幽身、霊身、神体というように四つに分れております。それは七つの名称をつけて、七つに分れているといってもいいし、細かく分ければ数限り無く分れているのであります。

ですから、あらゆる体から智慧が湧きいで、あらゆる段階の知識もあるのであります。肉体身は先程から申しておりますように、一番鈍なる体なのであります。そこで肉体頭脳にまつわる知識や想念を、肉体身より微妙なる体のどこかの頭脳に一致させてしまえば、肉体身の頭脳で考えるより微妙な考えが湧いてくるのであります。普通インスピレーションというのは、人の肉体身以外のどこかの階層の頭脳波動から肉体頭脳に伝わってきた智慧なのであります。

この智慧を一番奥深いところ、神体より伝わるようにするためには、やはり祈りの中に自分の想念を一度全部投入してしまうことがよいのであります。そしてその智慧も世界人類の完全平和に役立つ智慧であり、そして力であるためには、世界平和の祈りのような、そのものずばりの唱え言が適当なのであります。言《ことば》は即ち神なりきでありまして、こうした祈り言の中からでてきた智慧であり行為であるものが、無為にして為せというところとぴったり一つのものになってくるのであります。老子の道に至る方法は世界平和の祈りなのであります。

# 第二十二講　大成は欠くるが若《ごと》くなれども……

道徳経第四十五章

大成ハ若クナレドモレ欠クルガ、其ノ用ハ不レ弊キ。大盈ハ若クナレドモレ冲シキガ、其ノ用ハ不レ窮マラ。大直ハ若クレ屈ノ、大巧ハ若クレ拙ノ、大辯ハ若シレ訥ノ。躁勝テバ寒、静勝テバ熱。清静ナレバ、為ル二天下ノ正ト一。

**〔読み方〕**

大成《たいせい》は欠《か》くるが若《ごと》くなれども、其の用は弊《つ》きず。大盈《たいえい》は冲《むな》しきが若くなれども、其の用《よう》は窮《きわ》まらず。大直《たいちょく》は屈《くつ》の若く、大巧《こう》は拙《せつ》の若く、大辯《べん》は訥《とつ》の若し。躁《そう》勝てば寒《かん》、静勝てば熱。清静《せいせい》なれば、天下の正《せい》と為《な》る。

**大成は欠《か》くるが若くなれども、其の用は弊《つ》きず。**

大成というのは、大きく出来上がっているということですが、人間でいえば大人物、宇宙的にいえば、宇宙の運行そのものということです。

こうした大きなものは、普通人からみますと、その全体が判りませんので、どうもどこか人間的にいえば、その行動にふに落ちないところ、納得のゆかないようなところがある。宇宙的にいえば、宇宙の運行や自然現象には、大智慧大能力である神のやることにしては、完全でないところがあるようである。

何故かといえば、神の力にどこにも欠けたところが無いならば、その神から生れでた人間というものが、もっと完全にできている筈である。怒りや妬みや憎悪や恐怖や悲哀の感情などというそういう不完全な感情が起るものではない。

だから神そのものも完全でないと思う。そう思う方はまだよい方で、だからすべては神の力によって成っているなどということは嘘言だ、というように、神のような大きな存在、宇宙の永遠の法則はかえって欠けたところがあるように思われる。

従って神のみ心をそのまま現わしているような大成した人物は、常に生命の永遠性を根本にして自己の生活をしているので、普通の人のように、その場その時々の幸不幸だけしか考えぬ者からみれば、その態度が茫洋としていて、どこか抜けているようにみえる。
しかし実際は、その働きは素晴しいものであって、いつまでもつきることのないものである。というのであります。

**大盈《たいえい》は冲《むな》しきが若くなれども、其の用は窮《きわ》まらず。**

大盈というのは、大きく満ちているもの、大海とか大空とかいうように、大きく広く満ち充ちているもの、人間でいえば、奥底知れない深い心、計り知れない叡智を秘めているような人物は、あまり大き過ぎて深過ぎて、一見頼りないような、むなしいような気がしてくる。だがその働きはきわまることのない程大きなものなのである、というのです。

**大直《たいちょく》は屈《くつ》の若く、大巧《こう》は拙《せつ》の若く、大辯《べん》は訥《とつ》の若し。**

大直というのは、天地を貫いている心という意味で、宇宙の法則の通りに真直ぐに、宇宙神のみ心を現わしていて、いささかの曲がったところもない。ところが、天地を貫いているような大きな心は、どちらへ転んでもたいしたことのないような、小さな事柄には、関心がないので、相手のいうままに通してやってしまう。しかし、小さな人間からみると、大直の人物が、たいしたことでもないと思う事柄でも、たいした一大事のような気がして、むきになって相手につっかかってゆき、自分の小我を通そうとする。

そして、そういう態度が勇気のある正しい行為であるように思っている。そして、そういうことにあまり本気にならない大きな人物に対して、不満な気持を起し、あいつは大人物のように聞いていたけれど、何んという意気地のない男だ、あんな相手に屈服して、相手のいう通りになって、見そこなった、という工合に、大直の人を甘くみてしまうのである。

大直の人には、何々主義、何々主義というような、一方に偏した主義主張というものは無い。だから、どちらの主張にも反対しないで、そうか、そうかと聞くかも知れない。そういう態度も、一方に偏した小人物からみると、背骨の無い、弱気の人のように見える。そこで大直は屈の若く、というのであります。

大巧《こう》は拙《せつ》の若く、というのは、最も巧みに出来ておるものは、一見すると拙い作品に見えることがあります。それは絵画でも彫刻でもそうであります。文字などでも、児童が書いたような筆法の文字が名筆だったりすることがよくあります。

大いに巧みな芸術というものは、自然の深い心を現わしていますので、素人の浅い観賞眼では、なかなかその善さが判らないで、かえって、浅い色彩のけばけばしたような絵画などに眼を奪われたりするものなのです。

ですから真の巧拙を見分けることは、余程その道に熱心な人か、自然の運行に無心で処してゆけるような人でないと、なかなか見分けることができにくいのです。

これは人間の真価に対しても同じことがいえまして、真理に徹したような人が、小才のきいた人々からみると、拙い生き方をしているように見えて、馬鹿にしたい気がしてきたりするものです。

大愚と称した良寛などは、実際は神のみ心をそのまま現わして生きた、童心そのものの人でしたが、普通人からみれば、実に愚かな極みのような生き方をしていた人です。

子供と鬼ごっこをして遊んでいて、鬼になって眼を閉じていて、皆が帰えってしまっても、いいよ、という声がかからなかったので、そのままいつまでも眼を閉じて、いいよの声がかかるのを待ちつづけていた、という話や、筍が床下から伸びてきて、床を貫いてきても、床をつきぬいたまま伸びるに任せていた、という話や、衣にたかっている虱《しらみ》を可愛がって、その数をかぞえては、にこにこしながら、また衣にたからせておいた、という話など、実に現代人からみたら愚かそのもののようでありますが、こうした生き方の根柢にある生命観というものは、大巧そのものであったのです。

こういうのは、大巧は拙の若しの見本でしょう。といって私は、植物を伸び放題にしておいたり、着物に虱をたからせておくことがよいというのではありません。その底に流れている良寛の自然法《じねんほう》爾《に》の姿に、大巧の見本をみるのであります。

大辯は訥《とつ》の若し、これは、よくいわれることですが、訥辯の人の真実性が、雄辯の人より聴衆の心を打った、ということのもっともっと深いところをいっているのです。

大辯というのは、声に出す言葉で雄辯をふるうことではなくて、その霊身から大生命のひびきを人々にひびき伝えるような人の言《ことば》なのであります。私が常に声帯を振動させてでる言葉だけが言ではない、声に出る言葉以前のひびきが、真実の言である、といっていますが、心のひびきが真実の言なのであります。

いいかえますと、言とは生命の振動そのものであり、光明波動そのものであるのです。そういう言葉を常にひびかせている人を大辯の人というので、いたずらに自己の想念波動を声に出してしゃべりまくることが、真の雄辯というのではないのです。

この大辯の人が意外と訥辯であったりすることがあるものですが、その人の言葉が例え訥辯であっても、その人の心身から発する光明波動は、周囲を照り輝かすのです。ですから、言葉のうまさ、まずさだけで、人の真価を計ったりしてはいけないのです。要はその人の人格的雰囲気を直感的に感じ得る修練を、人々はしていなければいけないのです。そういう直感を養っておくと、自然と神のみ心も判ってくるし、人格の高下、行為の善悪も判ってくるのです。

表面的な服装や態度、表面的な言葉や行為に迷わされず、真実の人そのものを知ることに努めることが大事なのであります。

**躁《そう》勝《か》てば寒《かん》、静《せい》勝てば熱《ねつ》。清静なれば、天下の正《せい》と為《な》る。**

躁勝てば寒、というのは、人の真性というものは、表面静かであってしかも生命《いのち》生き生きと働いているという状態なのでありまして、いたずらに躁がしく騒いでいる、躁騒《そうそう》しく踊り廻り、走り廻わり、主義主張を喧伝し合っているという状態は、人の真性の現われていない状態である。つまり、生命の光が輝いていない状態であって、寒々とした空虚なものを感じる。黒々とした影が踊り廻っているようなものである、というのであります。

実際に、いたずらに自己主張をしたり、大言壮語した後の空しさ、騒がしく遊び廻った後の寒々とした心境などは、多くの人が味わったり、味あわされたりしていることです。

その逆が、静勝てば熱でありまして、人間の頭脳を駈け巡っている様々な想念《おもい》の波動を鎮めて、静寂そのものの心になると、神道的にいえば、鎮魂致しますと、生命そのものの働きが非常に活発になりまして、光明燦然としてくるのです。静勝てば熱なのであります。

どうして静が勝つと光明が輝き出るのかといいますと、生命の本質は光そのものであり、熱でもあるのです。生命の働きは光の波動なのであります。私たちの宇宙子科学では、生命の最初の波動《ひびき》を宇宙子の働きといっているのです。

生命は生き生きとしています。その生命の働きを生き生きと光そのものとして活動せしめるためには、人間の頭脳を駈け巡る想念波動を静め、生命の働きを業想念波動で蔽わぬようにしなければなりません。

その為に宗教では、空《くう》になることの修業をしたり、鎮魂の為の行をしたりするのであります。想念を鎮めるということは実に大事なことなのです。

清静なれば天下の正となる。清というのは勿論清いということですが、清は清いという意味だけではなく、本質そのものという意味があるのです。何故かと申しますと、氵《さんずい》は水です。水が青である、と書かれているのが清です。水の色が青であることは、水の本質です。そして水が青く澄んでいるのは清い姿です。

そこで本質が静かに澄みきって現われていれば、これはまさしく天下の正となるのであります。ですから、世界中の民族がそして個人個人が自己の本質を現わして生活をしていさえすれば、世界は平和になるにきまっているのです。ところが、個人の本質も民族の本質もそのまま現われているというわけにはゆかないのであります。

どうして、個人も民族もその本質を現わすことができないのでしょうか、それは、本質を隠してしまう業想念波動が、頭脳を駈け巡っているからなのであります。個人個人の頭脳を駈け巡る、肉体身の自己を防衛しようとする動物的本能は、各民族の動きに影響し合いまして、躁勝てば寒、という寒々とした心の状態を各国家民族が味わいつづけているのです。

そこでどうしても、清静為らざれば、世界平和は成り立たぬということになるのであります。清静なるためにはどうしたらよいか。それは祈り心で日常生活をしつづけるより方法はないのです。祈りとは業想念波動を静めて、神のみ心の光明波動の中に自己が入ってゆくことであります。自己の神の子としての本質を光り輝かす為の方法であります。静を勝たせるための方法です。そして、その方法の最高の在り方が、世界人類の平和を祈願する世界平和の祈りであるのです。

# 第二十三講　戸を出でずして以て天下を知り……

道徳経第四十七章

不《シテ》レ出《デ》レ戸《ヲ》、以《テ》知《リ》二天下《ヲ》一、不《シテ》レ窺《ハ》レ牖《ヲ》、以《テ》見《ル》二天道《ヲ》一。其《ノ》出《ズルコト》弥遠《ケレバ》、其《ノ》知《ルコト》弥少《ナシ》。是《ヲ》以《テ》聖人《ハ》、不《シテ》レ行《カ》而知《リ》、不《シテ》レ見而名《ラカニ》、不《シテ》レ為《サ》而成《ル》。

**〈読み方〉**

戸を出でずして、以て天下を知り、牖《よう》を窺《うかが》わずして、以て天道を見る。其の出ずること弥《いよいよ》遠ければ、其の知ること弥《いよいよ》少なし。是を以て聖人は、行かずして知り、見ずして名《あき》らかに、為《な》さずして成る。

**戸を出でずして、以て天下を知り、牖《よう》を窺《うかが》わずして、以て天道を見る。**

戸を出でずしても、牖《よう》、つまり窓から外をうかがわなくとも、天下を知り、天の道を見ている、ということは一体どういうことなのでありましょう。一歩も外出しないでどうして世界の動きが判り、少しも窓から外をみることをしないで宇宙の運行が判るのでありましょうか。

現今ではラジオがあり、テレビがあり、新聞や雑誌や様々の図書がありますので、一歩も外出しなくとも、世界の状勢や宇宙の運行が少しは判るのでありますが、老子の時代において、どうして判ることができたのでしょう。普通人にとっては、到底考え及ばぬことであります。ところが、実際に聖人はそういうことができたのです。それはどのようにしてできたかと申しますと、肉体の眼や耳をもってしたのではなく、心の眼をもち、心の耳をもってそれを為し得たのであります。

普通の人は、実際にその肉眼で見、肉の耳で聞いたことでも、誤って認識することが多いのです。現在日本における重要問題である、憲法改正の是非についてや、中共承認問題等でも、改正論者の言論を聞けば、それが尤もなことに聞えてくるし、改正反対論者の言を聞けば、これまた尤もと肯いてしまう。中共承認についても、承認論をとうとう述べられると成る程成る程中共を中国と承認するのは当然であると思うが、また中共不承認、台湾政権こそ中国なりという説を聞けば、それも尤もだと思ってしまう。

というようなことが、非常に多いのであります。何故そのようなことになるかと申しますと、普通人にはなかなかその根本の理非善悪ということをしっかりつかむことができないので、表面的な理由の是非によって考えを動かされてしまうからなのであります。

聖人というものは、常に根本の真理をはっきり知っておりますので、外面的などのような正当化された理論を聞かされようとも、根本真理に反することには、想いを動かされることはないのです。そのことを反面から説明しますと、聖人にとっては、外面的な如何なる見聞も必要のないものであって、常に自己の内面からの指示本心の声によってのみ、善悪理非を判断するものなのであります。そこで、戸を出でずして、以て天下を知り、牖《よう》を窺わずして天道を見る、ということになるのです。

**其の出《い》ずること弥《いよいよ》遠ければ、其の知ること弥《いよいよ》少《すく》なし。**

聖人は自己の本心の命ずるまま行為するのですが、凡人は、その本心から離れた業想念で、あれやこれやと小智をしぼり、見聞を広めようとします。ところがそうした小智才覚で広めた見聞というものは、ますます本心を遠ざかることになり、宇宙の根本真理、人類の神性開顕の道から次第に離れ、神のみ心を知ることがますます尠なくなるのであります。

この節はそういうことをいっているのです。

**是を以て聖人は、行かずして知り、見ずして名《あき》らかに、為《な》さずして成る。**

これは前節の、戸を出でずして、と同じことでありまして、聖人という者は、宇宙神のみ心をそのままに生きておりますので、宇宙万般あらゆるひびきを観得しているのです。ですから、行かずして知り、見ずして明（名）らかに、為さずして成るのであります。

こういう聖人の心の状態というものは、普通人には到底計り知れないことでありましょうから、こういう心の状態について、くわしく説明致しましょう。

人間というものは、実に不可思議なる存在でありまして、ここに肉体として存在しており、種々と想い巡らしているこの人間だけが全存在ではありません。全存在どころか、ほんの先端の現れでしかありません。凡夫というものは、この肉体人間だけを人間の全存在だと思いこんでいるのですから、眼先の事柄だけしか判りようがありません。

ところが真実の人間というものは、この肉体より数等倍も秀れた機能を有《も》つ体が幾層にも奥に奥に存在しておりまして、奥にゆくにつれて、微妙この上ないものになってくるのであります。

そしてその一番奥の存在が宇宙神のみ心の中心にある直霊《なおび》ということになるので、この直霊が神そのものということになるのであります。ですから人間心の一番奥深いところは神そのものとなるのです。そしてそうした神そのものの働き場所を神界というのであり、次第に霊界、幽界、肉体界と、その働きのひびき(波動)が遅鈍になってくるのであります。

聖人というものは、常にこの直霊の方からのひびきによって、その働きをなしておりますので、肉体のほうでとやかく想いわずらわなくとも、小智才覚を働かせなくとも、永遠の生命に立脚した、深い正しい真理そのままの判断ができ、働きができるのであります。いわゆる霊覚によってすべての働きを為してゆくのであります。

こうした状態を、無為《むい》にして成すという心の状態というのです。直霊からのひびきをそのまま何等の阻《さまた》げもなく、この肉体界にひびかせ得るということは並大抵のことではなく、仏教の空《くう》の状態に成り切ったところからでなくてはできないのであります。

こうした空の状態、無為の心を乱すのが、いわゆる思慮分別なのであり、小智才覚なのでありま す。ここで一番問題なのは、思慮分別なしに物事をしたら、うまくゆきっこないではないか、とい う一般の人の想いなのです。

先にも申しましたように、人間の頭脳というものは、肉体だけのものではなくて、肉体とはくら ぶべくもない、霊体、神体の頭脳があるのです。こうした高度の頭脳の働きも、肉体頭脳の方が常 に休みなく働きつづけていますと、その高度のひびきを伝えることができないのです。いいかえま すと、肉体頭脳の波動が、直霊のほうからのひびきとは無関係に想念の働きをつけていますと、肉 体の働ける範囲の、狭い浅い判断や行為よりできなくなって、永遠の生命、宇宙の大きな流れに沿 ってゆけるような働きはできないのです。

肉体頭脳の思慮分別、小智才覚は直霊のひびき、神のみ心の正しい伝達には邪魔になるのです。 深い広い働きをもつ直霊のひびきと浅い狭い考えよりできない肉体頭脳の働きとでは到底くらべる すべもありません。

それが凡夫と聖人の相違なのであります。人間が肉体頭脳の働きというものにばかり重点を置い ている限りは、この人類に宇宙の神秘を解明する知慧は開かれません。人間が肉体頭脳の働きだけでよいと思っている間は、人類世界の苦悩はつづいてゆくのです。

神のみ心がそのまま、直霊のひびきがそのまま肉体身の言語動作となった時こそ、その人は、戸を出でずして天下を知り、為さずして成る聖人となるのであります。

聖人の心の中では、神のみ心の縦のひびきと、人間世界の横のひびきとが、ぴったり十字交叉していて、神のみ光が、その中心点から人間世界の横のひびきの中に、その光明波動を放射してゆくのです。ですから、聖人がただそこに存在しているというだけで、この人類世界の光明となるのであります。

聖人にとっては、この世の見聞なぞは問題になりません。口先や、手先の働きなどは、それは単なる枝葉のことに過ぎないのです。

聖人の中でも、俗に小聖と大聖と分けて考えられていますが、大聖ともなりますと、俗人そのままの市井の生活の中にいて、凡人そのままの立場にいながら、その身からあらゆる世界に光明を放っていることもあるのであります。

聖人というのは、今日かなり多くある霊能者そのものではありません。霊能者でそのまま聖人たる資質をもっている人もありますが、予言力があることや、人の心が読み取れるということだけで、その人を聖人ということはできません。

凡人から大聖の間には多くの階層がありますので、霊能力だけによって大聖とみるような愚かしい想いをもってはいけないのです。神の声を聞いて人を指導しているという人の中にも、その人格が極めて低劣な人もありますので、聖人というものと、いわゆる霊能者というものを一応区別して考えてよいと思うのです。

肉体世界から、直霊の世界、神界に至るまでには、無限とも思われる異なる波動の世界がありますので、神の声によって行為しているといっても、それが単なる低い霊魂の声であるかも知れません。要はその人の日常茶飯事の行為と、その人の指導によって、どれだけの人が真実の安心立命の境地に入り得ているかということにあるのです。

老子あたりになりますと、霊魂の声とか、神の声によってその行為を成すというのではなく、自《みずか》らがすでに神霊そのものなのであります。自らの声が神の声であり、自らの行為が神の行為であるのです。

一挙手一投足神のみ心そのままなのであります。ですから神の声を聞くなどというように、神と自分とが離れているのではないのです。

世の中には、人にない神秘力を欲っして宗教入りする人が随分ありますが、宗教の道に入るのは何も神秘力を得ることが目的ではありません。本心開発が目的であり、神と人間との真実の関係を知ることが目的であります。その目的が達した時に、真実の神秘力が発揮されるのです。

本末を顚倒《てんどう》していると、幽界の低い生物のとりこになってしまい、人を迷わすつまらぬ教えをしたりするのであります。

大聖とは老子の如く、神我一体の人であって、宇宙法則そのままに生きている人なのであります。宇宙波動を事細かく知っていいて、自由自在にその波動をひびかせ得る人、それが大聖なのでありますす。そういう大聖には普通人にはとてもなり得ません。そこで私は、凡夫が聖人になれる方法を神から教えられたのです。それが消えてゆく姿で世界平和の祈りなのです。

肉体人間の頭脳を駈け巡る全想念を無くした時には、神のみ心そのままが、光明燦然とその人の頭脳に入ってきます。神のみ心そのままが入ってくれば、その人の肉体はそのまま神の器でありまます。業想念の器ではなくなります。

そこで私は、肉体頭脳にでてくる想念のすべてを消えてゆく姿として、世界平和の祈りの中に投入してしまい、改めて神のみ心のひびきとしての行為としてしまうことを教えているのであります。

一度に空《くう》になるのを、消えてゆく姿として、徐々に空の状態と同じように、業波動と光明波動との入れかえをしてしまうのであります。これが凡夫にできる聖人の道なのであります。

# 第二十四講　学を為《おさ》むるものは日に益し……

道徳経第四十八章

為ムルモノハレ学ヲ日ニ益シ、為ムルモノハレ道ヲ日ニ損ズ。損ジテレ之ヲ又損ジ、以テ至ル二於無為ニ一。無為ニシテ而無シレ不ルハレ為サ矣。
故ニ取ルモノハ二天下ヲ一、常ニ以テス二無事ヲ一。及ビテハ二其ノ有事ニ一、不レ足ラ三以テ取ルニ二天下ヲ一。

〈読み方〉

学を為《おさ》むるものは日に益し、道を為むるものは日に損《そん》ず。之を損じて又損じ、以《もっ》て無為に至る。無為にして為《な》さざるは無し。故に天下を取るものは、常に無事を以てす。其の有事に及びては、以て天下を取るに足らず。

**学を為《おさ》むるものは日に益《ま》し、道を為《おさ》むるものは日に損《そん》ず。**

老子の説き方には、反語的なものが多くありまして、老子の本質を知りませんと、誤った解釈になるか、浅い常識的な解釈になったりしてしまいます。

この節なども、学を為《おさ》むるものは日に益し、というような表面的にみれば当然のようないい方をしていながら、実は学問すればする程それだけ知識が益し、利益になるという、この日に益し、という言葉の中に、一般人の考え方とは全く反対の思想があるわけであります。

老子にとって、この日に益し、は後々の説に出て参りますように、その人にとって真実の益《えき》になるわけではなく、益になるようにみえているだけだ、ということになってくるわけなのです。その反対に、道を為むるものは日に損ず、といっているわけで、表面的な言葉とは全く反対な内容があるのであります。

**之を損じて又損じ、以て無為に至る。無為にして為《な》さざるは無し。**

道を為めれば為める程、表面的には損を重ねてゆくようにみえるが、損を重ねてゆくところに無為に至る世界が開けてゆくのであると老子はいうのであります。

学問を為める益というものを低くみ、道を為める損の方を高くみる、という老子の思想の根本は一体どういうところにあるのでしょう。学問というものは、為め修すればする程その人の知識を増してくれ、その人の社会的な地位を益してくれます。

ですから、学問を為めて損することは、この世的な考えからすればないということになります。尤も老子も、日に益《ま》すといっているのですが、これは一般の人々はそう思うであろう、といっているわけなので、老子自身は、学問を為めること自体をその人を益することとは思っていないのです。

何故かといいますと、外からばかり知識を入れるということは、大生命、宇宙本源から湧き出てくる大なる能力、叡智を外からの知識が止めてしまうからなのです。

ここのところに老子の根本思想があるのでありまして、人間自体が、自己の本質を知ることを先にしないで、いわゆる無為に達する道を歩むことを先にしないで、この世的な枝葉のことしか教えない、学問ばかりいくら為めても、根本的な益にはならないのだ、というのであります。

それにひきかえ、道を為めていて、この世的な生活環境では損を重ねていくようにみえようとも、無為の世界に達し得た時には、この世的な枝葉末節的な学問を、如何に多く為めたと自負する人々がどのように沢山集まったよりも、それは比べるべきもない深い広い、偉大な行為のできる人になっているのだというのであります。

無為にして為さざるは無し、になるのです。無為の境地になれば、どのような智慧も、どのような力もでてくるのでありまして、その場その時、必要に応じた能力が、無為の世界、宇宙根源の世界から流れでてくるのです。根源世界から流れてくる智慧能力は、この世的な学問知識の比ではないのです。これは私自身体得しているところで、老子のいう通りであるのです。

ところが、この無為の境地に達するまで道を極めることが大変なのであります。確かに之を損じて又損じなのでありまして、この世的な利益に反することが沢山でてくるのです。それはどうしてかと申しますと、この地球世界は、宇宙本源のひびきを、そのまま真直ぐ伝えているわけではなく、曲り曲って、歪んだ姿で写し出されているのであります。

その曲り歪んだこの世界で、道を求め、道を極めてゆくとなりますと、曲りへきては支《つ》っかえ、歪みどころへきては道をはばまれたりしまして、その度びごとに損ずるのであります。道というのは、宇宙本源のひびきに、そのまま波長を合わせた生き方をいうのでありますから、本源のひびきからそれた波長にぶつかりますと、そこで通じ合わなくなって、この世的な損失をうけるわけなのであります。

イエスをはじめ幾多の聖なる人々正しい人々が、多くの苦難を受けたのは、こういう理によるのです。そこでこの世的に怜悧《れいり》な人々は、そうした宇宙本源のひびきに自らの心の波長を合わせる、道に生きることは後廻わしにして、この世的に役立つ学問知識を得ることに力をそそぐのでありまず。そして、この世的には、日に益してゆくのです。こうした生き方も無理からぬことであると私は思うのですが、老子は絶対にそういう同情を致しません。あくまで、宇宙本源世界のひびきを、この世の道として、その道に照して、すべてを計るのでありまして、枝葉末節的なおもんばかりをいささかもしないのです。

何故そういう態度にでているかと申しますと、枝葉末節的なその場その時々の生き方に同情などしていたのでは、いつまで経ってもその人々の本心は開発されませんし、地球世界はいたずらに、業想念波動の波のまにまに浮き沈みしてゆくことになり、遂いには、その歪みや曲りを矯正するための宇宙神の光のひびきによって、人類滅亡の危機にまで至ってしまうからなのであります。

ここが実にむずかしいところでありまして、真理のまま、道に少しの異心《いしん》も抱かず生きるということのでき難《にく》い地球世界にあって、どうしたら道に沿って生きてゆかれるか、ということに私は心を砕きつづけて、消えてゆく姿で世界平和の祈り、という容易な道を見出したのであります。

さて、この章末尾で老子は

**故に天下を取るものは、常に無事を以てす。其の有事に及びては、以て天下を取るに足らず。**

といっていまして、道を求めて如何に損を重ねようとも、無為に達すれば、天下を全く治め得る者になり得るといっているのであります。

政治を行う者は、事が起ってそれを上手に纏めたということを誇りにするようではいけないし、事が起り得るような政治を執っていたのではいけない。事の起らぬような、常に無事太平であるような政治を執れるのが、無為の世界に至った人の政治である、というのであります。

これは全くその通りだと思うのですが、現在では理想論の域を出てはいません。そうありたいが出来ない、というのが大方の意見であろうと思います。現在の世界の政治界の中で、無為の境地に達し得て、宇宙根源世界のひびきをそのまま伝え得る政治家は、一人も存在しない、と私は思うのです。

地球世界はまだそこまで光明化していないのです。大聖が世界の中心に起って政治を行い、社会教育を行うというのには、この地球世界は、まだまだ多くの浄めを必要とするのであります。浄めて浄めて浄めきって、宇宙根源の生命波動が、曲りなく歪みなく、この地球世界に伝わってくるような状態にならないと、如何なる大聖といえども、中心に起って指揮を取るという状態にはなり得ないのです。

そういう大聖を中心者としての世界政治が行われるようになる為には、人類の一人一人の浄化が必要になってくるのです。神々は、人類一人一人の浄めの為に、病気や不幸災難という、この世的には神のみ心のマイナス面であるような、いわゆる消えてゆく姿的な状態を現わしつづけていますが、この消えてゆく姿を、如何に本心開発と結びつけてゆくかということが、宗教者の重要課題なのであります。

道を為めて、損じつづけてゆくことも、無為の世界、宇宙神のみ心の中に入りきってしまうまでに至ればよいのですが、道を極めようとする途中で、あまりにこの世的な損失が多いので、この世的な利益のある方向に向《むき》をかえてしまう人も大分あると思います。

自分は大丈夫だけれど、妻子の為に、という人々もあるでありましょう。自分が正しいと思っても、上役のいうことを通さなければ、会社や役所を止めなければならぬ、止めたら妻子の生活が即座に困ってしまう、ということなど、この世には随分とあることであります。

こんな場合心の正しい人は、実に困りきってしまうと思うのです。そういう時にはどうしたらよいのだろう。私にもそういう相談が時々あります。しかし私は、長いものには巻かれろ式の教え方はしません。しかしといって、あなたの正しさをそのまま通しなさいともいいません。この世の出来事は、すべて消えてゆく姿だから、その場その時の正不正に想いを把われさせていてはいけない。その場その時々の上役の不正と見える事柄も、大きな眼からみれば、真実の正しさがやがて現われてくる為の一つの消えてゆく姿なのだから、あなたは、上役の業が一日も早く消えますように、上役と私の天命が完うされますように、という祈り心になって、世界平和の祈りをしつづけなさい、と教えているのです。

無為の境地という心境になりますと、善にも悪にも、光にも闇にも一切の把われの想念が無くなってしまうのです。そこで道を求めて、やがては無為の境地に達せんとする人々は、やはり、善悪の想念にあまり把われ過ぎてはいけません。その場で悪行為に見えることも、実は、神のみ心が、悪の根源を根絶やしにしようとして、その場に浮び上がらせて消してしまおうとしているのかも知れません。

折角神のみ光りで消してしまおうと思って現わしたものに取っ組んで、悪だ不正だと騒ぐことは、かえって大きな神の計画からすれば、その正義観が邪魔になるかも知れません。神々の大きな広い心から現わされることは、肉体人間の眼からすると、ある時は悪に、ある時は闇にみえたりするものであります。

ですから、如何なる現われに対しても、想いを乱したり、把われたりしないような、心の修練こそ、道に沿って生きる為には大事なことであるのです。

老子はそうした自由自在心に至る、無為の道を説きつづけているわけで、道を為《おさ》めて損が重なり、利に走りたくなったら、時々は利に走ってもよいではないか、ただし、その行為を消えてゆく姿として、世界平和の祈りのような大乗的な祈り心の中に入れきってゆく必要はあるのです。

そうしないと、折角登った山道をまた降ってゆくようなもので、何度でも登り直さなければならなくなり、かえって損失が多くなるのであります。人類は誰も彼もが、やがては老子のいう無為の道、仏教の空《くう》の世界に昇りきらなければならないのです。どうせ登るものなら、後戻りしないで、一度に昇り切ったほうがよいのです。そうすれば、何度でも重ねて苦しむ必要がないのです。そこで私はすべての苦悩も悪想念も、みんな消えてゆく姿だから、自己の本心の座である世界平和の祈りの大光明世界に、そうした想念をすべて投げ入れつつ生きてゆきなさいとすすめているのであります。

# 第二十五講　聖人には常の心無し……

道徳経第四十九章

聖人《ニハ》無二常《ノ》心一。以《テ》二百姓《ノ》心《ヲ》一為《ス》レ心《ト》。善《ナル》者《ハ》、吾善《トシ》レ之《ヲ》、不善《ナル》者《モ》、吾亦善《トセン》レ之《ヲ》。徳善《ナレバナリ》矣。信《ナル》者《ハ》、吾信《トシ》レ之《ヲ》、不信《ナル》者《モ》、吾亦信《トセン》レ之《ヲ》。徳信《ナレバナリ》矣。聖人《ノ》在《ルヤ》二天下《ニ》一、歙歙《トシテ》為《ニ》二天下《ノ》一渾《ス》二其《ノ》心《ヲ》一。百姓《ハ》皆注《グ》二其《ノ》耳目《ヲ》一。聖人《ハ》皆孩《ニス》レ之《ヲ》。

〔読み方〕

聖人には常《つね》の心無し。百姓《ひゃくせい》の心を以て心と為《な》す。善なる者は、吾之《われこれ》を善とし、不善なる者も、吾亦《また》之を善とせん。徳善なればなり。信なる者は、吾之を信とし、不信なる者も、吾亦之を信とせん。徳信なればなり。聖人の天下に在るや、歙歙《きゅうきゅう》として天下の為に其の心を渾《にご》す。百姓は皆其の耳目を注ぐ。聖人は皆之を孩《がい》にす。

## 聖人《せいじん》には常《つね》の心無《こころな》し。百姓《ひゃくせい》の心《こころ》を以《もっ》て心《こころ》と為《な》す。

この常《つね》という言葉は、常を知るを明《めい》と曰《い》う、と第七講にも説かれておりますように、本来は宇宙神の深いみ心のことでありますが、この心を人の心としてみますときには、道に外れぬ高い深い心の状態ということになります。

ところがここでは、その常の心が聖人には無いといっているのであります。これはどう考えたらよいかといいますと、道に外れぬとか、高いとか深いとか立派だとかいう、一定した心が無い、というのです。それでは一体どういう心があるのかというと、百姓《ひゃくせい》の心を以て心と為す、と老子は申しておるのであります。

百姓とは今日の言葉で申しますと、一般大衆とか民衆とかいうことになります。ですから、聖人には、自分を立派にみせようとか、自分の心を落すまいとか、汚すまいとか、いう心も無ければ、聖人というような定まった心もない。只、一般大衆の心を自分の心としている、というのでありま す。

**善《ぜん》なる者は、吾之《われこれ》を善とし、不善《ふぜん》なる者も、吾亦之《われまたこれ》を善とせん。徳善なればなり。**

善なる者を善とするのは当り前のことですが、不善なる者も吾亦之を善とせん。というのは、普通の常識では判らないと思います。そこで老子は、徳善なればなり。といっているのであります。徳善なればなりとは、どのようなことをいうのかと申しますと、徳という言葉は、道という言葉と組み合わせて、道徳と呼ばれておりますように、道そのものを現わし、宇宙神のみ心そのものを現わす心の状態をいうのであります。

道という言葉を、大宇宙万般の法則とすれば、徳とはその道を、この人類世界に行為として表現してゆくことであります。いいかえれば、道徳とは宗教心そのものだといえるのです。

徳とは即ち宇宙根源の心を、人類の心として表現した言葉なのです。この文字を分解して解釈致してゆきますと、一番上の十は宇宙根源の縦の心と横の心の大調和した十字でありまして、これは大霊或いは直霊《ちょくれい》ということなのです。その下の四は、神道で、一霊四魂《いちれいしこん》といっております。四魂を現わす四なのであります。四の下に一があってその下に心があります。これを綜合しますと、一霊四魂の一つに調和した心ということになるのです。左のイ（ぎょうにんべん）は歩むということですから、この大調和した心の歩んでいる歩み、つまり、行為ということになるのであります。ですから、文字そのものも、宇宙神のみ心を心とした実相心《じっそうしん》のことを徳という文字で現わしているということになります。人の実相心、本来の心は善なのでありますから、徳善なればなり、ということになります。

以前にも申しましたように、老子は光明思想家なのですから、人の性は善なり、宇宙は大調和しているのである、ということをよく知っていたので、不善なる者も善なり、とみることができるのです。

**信《しん》なる者は、吾之《われこれ》を信とし、不信《ふしん》なる者も、吾亦之を信とせん。徳信《とくしん》なればなり。**

この節は、前節と同様に解釈すればよろしい。善が信という言葉に変っているだけで、同じような老子の心を現わしているからです。

**聖人の天下《てんか》に在《あ》るや、歙々《きゅうきゅう》として天下《てんか》の為に其《そ》の心を渾《にご》す。百姓《ひゃくせい》は皆《みな》其の耳目《じもく》を注《そそ》ぐ。聖人は皆**

**之を孩《がい》にす。**

歙々《きゅうきゅう》というのは、呼吸をひそめるとか、あつまる、一つにするというような意味であります。聖人はこの世にいて、どういう生き方をしているかというと、呼吸をひそめ、天下の為になる宇宙要素を一つにあつめて、人類救済の力を強力なものにしながら、しかもその心をはっきりと外に現わさず、さながら宇宙がまだ活動をはじめず、ただぼうっと大きく渾沌《こんとん》としているような状態で、物事事柄に処している。それでいてその力は天下人類の為に非常に役立っているのであります。

それにくらべて百姓即ち一般大衆というものは、耳をそばだて、眼を皿のようにして、利害損得の問題に追いまわされている。聖人はそうした百姓の心を馬鹿にしたり、そうした百姓の生活から超然としているような態度はみせず、百姓の心をそのまま自分の心としながら、しかもその百姓の心に流されず、幼児が無邪気に笑っているような、いささかの汚れもない、清澄《せいちょう》な純朴な心でこの世に存在しているのである。と老子はいっているのであります。

聖人と凡人とは全くその起っているところが相違するのです。どういう風に相違するかと申しますと、聖人の起っておりますところは、この現象の世界ではなく、宇宙神のみ心の中、つまり、実相そのままのところに起っているのであります。

ところが凡人は、すべて、現象の変滅常無《つねな》き、私流にいうと、消えてゆく姿を把えて、それを実在とみて生活しているのです。金が増えた減った、地位が上がった下がった、病気をした、怪我をした、生れた死んだ等々、その瞬間、年、月、日という時間経過の中で、変じ滅してゆく、実体のないものごと事柄にその想念のすべてを把えられているのであります。

私が常に申しますように、人間は宇宙神のみ心の中にその本住の地を置くものでありまして、その生命波動が、神、霊、幽、肉というように、その波動を変化させて、種々な現われ方をしているのです。聖人はその事実をはっきり知っておりまして、自らの心は常に宇宙神のみ心と一つのところに置きながら、その想念波動を、対する人々によって、変化させてゆくのであります。

ですから、聖人だといっても、親しい人々の不幸災難に対して、冷然とすましこんでいるわけではありません。親や知人の死に会えば、凡人と同じように、悲しむこともあるでありましょう。

それはおかしい。聖人は永遠の生命を知っているのであり、肉体の死というものは、生命現象の単なる一つの変化でしかないのに、悟りきっている筈の聖人が、肉体の死を悲しんだり哀れんだりするのはどうかと思う、という人がいるかも知れません。

そういう人がいることを知っている老子は、そこで、百姓の心を以て心と為す、といっているのであります。聖人がもし、親の死にも知人の死にも、冷然とした態度でいるとしたら、その聖人に対して、人々は果して好意を寄せるでありましょうか。親しみや、親近感を抱くでありましょうか。私は恐らく、何かその場にそぐわない、異なる離れた感情を抱き、この人は別の世界の人だという、淋しい外々《よそよそ》しい感じを抱くことでありましょう。人間の感情というものは、どうしても自分と近しい波動の人に親しみを感じるものでありまして、たとえ立派な人であっても、自分に離れた感じの人には、近寄りたいとは思わないものなのです。

そこで聖人は、心は宇宙神のみ心の中に置きながら、想念波動を百姓の心に波長を合わせ、相手やその場の状態に応じて、種々と変化した現われ方をするのであります。親に死なれれば誰しも悲しみます。それが一般人の心でありります。聖人はその一般人の心に想念を合わせて、自らも涙をこぼすのであります。しかし、この涙はわざとらしい涙でも、芝居じみたものでもなく、真実の涙なのであります。涙を流しながら、その想いの中に把われているわけではありません。その親や知人の肉体的変化が、その人たちの永遠の生命の働きの為に、よりよいものであるのを祈っているのであります。

その場やその人たちの想念波動に波長を合わせながら、その人たちの永遠の生命に、宇宙神のみ光をそそぎこんでいるのが、聖人の心の状態なのであります。

凡人の涙は、死者の消えてゆく姿の業波動に波長を合わせて泣く涙でありまして、その想念は汚れているのです。同じ涙を流すのでも流しかたによってこのように違うのです。

生悟《なまさと》りの人の中には、親や知人の不幸災難に対しても、死に対しても、その悟りの状態をみせようとするのあまり、涙一つこぼさず、平然とした態度で、人は必ず一度は死ぬものです、死ぬ時は死ぬがよく、生くる時には生くるがよしなのです、等と笑い顔でいったりしていることがあります。

ここのところがむずかしいところでありまして、涙をこぼすこぼさぬの問題ではなく、その場その時その人々の想いの波に合わせて、しかもその人々を浄めるということが悟った人の天命なのでありますから、人々の想念波動と異なる波動でその場にいたのでは、その人が悟った人である意義がなくなってしまいます。

一人出家すれば九族救わる、という言葉がありますが、これは一人の人が出家、つまりこの業生の世界を脱出して、神のみ心の中に住んでいれば、その光明波動が、九族の人々にまで伝わっていって、その人々までも救うのである、ということなのです。このように自分が悟りの境地に入るということは、そのことがそのまま人々に光を与えることになるのであります。

そこで、人々に光を与える状態というのはどういう状態であるかと申すと、先ずその人々の想念波動にこちらから想いの波長を合わせなければなりません。人々が悲しんでいる時は悲しんでいる波長に合わせ、波長を合わせたところに自らの光明が流れ入ってゆくのであります。

それを独り自分だけが、人々の波動と異なる波のままでいて、その人たちに光明波動を流し入れるわけにはゆきません。ですから私はそうした態度の人のことを生悟りの人というのです。真実の聖者とは、百姓の心を心とする人なのであります。

和して同ぜずなのです。悟っているようで悟っていない人。平凡そのままで悟っていない人。平凡そうにみえて悟っている人。自己の悟りの段階を知って、一層精進している人。凡夫そのままの聖者。聖者の風格そのままの聖者。道を求める人、道に達した人。人間の世界というものは実に面白い、興味津津として尽きぬものがあります。老子の言葉はいつも同じようでいて、妙趣心に沁みて参ります。

# 第二十六講　生を出でて死に入る……

道徳経第五十章

出《デテ》レ生《ヲ》入《ル》レ死《ニ》。生之徒、十《ニ》有《リ》レ三。死之徒、十《ニ》有《リ》レ三。人之生、動《イテ》之《クモノ》二死地《ニ》一、亦十《ニ》有《リ》レ三。夫《レ》何《ノ》故《ゾ》。以《テナリノ》二其生《カス》レ生《ヲ》之厚《キヲ》一。蓋《シ》聞《ク》、善《ク》摂《スル》レ生《ヲ》者《ハ》、陸行《ニ》不レ遇《ハ》二兕虎《ニ》一、入《リテモ》レ軍《ニ》不レ被《ヲ》二甲兵《ヲ》一。兕《モ》無《ク》レ所レ投《ズルノ》二其角《ヲ》一、虎《モ》無《ク》レ所レ措《クノ》二其爪《ヲ》一、兵《モ》無《シト》レ所レ容《ルルノ》二其刃《ヲ》一。夫《レ》何《ノ》故《ゾ》。以《テナリノ》三其無《キヲ》二死地一也。

〔読み方〕

生《せい》を出でて死に入る。生の徒、十《じゅう》に三有《さんあ》り。死の徒、十に三有り。人の生、動いて死地に之《ゆ》くもの、亦《また》十に三有り。夫れ何の故《ゆえ》ぞ。其の生を生かすの厚きを以てなり。蓋《けだ》し聞く、善く生を摂《せっ》する者は、陸行に兕虎《じこ》に遇わず、軍に入りても甲兵を被《こうむ》らず。兕《じ》も其の角を投ずる所無《ところな》く、虎も其の爪を措《お》く所無く、兵も其の刃《やいば》を容《い》るる所無しと。夫れ何の故ぞ。其の死地無きを以《もっ》てなり。

**生《せい》を出でて死に入る。生の徒《と》、十に三有り。死の徒、十に三有り。人の生、動いて死地に之《ゆ》くもの、亦《また》十に三有り。**

生を出でて死に入る。というのは、生れ出でて死んでゆく、という風に解釈すればそれでも間違いではありませんが、もっとくわしくいえば、人間は、生命の本源から一人一人の生命と分れて、この現象界《げんしょうかい》の生活を営むことになるので、この生命の本源から分れ出でてくることを、生を出でて、といっているのであります。この現象界というのは、あに、肉体界ばかりではなく、幽界も霊界もやはり現象界なのであります。

人間生命が、この現象界の肉体に生れ出でていることは、すでにそこに死という現象のあることもはっきり決定されていることなのです。そこで老子は、この生から死への肉体生活の期間における四種類の生き方を説明しているわけなのであります。

一つの生き方を生の徒《と》といっております。この生き方はどんな生き方かと申しますと、生命本来の在り方に素直に生きて、肉体を粗末にあつかわず、自分自身を大事にして生きぬき長寿を全うしたような生き方でありまして、こういう人は十人のうち三人はある、というのです。

二つ目の生き方は、死の徒《しと》というのでありまして、生命本来の生き方にそぐわぬ生き方をして肉体身を弱め、若死をしてしまうような人で、これ十人のうち三人はある、というのであります。

三つ目は、人の生、動いて死地に之《ゆ》くものという生き方で、これは、しないでもよい乱暴な無茶なことをして生命を粗末にあつかい、いたずらに死地におもむいてしまうような、思慮分別のない衝動的な生き方の人で、これも十人のうち三人はある、というのです。

これらはいずれも、生死をもっている人たちなのであります。

**夫《そ》れ何《なん》の故《ゆえ》ぞ。其の生を生かすの厚《あつ》きを以《もっ》てなり。**

何故そういうことになるかというと、その人たちが、いずれも、肉体身に把《とら》われていて、肉体身にまつわる欲望や喜怒哀楽に想いをうばわれていることが厚いからなのであるというのです。

前述の三つの生き方のうちでは、第一の生き方が一般人としては最も上等な生き方なのであり、善い人といわれ、立派な人といわれる分野の人ではありますが、老子の眼からみれば、そのくらいの生き方では、とても立派などとは誉められない生き方なのであります。

何故かといいますと、そうした生き方の人でも、肉体身にまつわる様々な想念があって、生命を自由自在に駆使できるわけではないし、死を超えて生きつづけ得る程にはなっていないからなのであります。

肉体身に把われる想念が少しでもあるようならば、その人は死を超えて生きている人ではなく、やはり生死を有《も》って生きている人ということになり、神のみ心をそのまま現わし得る、大調和の人ということはできない、と老子は思っているわけなのです。

老子の人間観というものは、非常に高度なものでありまして、少しぐらい善いことをしたとか、精神的にも肉体的にも他に秀れている、というような、相対的な優越などは、あまり問題にならないのでありまして、その人が如何に、宇宙神のみ心そのままの生き方をしているか、大自然の根柢に働く、法則にはっきり乗り切った生活をしているかが問題なのであります。

老子にとっては、口先や筆先の哲学的説明や、宗教的説法などは、どうでもよいことなので、その人自らが、大光明に輝きわたっているような人であることを願っているのであります。

書いてあることがとっても立派で為になるので、この人は余程秀れた聖者である、と思って会いにゆき、深くつき合ってゆくうちに、書いているものとは程遠い凡夫であったりする場合がずいぶんとあるものです。書いたりしゃべったりしていることと、その人とがあまり相違するようでは、その相違の度合だけ、その著者なり説教者なりは、神のみ心を離れてしまっているわけで、その人の損失は大きいわけなのです。私なども自戒おさおさ怠りなし、であります。

**蓋《けだ》し聞《き》く、善《よ》く生を摂《せつ》する者は、陸《りく》行に兕虎《じこ》に遇わず、軍に入《はい》りても甲兵《こうへい》を被《こうむ》らず。兕《じ》も其の角《つの》を投ずる所《ところ》無く、虎も其の爪《つめ》を措《お》く所無く、兵も其の刃《やいば》を容《い》るる所無しと。夫《そ》れ何の故ぞ。其の死地無きを以《もっ》てなり。**

それでは、どういう人を老子は望んでいるかというと、この節の人のような人にすべての人がなることを望んでおります。

自分が聞いたことだが、善く生を摂《せっ》する者、つまり、大生命の根源に直接つながっていてその生命は大生命そのままの流れとなって伝わってきているような人は、無の境地にも有の境地にも、そういうなんの境地などというのを超越してしまっているので、肉体の有る無しにかかわらず、生命が生き通しているので、今更生れ更わるとか死ぬとかいうような、そういう肉体界だけにとどまっている想念はさらさらない。だからそういう人には死というものがない。

そこで、こういう形の世界を超えて、生命そのままの流れになってしまっているような人は、山路を歩いていても兕虎《じこ》にも遇わない。兕《じ》というのは、野牛に似ていて、その色は青く、その皮は堅くて甲を造るによく、一本の角があって、目方が千斤もあるといわれ、その角で人をひっかける危険な動物の名ですし、虎《こ》はご存知の虎です。こうした危険な動物にも遇わないし、また遇ったとしても、兕はその人になんの敵意も抱かず調和してしまって角をひっかけてくるどころではなく、大人しくまつわりついてくるし、虎も爪をたてるどころではなく、小猫のように馴れ親しんでしまう、というのです。

そういう人は、軍に入っても甲兵、つまり武装することもないし、戦争に参加して、干戈《かんか》を交じえることもない。たとえ、兵がよってきても、その人には刃を向けることはできない、というのであります。

どうしてそういう状態になるかと申しますと、その人はすでに大生命と一つになっているし、神のみ心の奥に入りこんでいるのでありますので、神のみ心は大調和そのものであり、悪もなければ敵もない。争いもなければ、病もない。生命そのものの輝きだけなのでありますから、傷ついたり、死のような状態をまねいたりすることがないわけになるのです。

其の死地無きを以てなり、なのであります。老子さんはそんなことおっしゃるけれど、それは理想であって、現実にはそんな人がありよう筈がない、といわれる方もたくさんありましょうが、これ程に徹底した神人という者は、滅多に存在するものではありませんが、これに類することは、宗教的に深くなった人にはちょいちょい実現していることなのです。

私などでもたびたびそういう状態になることがあります。一つの例をとりますと、戦後のことですが、その頃は黒人兵の馬鹿な人がかなりいまして、日本人をおどして金銭をまきあげたりしていました。或る晩私が新宿を歩いていまして、右側の人道を歩いていたのを、なんの気もなしに左側の人道に歩をうつして五六歩歩いて、ひょいと右側の人道をみると、前方からやってきた黒人兵二人に私の後から歩いてきていた男の人が首をしめられ、金品をまきあげられていました。私がそこを歩いていたら、私がやられていたところなのでしょう。その頃の私は想念停止の練習がまだまだつづいていた頃なので、全く空の境地でそのまま歩みを運び去ってしまったわけですが、そのように自然法爾に行動していることが、大生命の光の流れと一つになっていますので、自己の生命の働きにマイナスになるような出来事には一切出会わさぬようになってゆくのです。

こういうことは、素直に神のみ心に入っている人々には往々あることなのですが、これが徹底してそうあるような心の状態になることは大変なことなのです。大変なことではありますが、老子は人々の誰もがこうした心の状態になることを望んでいるのであり、自らもそうなり得ている神人なのであります。

ですから、誰も彼もがこうした心の状態に遂いにはなり得るのでありますし、なり得るように、守護の神霊方が、人々を導きつづけているのでありますが、そうした心になり得ぬ人々が、少しぐらいの心境の相違で、私のほうが偉いのだ、あの人のほうが立派なのだ、等と、人と心境を比較し合って、喜んだり、なげいたりしているのであります。

老子あたりからみれば幼い人たちだと思われることでしょう。人間に個我意識があるうちは、とてもこうした心の状態にはなり得ませんので、私は、すべての想念は消えてゆく姿、といっているのであります。

自分とか相手とかいっているのは、相対世界のことなのですが、形の世界はすべて相対界であって、絶対界は形の姿としては見当りません。そこで人々はどうしても相対界からぬけ出し得ません。私のほうが、あなたのほうがとやっているわけでありります。

ここのところが、なかなか老子のいうような心の状態に踏みこみ得ないところなので、どうしたら、そうした絶対界の人として生活でき得るか、という問題が残るのです。そこで私は、私たち人間は、大生命の分れである小生命であって、お互いにさかのぼれば、大生命の根源において一つに結ばれているものである、ということを認識することを教えているのであります。私たち人間は、大生命のみ心をお互いが天命として分け合って成就してゆくことに決まっているのであります。それは肉体身としては生れ更わり死に更わりして成就してゆくことになるのでありますが、一人一人の生命の元においては、お互いの守護神としてはたまた直霊《ちょくれい》として、光の交流をし合っているわけなので、私といいあなたといっても、大生命の光明をお互いに交流し合っている仲なのであって、相対的なようにみえても絶対者において結ばれている私とあなたなのであります。

人々はこうした真理を知ることが大事なのです。こうした真理が自然と判るように、私は、消えてゆく姿で世界平和の祈り、というように、現象世界のすべての出来事および想念波動を、すべて消えてゆく姿として、世界平和の祈りという絶対界のみ心の大光明波動に融合させてゆく方法を実践しているのであります。

私はこうした方法によって、無理なく容易に、老子のいう、大調和した神人に多くの人々を達せしめようとしているのであります。

# 第二十七講　道これを生じ、徳これを畜《やしな》い……

道徳経第五十一章

道生ジレ之ヲ、徳畜ヒレ之ヲ、物形ヅクリレ之ヲ、勢成スレ之ヲ。是ヲ以テ万物ハ、莫シレ不ルハ二尊ビテレ道ヲ而貴バ一レ徳ヲ。道之尊キ、徳之貴キ、夫レ莫クシテ二之ニ命ズルコト一、而常ニ自ラ然リ。故ニ道生ジレ之ヲ、徳畜ヒレ之ヲ、長ジレ之ヲ育テレ之ヲ、亭シレ之ヲ毒シレ之ヲ、養ヒレ之ヲ覆フレ之ヲ。生ジテ而不レ有セ。為シテ而不レ恃マ。長ジテ而不レ宰セ。是ヲ謂フ二玄徳ト一。

**〔読み方〕**

道之《これ》を生じ、徳之を畜《やしな》い、物之を形づくり、勢之を成す。是《これ》を以《もっ》て万物は、道を尊《たっと》びて徳を貴《たっと》ばざるは莫《な》し。道の尊き、徳の貴き、夫れ之に命ずること莫《な》くして、常に自ら然《しか》り。故に道之を生じ、徳之を畜い、之を長じ之を育て、之を亭《てい》し之を毒し、之を養い之を覆う。生じて而《しか》して有せず、為して而して恃《たの》まず。長じて而して宰《さい》せず。是を玄徳と謂《い》う。

## 道之を生じ、徳之を畜《やしな》い、物之を形づくり、勢《いきおい》之を成す。

道でも、徳でも、物でも、勢でも、宗教的に一口でいえば、神様のみ心とか、神様のみ力とかいってしまえば、それで説明は済んでしまいますが、老子は神という言葉をつかわずに、神のみ心、み力を、各種の角度からいい現わしているのであります。

中でも老子は、道と徳という言葉を一番奥底の深い言葉として使っております。この章では、道を万物を生じせしめる根源の力という意味で使っておりますし、その万物を畜《やしな》う力として徳を使っております。道徳の力をして、万物が生育し、誤ちなく各自各種の生活生存を為し得てゆくのであることを説いているわけですが、その道徳を基盤にして、物質的な要素がすべてを形づくり、勢い、つまり各種のエネルギーの働きによって、万物がそれぞれの存在活動をなしえてゆくのである、といっているのであります。

ただ神といわず、唯物論的に自然ともいわず、道、徳、物、勢というように、万物を生成発展せしめ展開せしめる根源をこのように分割して説明してゆくところは、現在の科学の在り方の根柢になっているような気さえいたします。

是を以て万物は、道を尊《たっと》びて徳を貴《たっと》ばざるは莫《な》し。道の尊《たっと》き、徳の貴《たっと》き、夫《そ》れ之《これ》に命ずること莫《な》くして、常に自《おのずか》ら然り。

このように、道や徳は、万物を生成発育させて下さっているのだから、道を尊《たっと》び徳を貴《たっと》ばざるものはいない。誰も彼も、何物もすべて、道や徳の力に尊貴の念をもっている、というのであります。どうして、道がそのように尊く、徳が貴いのかといいますと、道でも徳でも、誰に命ぜられたからといって、その行為をしているのではなく、命ずる何物もないのに、自らが自然に、万物を生成発育させているのであることが、その尊貴に価するところなのである、というのです。命ぜられたからする、なんの理由があるからする、というのでは、その理由があることによって、その尊貴さはマイナスされてしまう、ということがその裏の言葉にあるわけであります。ここのところが、老子の無為の思想の根本のところであります。

次の節では、その老子の思想がはっきり現わされているのです。

故に道之を生じ、徳之を畜《やしな》い、之を長じ之を育て、之を亭《てい》し之を毒し、之を養《やしな》い之を覆《おお》う。生じて而して有せず、為して而《しか》して恃《たの》まず。長じて而《しか》して宰《さい》せず。是を玄徳《げんとく》と謂う。

この節で畜《やしな》い、という言葉と養《やしな》う、という二つの同じような言葉がありますが、畜うのほうは力を畜《たくわ》えておく、という意味のあるやしなうであり、片方の養うは、成育させる、畜えた力を育てあげた方向に使ってゆくという意味をふくめたやしなうなのであります。

老子といわず、漢文をよくする人は、このへんの言葉の使い方に実に気を配っておるようですが、今の人にとっては、そんな細かいことどうでもよいではないか、といいたいところです。

それから、之を亭し、之を毒し、とありますのは、之を高く、平らかにし正しく、之を育てる、ということで、毒という字は育てる、という意味なのです。

そこで、この節を解説致しますと、道というものが万物を生じせしめ、徳がこれをやしない、育てあげ、生長させてゆくけれども、生んだからといって自分のものにするわけでもなければ、立派になったからといって、これを頼みにするのでもない。どんなに成功し、どんなに偉大になっても、こうなったのは、みんな自分たちのおかげなのだ、というような恩きせがましい気持もなく、自分が頭になってそれらを自分の思うままにしようという気持もない。全く、養い育て、立派にするだけに、自分の力をそそぎこんで、そのお返えしを受けようなどという気持が少しもない。こういう気持を玄徳というのだ、といっているのであります。

玄徳というのは、このように一番深い深い、根源のみ心の在り方のことをいうのです。親子の間でも、師弟の間でも、友人間でも、あらゆる対人関係において、こういう玄徳の心が現われていたら、どんなにこの世の中は美しく住みよいものになることでありましょう。報いを求めぬ愛の心は尊いものです。だが報いを求めぬ、ということだけでも、今の人々にはなかなかできがたいことなのであります。

それは個人の間ででも、国家間においてでも、現今ではほとんど、こうした愛は行じられておりません。個人の間ではまだしも、国際間においては、実に報いを求めぬ愛行為が欠けております。自己の為したことについて、なんらかの報いを期待したら、それが金銭的なことでなく、相手の喜びをさえ期待したら、その人の愛行為は、無為ではなくなるのです。無為から生じた行為でない場合には、必ずといっていいほど、その人は期待はずれの結果を、いつかは受けてしまうのです。

その反対に自分がいつしたのかすっかり忘れ果てていたような愛行為が、相手にとっては終生の喜びとして、心を温めている、というようなことが、よくあるものです。

宇宙神のみ心そのもののような、玄徳の心にはなかなかなり得ませんでしょうが、さらりとした愛行為のできる人間に、一日も早く多くの人々がなっていったら、どんなにかこの世の中が明るいものになるでしょう。

私はそうした道に入るのには、やはり、祈りによる心の浄化より他に方法がないと思っているのです。

人間というものは不思議なもので、思わなくともよいようなことが、次から次へと頭脳を駈け巡り、一体こんな想念は、頭脳の中にどんな風に潜んでいたのかなあ、などと思ったりするものです。頭脳を駈け巡る想念というものほど、あてにならぬものはありません。人間を立派にするというより、人間を混乱させる要素のほうがよけいふくまれているのが、頭脳を駈け巡る想念波動です。それは、心配、不信感、嫌悪、不安定、等々、頭脳を駈け巡る想念は、得てして、神のみ心を離れたものが多いのです。

自然の美や、無心なものにひかれている時の輝くような瞬間、愛の心に触れた時の喜び、それらの心の状態は、頭脳を駈け巡る想念波動からくるものではなく、そうした想念がどこかに鎮まりかえった時に、本源界の生命の光が、そのまま伝わってきたことによる輝きであり喜びであるのですが、玄徳の心というものは、そうした輝きや喜びを、瞬間的に味わうようなそういう心の状態でもなく、そうした本源世界そのままが、常の状態としてあるので、特別に輝きを感じ、喜びを感じる、という境地をもはるかに超えているわけです。

ところが、そんな心の状態には、普通人ではとてもなりえません。そこで私は祈りによって知らぬ間に玄徳の心に近づけるような方法をお伝えしているわけなのです。

世界人類の平和をひたすら祈り、自分たちの天命が完《まっと》うせられることを祈りつづけるような、世界平和の祈りの心の状態というものは、今すぐ世界人類が平和になるものでもなく、自分たちの天命が完うされるものでもないのですから、祈りの効果を焦り求めるような状態にはなりません。ただただ、神への感謝を根抵にして、自己の業想念を、救世の大光明の中に投入して、心臓や肺臓が、自分がなんの思いわずらいをせずとも、自然にその働きをしていてくれるように、自分の想念行為も、自然と、神のみ心そのままの想念行為になってくるように、自然と玄徳の心になってくるように、というのが、この世界平和の祈りの心の状態なのです。

それは無為にして為す、という老子の根本思想の世界に、祈り言をもって、昇りきってしまう方法なのであります。現代の人たちには、玄徳の心といっても、無為といっても、空《くう》といっても、その心の状態の素晴しさはわかっても、自分自身では、とてもとても達し得ない境地だと、はじめからその境地に昇ろうとする意志がないのです。

ですから、あまりそうしたかけ離れた境地になることを、はじめからすすめたとて、とても無理なことなので、私はそうした素晴しい境地を、一応、老子や釈尊やイエスの言葉で示しておいて、そういう境地になれば素晴しいのだ、あなたも人類も共に本心のままの生き方のできるのは、一人でも多くの人が一日も早く、そうした境地になることなのだ、だがしかし、そういう境地には一朝一夕でとてもとてもなれるものではない。だから私が世界平和の祈りという、エレベーターをここに用意しておいたから、ひとまずこのエレベーターにお乗りなさい。あなたの知らぬ間に、高い境地に昇ってしまいますよ。

という風に世界平和の祈りをすすめているわけなのです。

あなたの為にしてやったのだ、という愛行為も、あの国の為にしたのだ、という国と国との交流も、誰の為でも、どこの国の為でもない。みんな自分の為であり、自国の為であるのです。生命はすべて一つの源からきているのです。元を正せば、みんな一つの生命なのです。ただ一人一人が本源を等しく枝葉として異なる使命をもって生れ出でているだけなのです。

本源の等しい使命というのは、宇宙世界の完成ということであり、その一つとして、地球世界の完全平和ということなのであります。宇宙の星々はすべて連関して動いております。人間もそうした星々と同じように、だれもかれもが関連して動いているのであります。自分だけがよければ、自分だけが困らなければよいなどという生き方は、万物の生き物としては無い生き方なので、そうした生き方は虚構《うそ》の生き方なのです。生きるのではなく、生命が死んでいる状態なのです。生命が生き生きと生きている状態というのは、自分の生き方が常に、宇宙全体の運行に調和している生き方なのであります。

それを知るためには、身心をもって、世界平和の祈りを行じつづけてゆくことが、最大の早道であり、最もやさしく効果ある方法なのであり、宇宙神へのご恩返えしでもあるのです。世界平和の祈りは、宇宙神のみ心の中に自己の想念がすっかり入りこんで一つになってしまう祈りなのであります。

## 第二十八講　天下に始有り、以て天下の母と為る……

道徳経第五十二章

天下《ニ》有《リ》㆑始。以《テ》為《ル》㆓天下《ノ》母《ト》㆒。既《ニ》知《レバ》㆓其《ノ》母《ヲ》㆒、以《テ》知《ル》㆓其《ノ》子《ヲ》㆒。既《ニ》知《リテ》㆓其《ノ》子《ヲ》㆒、復守《レバ》㆓其《ノ》母《ヲ》㆒、没《スルマデ》㆑身《ヲ》不㆑殆《カラ》。塞《ギ》㆓其《ノ》兌《ヲ》㆒、閉《ズレバ》㆓其《ノ》門《ヲ》㆒、終身不㆑勤《セ》。開《キ》㆓其《ノ》兌《ヲ》㆒、済《セバ》㆓其《ノ》事《ヲ》㆒、終身不㆑救《ハレ》。見《ルヲ》㆑小《ヲ》曰《ヒ》㆑明《ト》、守《ルヲ》㆑柔《ヲ》曰《フ》㆑強《ト》。用《ヒテ》㆓其《ノ》光《ヲ》㆒、復㆓帰《スレバ》其《ノ》明《ニ》㆒、無《シ》㆑遺《スコトノ》㆓身《ノ》殃《ヲ》㆒。是《ヲ》謂《フ》㆓襲常《ト》㆒。

〔読み方〕

天下に始有り。以《もっ》て天下の母と為る。既に其の母を知れば、以て其の子を知る。既に其の子を知って、復《また》其の母を守れば、身を没するまで殆《あやう》からず。

其の兌《だ》を塞ぎ、其の門を閉ずれば、終身勤せず。其の兌を開き、其の事を済《な》せば、終身救われず。小を見るを明《めい》と曰《い》い、柔を守るを強と曰う。其の光を用いて、其の明に復帰すれば、身の殃《わざわい》を遺《のこ》すこと無し。是を襲常《しゅうじょう》と謂《い》う。

**天下に始有り。以て天下の母と為《な》る。既に其の母を知れば、以て其の子を知る。既に其の子を知って、復《また》其の母を守れば、身を没《ぼっ》するまで殆《あやう》からず。**

天下に始有り、という始とは、老子流にいえば道であり、キリスト教的にいえば、創造主（造物主）であり、普遍的ないい方をすれば、大生命ということになります。

この道であり、創造主であり、大生命であるものは、天地万物を生みなしているのであるから、天下の母ということができる。というのであります。

さあ、これからの文章が問題なのであります。

既に其の母を知れば、以て其の子を知る、ということなのです。実際に既に其の母を知ってしまえば、この人類の悩み苦しみはすっかり消えてしまうのですが、この母である、道であり、大生命である、宇宙神のみ心というものを、知りつくすということは、今日では殆どの人がなし得ぬことなのでありまして、この大生命の法則の一部分を知り得た宗教者や科学者が、自己の体験や自分の学識を、世の人々に知らせ得るだけなのです。

秀れた宗教者や科学者でも、その程度なのでありますから、一般の人々にとっては、この天下の母を知ることは容易なことではないのです。

そこで、一般の人々が、天下の母である大生命のみ心を知る為にはどうしたらよいか、と申しますと、実に平凡な言葉のようですが、自己の置かれた立場や環境を、すべて神のみ心によって置かれた立場や環境であるとして、素直に感謝の気持で受けて、その場その時々を真剣に生きてゆく、ということなのであります。

この立場や環境が、たとえどのように自分に都合の悪いようなものであっても、その都合の悪い事柄や辛い出来事は、みんな過去世における、宇宙神のみ心に外れた想念行為の現われ、つまり自己の誤った所業の因縁因果が、神のみ光によって消されてゆく姿と思って、祈り心で日を送ってゆくことが、そのまま、天下の母である宇宙神のみ心の中に入って生きていることであるのです。

頭脳的に理論的に道を知ろうとすることより、自己の一時一瞬の想念行為をも、すべて祈り心、感謝の心で、日々の行為として生きてゆくことのほうが、母の心を体験的に知り得ることになり、実際問題としてその身心の徳となるのであります。その真理を私は消えてゆく姿で世界平和の祈りとして、人々に知らせているわけであります。

母である、道、大生命のみ心を知ることは、その子である人類及び万物の在り方を知ることである、と老子はいっているのですが、今も申しましたように、頭脳で理論的に知ろうとしても、なかなか母の心は判るものではありませんから、子である人間のほうから、母のみ心の中に飛びこんでしまう方がよいのであります。それが消えてゆく姿で、世界平和の祈りなのであり、祈りによる全託行であるのです。

そう致しますと、自然と母のみ心が子である人間の方に伝わってきまして、母のみ心が随時随処、その場その時においてはっきり判ってくるのであります。この境地が進んできますと、いわゆる神我一体といわれる境地になってくるのです。

頭脳的理論的に母を知ろうとするのには、奥深い科学的学問に没頭しなければ、とても知り得るものではありません。今日の科学ではまだまだ母のみ心のほんの一部分を知っただけで、半ばにも達していません。そうした今日の地球科学でも、その学問にたずさわっている人は、それこそ寝食を忘れてそれぞれの学問に献身しているのであります。

その点、宗教的な全託行で、天下の母を知る方が、一般人にとっては容易であろうと思います。私たちは、そうした宗教的な祈りによる全託行、つまり世界平和の祈りによって、母のみ心につながり、天下の母のみ心を、宇宙子科学という、科学の学問形式によって、逐次知らされつつあるのです。天下の母即ち宇宙法則を地球人類全般に知らせるためには、宗教的な現わし方だけでは駄目なのであります。やはり、どうしても、人類が頭脳的に理論的にそして実際面に応用でき得る、科学方式によって、一般に知らせ得なければ駄目なのであります。

私たちは今、宗教の祈りから生れた科学の道に立って、天下の母の心を地球人類に知らせようとして、真剣に活動しているのです。

母を知ることと、その子を知ることとは、一つの道なのであります。老子のいう、既に其の子を知って、復其の母を守れば、身を没するまで殆《あやう》からず、は全くその通りでありまして、宇宙法則の万般を知ることは、そのまま人類の深い神秘が判ることであり、人類の在り方がすっかり判れば、宇宙法則がそのままはっきり判ってくることなのであります。

人間の細胞組織や、原子や電子のことが判っても、その力を、原子爆弾のような、核兵器に用いるようでは、これは、その母を守るのではなく、宇宙法則の最大の重要な問題である、宇宙の大調和を破るものでありますから、その母を傷つけるものとなるのです。母を傷つければ、子である人類が傷つくのも理の当然であります。

天下の母である道、即ち、宇宙大生命の創造の法則、進化の法則、大調和の法則を守る宗教であり、科学でなければ、その身を守ることはできないのであります。

**其の兌《だ》を塞《ふさ》ぎ、其の門を閉《と》ずれば、終身勤《しゅうしんきん》せず。其の兌《だ》を開き、其の事を済《な》せば、終身救《しゅうしんすく》われず。小を見るを明《めい》と曰《い》い、柔を守るを強《きょう》と曰う。其の光を用い、其の明に復帰すれば、身の殃《わざわい》を遺《のこ》すこと無し。是を襲常《しゅうじょう》と謂う。**

其の兌《だ》を塞《ふさ》ぎ、という兌ということは、穴という意味をもっていますので、ここでは、眼や耳や口という、見たり、聞いたり、しゃべったりする機関のことをいうのであります。こういう諸機関を塞ぎ、というのは、真の人間は肉体の眼や耳や口で、見たり、聞いたり、しゃべったりすることで満足していてはいけない。そんな人間の入口のところに想いがひっかかっていてはいけない。そんなことでは人生に疲れてしまって、真実の生き方ができるわけはない、終身救われることがない。だから、そういう入口にある想念の門を閉ざして、奥の奥の深い奥にある真実の心を見出さなければいけない。それは、眼にも耳にも想念にも触れないような、微妙なひびきではあるが、五感に把われる想念を鎮めて、即ち其の兌を塞ぎ、其の門を閉ざして、想念を深い奥に入れきってしまう。

つまり、空《くう》の境地になってしまう。

想念を深く鎮めきると、大生命のひびきが、じかにひびいてくる。宇宙子科学式にいえば、小さな小さな、微妙きわまりない宇宙子の動きが判ってくる。この心を明というのだ、と老子はいうのであります。

そして、この明の心になり、柔軟な柔和な自由自在の心になれば、この心は、宇宙神、大生命にじかにつながっている心だから、何もの、何ごとにも負けぬ、強靱なものになるのである。そういう大生命の光を用い、そのような明の境地に復帰し、復帰しとは、人は本来、神そのものの生命であり、明そのものの心をもつものであるのに、業想念波に踊らされてその本心を見失っているわけなのであるから、明の心になることは、本心に復帰したということになる。

そんな心の状態を保っていれば、未来永劫身心わざわいを残すことがない。襲常というのは、こういう心の状態をいうのである、と老子はいっているのであります。

老子解説者のしばしば迷うことは、老子の言葉には、一見消極的な生き方をすすめているような説き方に見られがちな、言葉がありますが、私は常に、老子は消極をも積極をも超えた、無為の在り方を説いているのであって、老子の思想を、消極とか積極とかに限定してしまってはいけない、というのです。

この章でも、母を守る、とか、塞《ふさ》ぎとか閉ざすとか、柔を守る、とかいうような守勢の言葉をつかっていますが、この言葉は、単なる消極ではなく、無為の心になりきって生れてくる行為なので、天地を貫いて作用する、大能力となって、現われてくるのであります。

実際は、こういう無為の生き方のできる心の状態になった人でないと、はっきり、そうなんだ、と老子の言葉に全幅の肯定を為し得ない、と思うのですが、実際にあらゆる想念に把われず、自己の気というものが、奥の奥の奥底に入りきってしまう、つまり、大生命のみ心の中に入りきってしまうと、いわゆる霊覚という状態になりまして、五感や六感を超えた超越心で、事物事柄に当れるようになり、この世の人々にとっては、不思議だ不可思議だ、というような事柄が、なんでもなくできるようになるのであります。

そういう風に、父であり母である宇宙神のみ心のままの生き方が、そのままその人の行為となって現われてくることが、既にその母を知ったことになるのでありまして、自分の行為がどうだ、人の行為がどうだ、などと、現われては消えてゆくような想念行為の波には把われぬ心の状態になっているのであります。

霊覚と霊能というのは、自《おのずか》ら異《こと》なるのでありまして、霊覚とは、老子のいう無為になりきった人の神秘力をもった生き方であり、霊能とは、神秘力や不可思議な能力はあるけれども、無為の心の状態になっていないので、自己のそうした能力を、自分自身の欲望達成に使っていて、天下、人類の為のものとはしていないのです。

ですから、単に霊能力がある、不思議なことのできる人、というだけで、その人を霊覚者とみたり、悟った人と思ったりしてはいけません。

そこで、どうしても老子講義のような、深い教えを知る必要があるのであります。老子の教えは、常に奥義を説いているのでありまして、特殊な能力の発現や、神秘力を説いてはおりません。それでいて、神秘力が自ら現われる生き方が説かれているのであります。その真理は、文章の上《うわ》べだけを読んでいたのでは判らないのです。文章の上だけでは、むずかしいことを説いている、とか、そういう風に自分の行為を守ってゆけばよいのだなあ、ぐらいにしか思わぬ人もあるわけですが、老子の言葉はその一言一句が、神のみ心の光を帯びて読む人の本心を自《おの》ずと開いてゆく程の力をもっているのであります。

## 第二十九講　我をして介然として知ること有らしむれば……

道徳経第五十三章

使《ムレバ》二我《ヲシテ》介然《トシテ》有《ラ》レ知《ルコト》、行《クニ》二於大道《ヲ》一、惟施《ナカランコトヲ》是畏《レル》。大道《ハ》甚《ダ》夷《ラカナリ》。而民《ハ》好《ム》レ径《ヲ》。朝甚《ダ》除《スレバ》、田《ハ》甚《ダ》蕪《シ》、倉《ハ》甚《ダ》虚《シ》。服《シ》二文綵《ヲ》一、帯《ビ》二利剣《ヲ》一、厭《キ》二飲食《ニ》一、財貨有《リ》レ余。是《ヲ》謂《フ》二盗夸《ト》一。盗夸《ハ》非《ザルカナ》レ道《ニ》也哉。

**〔読み方〕**

我をして介然《かいぜん》として知ること有《あ》らしむれば、大道《たいどう》を行くに、惟施《ただななめ》なからんことを是《こ》れ畏《おそ》る。大道は甚だ夷《たい》らかなり。而《しか》るに民《たみ》は径《こみち》を好む。朝《ちょう》甚だ除《じょ》すれば、田《でん》は甚だ蕪《ぶ》し、倉《くら》は甚だ虚《むな》し。文綵《ぶんさい》を服《ふく》し、利剣《りけん》を帯《お》び、飲食《いんしょく》に厭《あ》き、財貨余有り。是を盗夸《とうこ》と謂《い》う。盗夸《とうこ》は道に非《あら》ざるかな。

**我をして介然《かいぜん》として知ること有らしむれば、大道を行くに、惟施《ただななめ》なからんことを是《こ》れ畏《おそ》る。**

私がもし介然《かいぜん》として、介然としてというのは、暫くの間とか、変化せぬさまとか、気にかかるさまとかいう意味で、介然として知ること有らしむれば、という風になりますと、小智才覚とか、把われた私智慧とかいう意味になってきます。

そこでこの意味を通して解釈しますと、私がもし小智才覚で生活していたら、自分が大道を歩いているのに、この生き方は善い生き方かしら、この道をいったら誤りではないかしらなどと、いつもいつも、道を誤りはしまいか、人を傷つけはしまいかとおそれながら生きてゆかねばならないことだろう。

という意味になります。

**大道は甚だ夷《たい》らかなり。而るに民《たみ》は径《こみち》を好む。**

大道というものは、甚だ平らかであり、平和な調和した道なのであり、少しの誤りもある筈のない道なのである。今日流に申しますと、神のみ心のままに生きてゆく道は、安心立命の道であり、不幸や不調和の起りようのない道なのである、ということになります。

それなのに国民というものは、神のみ心に任せきった、いわゆる大道に沿った生き方をしたがらないで、兎角に、つまらない枝葉の現われに把われてしまって、大道をそれて、径《こみち》に入りこんでしまうものである、というのであります。

**朝《ちょう》甚だ除《じょ》すれば、田《でん》は甚だ蕪《ぶ》し、倉《くら》は甚だ虚《むな》し。文綵《さい》を服《ふく》し、利剣《りけん》を帯び、飲食に厭《あ》き、財貨余有り。是を盗夸《とうこ》と謂う。盗夸は道に非《あら》ざるかな。**

政治家や役人たちが、自分たちの周囲だけに気を取られて、そこだけを住みよいようにし、自分たちだけが贅沢し、自分たちの政務が取りやすければよい、というようだと、国民の田畑が荒れ果てているのも、倉が空っぽになっているのにも気づかずに、遂いには内乱を起してしまいかねない。そのように、これらの人たちが、徒《いたず》らにきらびやかに飾りたてた衣服をつけ、きれいに格好のよい剣を腰にさげ、御馳走を喰べ飽きて、食事に対して少しの感謝も無く、有り余る財宝を積んで得々としている様子は、まるで盗人が盗んだ財宝を華のように飾り立てているのと同じなので、これを盗夸《とうこ》、すなわち、盗んだ華という。この盗夸は、大道を外れること甚だしく、人の道ではないのである。

と老子は厳しく役人たちをいましめているのであります。

人間の世界というのは、いつの時代でも、どこの国でも、あまり変らないもので、老子にいわれたこの言葉はそのまま、今日の政治家や役人たちにも当てはまるものです。

老子は非常に小智才覚で生きることを嫌っておりますが、人類がまだ大道に乗りきっていない今日までは、どうも小智才覚で生活している人々の方が、この世的には上等な生活を営んでいるようなのです。ここのところがなかなかむずかしいところで、どうも人間というのは、その時々の損得の方に想いが向いてしまい勝ちなもので、永遠の生命につながる、真実の生き方をつづけてゆくことは、並大抵のことではできないのです。

しかし、想いを鎮めて、よくよく自己の本心をみつめ、人々の運命をみつめてみますと、どのように、その時々がよさそうにみえましょうとも、大道を外れた小智才覚で得た地位や財宝は、やがては崩れ損じてゆくものであることが、はっきり判るのであります。

現われの世界は、すべて消えてゆく姿であることは誰でも判ることです。すべての事物事柄は、変じ滅してゆくのであり、諸行無常であることは、人間が生れてそして死んでゆく、ということが決定的なことであるのですから、判らぬ筈はないことです。

ところが、先のことはどうでもよい。現在が幸せで、現在がうまくいっていればよいのだ、というのが、一般の人々の考えなのですから、人間は救われ難《にく》いのです。

小智才覚ではいけない、人間智慧では真実の平安をつかむことはできない、といくらいわれても、一般の人々には、それでは一体どうしたらよいのか判らないのです。

小智才覚ではとても安心立命できないのだし、神智というものは、小智才覚を捨てきった時に自ずと湧いてくるものであることは、そういう境地に成った人には、よく判ることなのですが、普通では判らないのです。無理もないといえば無理もないことなのですが、無理がないでは済まされない時期が、この地球人類の前に次第に近づきつつあるのですから、このままでは困るのです。

今日まで老子や釈尊やイエスや様々の聖者方が、口をすっぱくし、身をもって教え示してきたのですが、地球人類は、未だに神智で生きているのではなく、依然として小智才覚、人間智慧がその主流となって生活しているのです。

ですから、この人間智慧、小智才覚をどうしたらやさしく、神智にかえることができるのか、という方法がないとどうにも一般大衆の安心立命の生活ははじまらないのであります。

この方法が祈りなのでありますが、この祈りもただ自己の生活や心身の安全だけを願うような、昔流の願い事では駄目なのです。祈りというのは、人間智、小智才覚を、すべて消えてゆく姿として、神のみ心の中に入れきってしまうような祈りでなければなりません。

それでなければ、老子の導き入れようとしている境地には、いつまでたっても入るわけには参りません。私はその真理をよく知っておりますので、小智才覚を、世界平和の祈りという祈り言の中に融けこませて、いつの間にか、神のみ心、神智とすりかえてしまう方法を教えはじめたのです。

小智才覚を、世界人類の平和を祈る、人類愛の想念の中に自然に入りこませ、この人類愛の想念波動が、実はそのまま神のみ心であり、神智の湧きいずるところである、ということを自《おの》ずと体得させてゆくのが、消えてゆく姿で世界平和の祈りなのであります。

老子講義がいつも世界平和の祈りと関連して説かれているのは、老子講義をそのまま字義通りに解釈するだけでも、或る種の人々にとっては想いが浄まり、生きる力となるのでありますが、一般の人々にとっては、それだけでは、教えが高いところにありすぎて、どうにもその教えにつかまりようがないのです。

老子の説く大道が、或る種の悟道に達した人にだけしか光を及ぼさないのでは、折角老子講義が残された意味が薄くなります。老子講義はやはり一般の人々の光となって世々を照らしてゆく必要があるのです。

人はみな神からきたものです。大道は人の生くる道です。ですから、大道を外れた生活をしている者は、真実の人の生き方をしていないということになります。人の生命が神からきているものである限りは、神のみ心のままにその生命を生かしてゆかねばなりません。

老子は神という言葉はつかっていませんが、この章では大道という言葉で、神のみ心のままの生き方ということを示しています。老子は大道そのまま生きていた神人です。大道を歩んでいながら、小智才覚でその道を確かめようとしたりすると、大道を外れて小さな枝葉の道に迷いこんでしまいます。そこで老子は常に無為にして為せといっているのであります。ああしょう、こうしょう、これがいい、これは悪い、といちいち自己判断をするものではない。無為にして為せである、というのです。無為にして為せ、とは全託ということと同じことです。すべてを神のみ心に任せきって、その日その時を感謝で生きるということで、その間に小智才覚をはさむ想念の隙がない生き方なのであります。

それが口でいうように、そうたやすくできないので、私は、消えてゆく姿で世界平和の祈りという方法で、無為の行為と同様の行為をするような道に人々を導き入れているのです。

老子にいわせれば、大道を外れた生き方をしながら、財産を残し、美衣美食にふけっているものはみんな盗夸なのであります。それは何故かと申しますと、神の生命は神のものであって、人間の私すべきものではないのです。人間が大道を歩いていれば、それはそのまま神の生命を生かしきっているのですから、どのように富んでいようと、どのように財宝があろうと、何等盗夸ではないのですが私利私欲で得た財宝は老子流にいえば、すべて盗んだ華であるのです。

この盗夸の生活をしている人々は、この世の生活を終えた後のあの世の生活、そして再びこの世に生れ更ってきての生活と、この盗んだ華の代価を支払う生活をしつづけなければならなくなるのです。

それは、神の生命は常に浄め澄ましておかねばならぬものなので、汚れた分だけはどうしても浄化せしめなければいられぬように、大自然の摂理はなっているからなのであります。

そこで老子はどの章においても、道を外れるな、大道をゆけ、徳行の生活をせよ、といいつづけ、現象世界の一瞬一瞬の楽しみのために本道を忘れてはならぬと説きつづけているのです。

現象世界の、その日その日は勿論大事であります。大事でありますからこそ、その日その日の生活が、大道を外れぬように、小智才覚の枝葉の生き方でないように、径《こみち》に迷いこんだ生活でないようにして、永遠の生命を汚れなく障碍《さわり》なく生きてゆかねばならないのです。

先のことを考えるより、今日只今の生活がうまくゆくなら、少しぐらいの虚言《うそ》をついても、自己本位の生き方をしてもよい、というより、いつの間にかそんな生活が身についてしまっているのが、現今の一般人の生き方となっているのですし、国家間でもそんな生き方をつづけているわけですが、そんな誤った生き方の慣習から一日も早くぬけ出してしまうことを人間は考えなければいけません。一人一人の人間も国家人類も、小智才覚の業想念波を乗り越えて、真実の人類の生き方をしてゆかねばなりません。

時は今です。今日こそ是非共、悪い誤った慣習を脱出しましょう。その為にこそ、消えてゆく姿で世界平和の祈りが生れたのです。

老子も人類世界がいち早く業想念波を光明波動にかえてゆくよう尽力して下さっているのです。

# 第三十講　知る者は云わず、云う者は知らず……

道徳経第五十六章

知《ル》者《ハ》不レ言《ハ》、言《フ》者《ハ》不レ知《ラ》。塞《ヤ》二其《ノ》兌《ヲ》一、閉《ジ》二其《ノ》門《ヲ》一、挫《ジキ》二其《ノ》鋭《ヲ》一、解《キ》二其《ノ》紛《ヲ》一、和《ラゲ》二其《ノ》光《ヲ》一、同《ズ》二其《ノ》塵《ニ》一。是《ヲ》謂《フ》二玄《ト》同一。不レ可《カラ》二得《テ》而親《シム》一。不レ可《カラ》二得《テ》而疏《ンズ》一。不レ可《カラ》二得《テ》而利《ス》一。不レ可《カラ》二得《テ》而害《ス》一。不レ可《カラ》二得《テ》而貴《クス》一。不レ可《カラ》二得《テ》而賤《シクス》一。故《ニ》為《ル》二天下《ノ》貴《ト》一。

〔読み方〕

知る者は言わず、言う者は知らず。其の兌《だ》を塞ぎ、其の門を閉じ、其の鋭《えい》を挫《くじ》き、其の紛《ふん》を解き、其の光を和らげ、其の塵に同ず。是を玄同《げんどう》と謂《い》う。得て親しむ可からず。得て疏《うと》んず可からず。得て利す可からず。得て害す可からず。得て貴《たっと》くす可からず。得て賤《いや》しくす可からず。故に天下の貴《き》と為る。

**知る者は言わず、言う者は知らず。其の兌《だ》を塞《ふさ》ぎ、其の門を閉《と》じ、其の鋭《えい》を挫《くじ》き、其の紛《ふん》を解《と》き、其の光を和《やわ》らげ、其の塵《ちり》に同ず。是を玄同《げんどう》と謂《い》う。**

知る者は言わず、言う者は知らず、とは、よく使われる言葉ですが、真実に深い学問を修めた人は、やたらに喋々とその学問についてしゃべりまくることをしませんし、神の道を深く知っている者は、やはり、やたらにその道を相手かまわず説くようなことは致しません。

あまりよくその道のことを知らない人のほうが、一寸でも道の片鱗にふれると、自己の知識を人に知らせ、自分の偉さを示したくて仕方なくなり、誰にでも構わず、その話をしては楽しむ、という形になりやすいのです。

宗教の道を行として体得せずに、知識として知ろうとする人の中には、言う者は知らずという中に入る人が多くおります。宗教の道というものは、言葉として知らせるものではなく、その全人格をもって知らせるものなのですから、人格と言葉とがあまりに隔っていますと、その人がしゃべればしゃべる程、この人は真実のことを何も知らないのだなあ、と相手の人に想われてしまいます。

私が若い頃、トルストイの本を盛んに読んでいまして、話の度びにトルストイはね、というような調子の時がありました。たまたま、トルストイ研究の専門家に、蝶々とトルストイの話をしてしまい、後でとんだ恥ずかしい思いをしたことがありました。それ以後私は、余程確信をもったこと以外は、知ったかぶって話さぬようになりました。いい経験だったわけです。

宗教的知識というものは、種々と本を読んだり、話を聞いたりしますれば、誰にでも一応はついてまいります。しかし、その知識の内容を現実生活に現わしてゆくことが大変なので、その教えをそのまま行為に現わしてゆくことが道に乗っているということになるわけです。この道に乗り、み心のままを行じているような人は、自分のほうから道の話をしかけてゆくというより、相手に尋ねられて、ぼつぼつ話はじめるというような人が多いのですが、話し出せば、その話は自分が実際に行じているところなのですから、迫力もあり実もある話になり、自ずと人を感動させ得る程の力をもっているのであります。

これは宗教ばかりでなく、あらゆる学問の分野においてもそうではないかと思います。ですから老子は、其の兌《だ》を塞《ふさ》ぎ、其の門を閉じ、というような言葉で、やたらに、人から聞いたこと学んだこと、耳から眼から口から、いわゆる五感で知ったことや、想念の世界、つまり、六感で感じたことを、すべて真実と思って人々に話したり発表したりせぬよう、一度五感も六感も閉じてしまって、五感や六感で知ったり味わったりしてできた、自分の知識や感覚から生れた、才気を挫き、華美な想念や装いを解き、あの人は知識才能に秀でているのだなあ、とても偉くて、光が強すぎて、我々は近づき難い、というように、人に思わせぬように光を和らげ、一般大衆と全く同じように、平々凡々の人間として、あたかも塵あくたと同じような目だたぬ存在として生きてゆくことが大事だ、という説法をしているのであります。

そして、そういう風になった人を玄同《げんどう》の人というのだ、といっているのです。そこで、この玄同というのはどういうことかと申しますと、玄というのは、以前にも説明しましたように宇宙神のみ心の一番深いところ、奥底のことでありまして、私共の宇宙子科学的にいえば、宇宙核の中ということになります。

すべての存在の一番奥のところでは、すべての根源が一つに存在しているわけで、ここのところから、次第に種々様々な生物、存在として分れてくるわけでありますが、これが只単に植物だ動物だというように分れてくるわけではなく、宇宙核から中心核、宇宙子核というように分れ、その宇宙子核から各宇宙子が、その数、角度、流れというように、それも精神的なものと、物質的なものとに区分されながら、分散し集合し分散し集合して、発展していくわけで、その間に現在の地球科学で研究されている、電子や中間子や中性子や陽子などの存在があるわけなのです。

こうした微粒子群が様々な波動となって、宇宙の運行ともなり、鉱物や植物や動物や人類として発展してゆくわけなのであります。

老子のいう玄同とは、こうした宇宙神のみ心の奥のところでは、すべてが一つである、ということで、そういう一体観をそのままこの現象の生活の中で現わし得ていることをいうのです。

**得《え》て親《した》しむ可《べ》からず。得て疏《うと》んず可《べ》からず。得て利す可《べ》からず。得て害《がい》す可からず。得て貴《たっと》くす可からず。得て賤《いや》しくす可からず。故に天下の貴《き》と為《な》る。**

このような玄同の境地にある人というものは、親しもうとして、その人の心の奥に入ってゆこうとしても、普通の人のように、その人の心の在り方がわからなくて、なれ親しむことができない。といって、何んだ、というように疏《うと》んじようとしても、何か心がひかれていて疏んじることもできない。この人を利用して自分の為にしようとしても、どんな利益の話にも乗ってこないし、やっつけてやろうと思って、種々と手だてをくわだてようとしても、思うようにはゆかない。だからといってこのような人は、あなた様は尊い人で、立派な人で、有難い人で、というように、あがめたてても、別に何んという変化を現わすわけでもないし、賤《いや》しめようとしても、どうにも賤しめることができない。であるから、こういう人は天下の貴い人である、ということになるのである。と老子はいうのであります。

凡人とみれば凡人と見え、貴人とみれば貴人と見える。貴人とみて、尊とんで話してみると平々凡々とした話をする。凡人とみて話しかければ、凡人ならざる光明が感じられてくる。何んともつかみどころがないが、いつの間にか相手の人々の心の汚れがとれているし、何か得難いものをその人から受け入れた感じがしてくる。といった人が、玄同の境地になった人なのです。

この世の中には、権力の座にいたり、或る高い地位を与えられていることによって、偉い人なのだな、立派な人なのだなあ、と思われている人々がありますが、一たん、その権力の座や高い地位から降ろされてしまうと、凡人よりももっと始末に悪い低人格を現わす人がおります。

そういう人は権力の座にいた時や高い地位にいた時には、さぞかしその地位を利して、自欲をほしいままにしていたのであろうと思われます。

宗教者の中などにも、神の名を借りて、信徒の弱点につけ入り、金品をまきあげている似非《えせ》宗教者のあるのをよく耳にしますが、どうにもやりきれない嫌な思いがします。凡夫である、と自分でも思い、人々もそう秀でた人とは思っていないような人の中に、意外と魂の高い立派な人がおりますし、自分で、自分の魂の位が高いのだと思いこんでいる人で、この世の生活態度の全然駄目な、他人に迷惑ばかりかけているような人もいます。

そうかと思うと、魂の位は高いのだが、神霊界のことばかりに興味をむけていて、折角天命をもって生れ出てきた、この肉体世界の生活を、まるでおろそかにしている人もおります。肉体世界に生を受けてきたことは、どのような人でも、肉体世界の為に何等かの貢献をするためにきているのであって、肉体世界の生活に怠惰であってよいわけがありません。

宗教をやっている人の中には、えてして、神秘的なことばかりに興味をもっていて、霊魂をみたり、神霊の世界や幽界の様相をみたりすることだけに想いをひかれ、一般の人々との交際ができなくなってしまう人がいますが、これはこの世に生れた人としては困りものなのです。神秘にひかれ、神霊界の在り方に興味をむけたりすることは、宗教の道に入った人としては当然なことではありますが、それはあくまで、この肉体界に基盤をもってなさねばならないことで、この肉体界から足を浮かして、宙ぶらりんの状態で、ああ、神様の姿を拝した、光明世界を観た、神の声を聞いたなどと、そうした神霊現象ばかりに把われていたのでは、この肉体世界の生活が崩れてしまい、折角神霊界に開かれた道が、かえってその人の仇になってしまいます。

老子が常に無為にして為《な》せ、といっているのはここのことなのです。どんなに神様を求めていても、それが何等かの興味であったら、それはもう純粋に神を求める態度ではなくなるのです。神を求める想いは純粋でなければなりません。自己の本心（仏性）開発の為にこそ神を求めるのです。無為にして為せという老子の言葉の通りに生きていれば、自ずと自己の本心が開発され、やがては玄同の境地になり得るのです。

しかし、そこまではなかなかなり得ないのですから、神を求むるのあまり、神の姿を観る興味や光明世界を観ようとする興味も時には、得難い経験を積むことにもなり得るので、致し方ないものとして、そうした体験をした後には、今度はそういう観るという興味を超えて、神のみ心を行為として現わす、という生き方に入ってゆかねばなりません。興味にばかり把われて、興味の後ばかりを追いかけ廻わしていたならば、それは宗教心と全く異なる方向に自《みずか》らを運んでいってしまいます。

誰でも深い境地に入りきるまでには、種々様々な神霊現象や幽界現象を味あわされます。だがそこで、その現象に想いが把われてしまうか、そうした想念を超えて、自らを神のみ心の顕現者として、この世の生活を生かしてゆくかによって、両者の存在価値はまるで異なったものになってしまうのです。

老子はそうした真理を実によく知っていますので、神霊現象のようなことは殆んど説かずに、一直線に神のみ心の深い奥底に人々を導き入れようとしているのであります。

善いことにも悪いことにも、すべての事柄に把われさせないように、把われの元である想念波動を、どこかへ消し去ってしまおうとして、無為にして為せ、というのであります。

神といえば、神に把われる、仏といえば仏に把われる、そこで、想念行為と直結している道という言葉で、人間の生き方を説いているのです。道といえば、神に姿を求めるような把われ方はしないからなのです。

すべての把われから解放された時、人間ははじめて自由自在の身になり得るわけです。その一番やさしい方法、消えてゆく姿という言葉をつかって、神の道に導き入れているのが、私の説いているところなのです。

# 第三十一講　其の政悶悶たれば其の民は淳淳たり……

道徳経第五十八章

其ノ政悶悶タレバ、其ノ民淳淳タリ。其ノ政察察タレバ、其ノ民ハ欠欠タリ。禍ハ兮福ノ所レ倚ル、福ハ兮禍ノ所ナリレ伏ス。孰カ知ランヤ二其ノ極ヲ一。其レ無キカレ正耶。正モ復為リレ奇ト、善モ復為ルレ妖ト。民之迷ヘルコト也、其ノ日固ニ已ニ久シ矣。是ヲ以テ聖人ハ、方ニシテ而不レ割セ、廉ニシテ而不レ劌セ、直ニシテ而不レ肆セ、光アリテ而不レ耀カサ。

**〈読み方〉**

其《そ》の政《まつりごと》悶悶《もんもん》たれば、其の民《たみ》は淳淳《じゅんじゅん》たり。其の政《まつりごと》察察《さつさつ》たれば、其の民は欠欠《けつけつ》たり。禍《わざわい》は福《ふく》の倚《よ》る所、福は禍の伏《ふ》す所なり。孰《たれ》か其の極《きょく》を知らんや。其れ正無《せいな》きか。正《せい》も復《また》奇と為《な》り、善も復妖《またよう》と為《な》る。民の迷えること、其の日固《まこと》に已《すで》に久《ひさ》し。是《ここ》を以《もっ》て聖人は、方《ほう》にして割《かつ》せず、廉《れん》にして劌《けい》せず、直《ちょく》にして肆《し》せず、光ありて耀《かがや》かさず。

**其の政《まつりごと》悶悶《もんもん》たれば、其の民は淳淳《じゅんじゅん》たり。其の政察察《さつさつ》たれば、其の民は欠欠《けつけつ》たり。**

政治を執る場合、その政治がすっきりととれない状態で、あの分野もこの分野もどういう風な政治をとったらよいのか、というように政府が悶々として、悶え苦しんでいるような時には、人民はかえって国を憂い、国の為に純樸な気持になって働こうとする。その反対に、政府の政治のとり方が細かいところにまで眼がとどき、明らかにすっきりと政治を行っていると、人民の方は、すべてを政府にゆだねきって、国を思う気力が薄らぎ、安易な気持で日々を送ってしまい、自分たちの力が次第に欠けてきてしまうものである、というのであります。

**禍《わざわい》は福の倚《よ》る所、福は禍の伏す所なり。孰《たれ》か其の極を知らんや。其れ正無きか。正も復奇《また》と為《な》り、善も復妖《またよう》と為《な》る。**

この現象界における禍福というのは、それが永遠につながる禍福というのではない。禍がそこに現われた時には、それは消えてゆく姿として消え去るべくして現われてきたもので、その奥には、福が待っているのであり、福がそこに現われてきた場合には、その陰に禍が伏していることが多いのである。その禍福はいつになったら、その転換を止めるのか、この世の中の人の誰もがその限界を知らないのである。

それでは、この世の中には、正しいこと、定まったことが無いのか、というと、確かにこの世の正しいということ、定められたようなことも、時には奇となってしまう。奇というのは、正常でない、定められた通りでない、よこしま、いつわり、珍らしい、ということですから、正を外れるということです。

そして善も復妖《またよう》と為《な》る。というので、善といっても善という形が、いつの間にか、ばけてしまって、人の心を縛ってしまったり、人を傷つける道具になってしまったりする。というのであります。

この世の中というものは、全く変化変滅しているものでありまして、正が必ず正ならず、善がそのまま常に善であるとはいえないのです。

禍福も正邪善悪も、この世の現れだけでみますと、いつその状態が変化するか計り知れないのであり、いつ正と呼ばれたものが邪と呼ばれ、善と思われていたものが悪と現われるか判らないのです。

大臣、長官となるような福が現われたかと思うと、その地位に立ったばかりに、暴漢に襲われて不慮の死を遂げるという、禍にあったりすることもあり、思わぬ大金が入るという福がころげこんできたと思うと、その金が元で、精神に乱れが出て、遊び好きな人間になり、遂いには金にも家族にも見放されてしまう、という禍を生み出していくことなど、随所にあります。

そうかと思うと、貧しい家に生れ、正式な学校教育を受けられないで、各職場を転々としたような禍多き人生の経験がかえって幸して、その経験を生かした大衆小説を次々と書いて、遂いに有名作家となったような人も、かなりおります。

発明家とか、芸術家、実業家、宗教家などには、禍に幸《さいわい》されて、その道を極めていった人がたくさんあります。

確かに、禍は福の倚《よ》る所、福は禍の伏す所なり、です。ですからこの人生においては、その時々の禍福にいつまでも想いを把われていてはいけないのです。禍も福も私にいわせれば、すべて消えてゆく姿であって、どのようなことも永遠のものではありません。永遠につながるものは何か、というと、真の祈りあるのみなのです。

祈りとは、いのちの本質を現わしてゆくことで、常に自己の想念波動を、神のみ心の中にお還えしながら、日々の生活をつづけてゆくことです。

神のみ心を自己の心として生きてゆく状態が、いのりの状態です。祈りとは形の世界で合掌し、形の世界で坐《すわ》る、というだけのものではありません。

真の祈り心は、いつでも永遠につながっているのであって、禍福、善悪という変化変滅してゆく状態の奥底に住んでいる、この章で老子さんがいっている、極《きょく》に住んでいる心です。

ですから、禍福はあざなえる縄の如し、という禍福の変換の、そうした消えてゆく姿の極を知るためには、祈り心一念の他には方法がないのであります。真の祈り心は、そのまま、空即是色の心となるのです。

この世における、禍福、正邪というもののみに想いが把われていますと、常に禍福、正邪というものに自分の想念がふり廻わされていて、真実の人の在り方を自己のものとすることが永遠にできなくなってしまいます。

国と国との関係などは全く禍福に把われきったものでありまして、自国に禍するものや事柄は、すべて悪とし妖とみるのであり、自国に益するもの利する事柄は、これすべて正とし善とするのであります。

米国然《しか》り、中国ソ連また然りです。ですから、米ソ、米中、中ソの各国のやりとりをみていますと、お互いのいい分が全く正反対なのでありまして、他の国からみれば、どちらが正でどちらが妖かは、全く見当がつきません。そこで他の国はまた、自国に都合のよい国の方の意見を正として認めてゆくわけなので、神のみ心からみて、どちらが正しいのか妖なのか、また、どちらも正しくなく妖なのか、さてどういうことになるのでしょう。

人間は、自己の立場に把われ、自己の利害を離れきれぬ心の状態のままでは、決して永遠につながる、神のみ心と真直ぐにつながる行為ができないのです。そういう想念から生れ出ている正邪感、善悪感というものは、やはり、その人やその国の立場からみた正邪感、善悪感を超えるわけにはゆかないので、真理というわけにはゆかないのです。

真理をそのまま、この世の行為に現わしてゆくにはどうしたらよいか、次の節の、民の迷えること、その日固《まこと》に已《すで》に久し、なのであります。

**民の迷えること、其の固《まこと》に已《すで》に久し。是を以《もっ》て聖人は、方《ほう》にして割《かつ》せず、廉《れん》にして劌《けい》せず、直《ちょく》にして肆《し》せず、光ありて耀《かがや》かさず。**

それでは聖人は一体どのような生き方をしているか、というと、方《ほう》にして割《かっ》せず、四角いものは四角、丸いものは丸い、というように、天地の理法に外れぬ生き方をしていながら、その生き方が、四角い角で他人を傷つけたり、人の立場を損わせたりすることはない。自己は正しい生き方をしながらも、正しくない生き方をしている人を、そこにいたたまれぬような立場に追いこんだり、恥ずかしくて顔も上げられないような想いにさせるようなことはしない。それでいて、いつしかそうした不正の人々を正しい生き方に導き入れてしまう、というのであります。

廉《れん》にして劌《けい》せず、直にして肆《し》せず、というのも、方にして割せず、ということと同じような生き方で、廉はいさぎよい、欲がない、正しい、という意味で、かどとか、すみ、とかいう意味でもあります。そこでこの意味は、すべての欲が無くて、正しく、いさぎよい生き方なので、角があって、人々を劌す、劌すというのは、やぶる、そこなう、ということですから、その角のあるところで、人々を傷つけはしないかというと、そうはしない、というのです。

直にして肆せずとは、真直ぐで天につながっている生き方をしているのだから、自己のほしいままに、自由に伸び伸びとしていながら、その自由さが、無軌道な、だらしのないひろがりかたはしていない。人の分野を乱すようなだらしなさが無い、というのであります。

光ありて耀かさず、というのは、自己は天に住している心境なのですから、光明燦然と耀く程のひびきを放っているのですけれど、その光を人々に判るような耀かせ方はしないで、自然に人々の心に沁みこむような生き方をしている、というのです。

この世の中には、光を放つ程の心境でもないのに、如何にも光明燦然というような顔をして、人々に道を説いている人もありますが、老子などは全くこの反対を説いているのであります。

例えどのような真理の道でも、あまり高過ぎて、人々には手もとどきそうもないように説いたのでは、人々はその教えについてゆきようもありません。ですから、誰にでもすぐ手がとどいて、すぐに行えるような道にして、説かねばなりません。高い道を一度低い道にして説くということは、道に把われていてはとてもできるものではありません。自己の住んでいる高い立場を下まで降りてきて道を説くことができぬようでは、とても、光ありて耀かさず、というようなことにはゆきません。

国民を迷から目醒めさせる為には、光ありて耀かさず、というような人々がたくさん出て、大衆の中で生活していてくれれば、いつの間にか多くの人々が、真理の道を踏み出すようになるのです。

私はその道を世界平和の祈りの道として、宣布しているわけなのです。誰も彼もやさしく入れる大衆的な道でありながら、入ってみると光明燦然とした道であったというのが世界平和の祈りの道なのであります。

道は一度に遠くにはゆけぬもので、道は近くにあって、しかも永遠にまでつながっているものなのです。最も身近かにある道は、家庭調和の道でありながら、それはそのまま世界平和の道でもあるのです。

世界平和の祈りの道は、自己の偉さを喧伝する道ではありません。各自各自が、自己の想念を、世界人類が平和でありますように、という人類愛の祈り言の中に、静かに穏やかに入っている、という道であります。

世界平和の祈りの道は、神のみ心と人の愛とをつないでいる道です。世界人類が平和でありますように、という祈り心が出ている時その人は、どのような凡愚の人であっても、光明に耀いているのです。

世界平和の祈りの道から、どれだけの人が、老子に賞《め》でられるような聖なる人となってゆくであろうかと、私は心ひそかに楽しみにしているのであります。人に目立つことをするのが人の誉ではない。目立たずひそかにいても、その人の心に世界平和の祈りが常に絶えることなく湧き出でているような人こそ、世の誉なのであります。

## 第三十二講　人を治め天に事《つか》うるは嗇《しょく》にしくはなし……

道徳経第五十九章

治メレ人ヲ事フルハレ天ニ、莫シレ若クハレ嗇ニ。夫レ惟嗇ナリ。是ヲ以テ早ク復ス。早ク復ス、謂フ二之ヲ重ネテ積ムトレ徳ヲ。重ネテ積メバレ徳ヲ、則チ無シレ不ルコトレ克クセ。無ケレバレ不ルコトレ克クセ、則チ莫シレ知ルコト二其ノ極ヲ一。莫ケレバレ知ルコト二其ノ極ヲ一、可シ二以テ有ツ一レ国ヲ。有リレ国ヲ之母ハ、可シ二以テ長久ナル一。是ヲ謂フ二深根固柢ト一。長生久視ノ之道ナリ。

**〔読み方〕**

人を治《おさ》め天に事《つか》うるは、嗇《しょく》に若《し》くは莫《な》し。夫《そ》れ惟《ただ》嗇なり。是《ここ》を以《もっ》て早く復す。早く復す、之《これ》を重ねて徳を積むと謂《い》う。重ねて徳を積めば、則《すなわ》ち克《よ》くせざること無し。克くせざること無ければ、則ち其の極を知ること莫し。其の極を知ること莫ければ、以て国を有《たも》つ可《べ》し。国を有つの母は、以て長久なる可し。是《これ》を深根固柢《しんこんこてい》と謂う。長生久視《ちょうせいきゅうし》の道なり。

**人を治め天に事《つか》うるは、嗇《しょく》に若《し》くは莫《な》し。夫《そ》れ惟嗇《ただしょく》なり。是を以て早く復《ふく》す。**

人を治め、とは政治をするということですから、政治をするにも、天に事《つか》える、即ち、天命を完《まっと》うするにも、嗇《しょく》が一番である。それはもう唯嗇だけといっている程だ。というのですが、この嗇というのは、俗にいうりんしょく、けち、ということとは勿論違うのです。みだりに消費しない、ひかえ目にする、ということでありまして、役所で人を使うにしても、無闇やたらに仕事をいいつけたり、無理なことをさせたりするような、荒づかいはしないし、税金などでもやたら重税をかけたり無理無体に取り上げたりはしない。役所の設備でもすべて質素にして、無駄な消費をさせないようにするし、対外的な政治関係でも、自国を誇大にみせかけたり、飾り立ててみせたりするような派手なことはしないで、万事ひかえ目にして政治を執ってゆく、というようにする。また個人としての天命を完うする道も同じであって、自我欲望を満足させるために、立身出世主義になって、小智才覚をしぼり、東奔西走したり、上役の機嫌を取るための種々の苦労をしたりして、生命エネルギーを浪費させたり、様々の遊びにふけって天与の力を無駄遣いしたりしないで、そういう外界の浮き沈みや、遊戯に溺れる想念を控え目控え目にして、ただ天命の完うされることと祈っている。

私流にいえば、消えてゆく姿で世界平和の祈りをしていれば、国家としては、神のみ心に叶った立派な国家の姿を現わすことが早くなるし、個人としては、天命を完うして正覚を得ることが早くなるのである、というのであります。

**早く復す、之を重ねて徳を積むと謂う。重ねて徳を積めば、則《すなわ》ち克《よ》くせざること無し。克くせざること無ければ、則《すなわ》ち其の極《きょく》を知ること莫《な》し。**

そのように嗇の生き方をしていると、無駄な精力、エネルギーを使わないので、天命完うの為の必要な道にエネルギーがそそぎこまれる。そうすると、天命が降ってくる生命の根源の世界、つまり宇宙神のみ心は光明燦然とした力の源なのですから、その天命に叶った生き方にだけ生命エネルギーを使っているということは、生命エネルギーを浪費しないばかりではなく、かえって根源の世界からの光明を吸収して、重ねて徳を積む、という結果になってくる。このように徳の消えないうちに重ねて徳を積んでゆけば、その徳即ち人格智慧能力は、ますます磨かれていって、何事も為し得ないことのない程になってくる、そういう人格になってくると、その人の極限の力は計り知れなくなって、誰にも、その人の智慧能力の限界が判らなくなってくる、というのです。

**其の極を知ること莫《な》ければ、以て国を有《たも》つ可《べ》し。国を有《たも》つの母は、以て長久なる可し。是を深根《しんこん》固柢《こてい》と謂う。長生久視《ちょうせいきゅうし》の道なり。**

個人でいえば、その人の智慧能力の限界がどこまで深いのか計り知れないようなら、どのような相手でも立向かうことはできないと同様に、国家のことも、その力の極限がどれ程のものであるか他国に判らないようならば、他国から侵かされるようなことは絶対にないし、国民もそういう政府の力を信用して国内も自《おの》ずと治まってゆくので、国家は安泰である。従って国家も保ってゆく道は、長久である。こういう生き方を、深根《しんこん》固柢《こてい》というのだ、というのです。この深根固柢とは、横に広がる根と、柢つまりたてに入る根との二つの根が深く固って樹木を倒れることなく栄えさせる、という意味で、縦横に働く神のみ心を完全に十字に交叉させ調和させている人や国家は永遠に安泰である、というのであります。

そしてこの道は、長生久視の道である、というのです。長生久視とは、一口にいえば、長く世に生存し、いつまでも見ている、ということで、久視とは、長時間まばたきもせず物をみている、ということです。

しかし、老子の言葉はそうした表面的な意味ではなく、久遠の大生命の奥の奥までみつづけられる道を長生久視の道といっているのです。

老子は道を説くのに、肉体人間智だけで判るだけの言葉で道を説いているのではなく、人間の本質である霊性をもって観じ取らねば、その深さの判らぬような、言葉のひびきで道を説いているのですから、肉体智だけで文字を読んでいますと、この世だけの浅い解釈よりできません。その点をよく考えて、心を澄ませて原文を読まなければなりません。

ちなみに、老子の老というのは、奥深い体験からくる、智慧能力の秀れた人格高潔な人に対する尊称でありまして、中国の紅卍字《こうまんじ》などでは、宇宙神の人類救済の中心として現われた神に対して、老祖と呼んでいるのであります。禅宗の和尚は年齢に関係なく老師と呼ばれているのでも、この老の意味がよく判ります。

ですから、何等人格を磨くことなく老いていった人などは、真実の意味では老人ということはできないのですから、齢《よわい》を重ねるにつれて深い生命観をもつように心掛け、人格高潔な人にならなければなりません。

老子の説く、嗇《しょく》の教えなどは、実によくこの原理を説いているのでありまして、生命エネルギーを無駄遣いせず、浪費せぬように常に心掛けて、人類の進化の為に使うべきである、というのであります。

生命エネルギーは、個人の進化、国家人類の進化の為にこそ使うべきであって、個人の享楽や、国家の権力欲の為に無駄遣いすべきではないのです。

生命エネルギーこそ、宇宙神から分け与えられている最高至高のものでありまして、すべての智慧能力は、この生命エネルギーから生れてくるのです。私たちはこの生命エネルギーの最小の単位を宇宙子と呼んでいるのであります。

ですから人間は、常にこの宇宙子の新陳代謝を計っていなければ、老廃した宇宙子が一杯になって、生命エネルギーが、宇宙心から流れてくるのを妨げてしまいます。そう致しますと、それが精神宇宙子であれば、精神状態が悪化して、想念波動が光明を減じてゆき、人格が低下してしまったり、精神的病気になったりしますし、物質的宇宙子であれば、肉体的な病気になります。

そこで人間は、常に生命エネルギーの根源である神に想念をむけている、いわゆる祈りが必要である、というのです。神とか祈りとかいわなくとも、生命エネルギーを常に人類社会の為、自己の人格や肉体の練磨の為に使っていればよいのであります。

この原理を老子はよく知っておりますので、人を治め天に事《つか》うるは、嗇《しょく》に若くは莫《な》し、といって、生命エネルギーを無駄遣いせぬ、有用に使うということが、何んにも増して、大事であると説いているのであります。

是を以て早く復す、というのでも、疲れがすぐ恢復するなどという浅い意味ではなく、大生命、宇宙神のみ心に早く還えれる、早く神我一体になれる、といっているのです。

老子のこの言葉にこの世の人々は、真剣に耳を傾けなければいけません。金品を損じ、地位を捨てたとしても、それは再びこの世において得る機会はあります。しかし、生命を損じ、生命エネルギーを浪費した場合には、その浪費した分の恢復には、この世だけでは到底でき得ません。この世とあの世とを通しての大変な苦労の末でなければ恢復し得ないのです。

この世において、不幸災難にさいなまれている人の多いことは、多くの人々が生命エネルギーを、道の為に有意義につかったのではなく、物質欲、権力欲、性欲等々の業想念波動の渦に巻きこまれて、生命エネルギーを浪費していたからに他ならないのです。金品の浪費はまだよいのですが、それには必ず生命エネルギーの無駄遣いがあるのです。この無駄遣いが、仏教でいう、輪廻転生《りんねてんしょう》の原因になるのです。

この輪廻の波動界を超越することを、復すといい、復源ともいうのです。ですから生命エネルギーの浪費をせぬことが第一なわけです。生命を生かせとか、生き生きと生きる、ということは、生命本来の生き方をせよ、ということで、無駄に生命エネルギーを費いやさぬことをいうのです。

時折り私がいうことですが、生きているということは、只この世に肉体的に生存していることではありません。肉体的に生存している期間がいくら長いとしても、それだけで生命が長生きしたということにはなりません。生命は生命の法則に乗って、生き生きと生きていた時だけが、真実に生命が生きている時間でありまして、その他は死の時間ということができます。

生命の法則というのは、大宇宙すべてに関連している法則でありまして、老子はこれを道といっております。この道に乗ることが、生命を生かすことになるのであり、大宇宙神の意志に沿うことなのであります。

生命の法則に乗りきりますと、神我と個我とが全く何んの妨げもなく一つになりきっている状態になりますので、自分の外に神をみるという感じではなく、神は我がうちにお座《わ》す。我れ神と倶《とも》なり。我れは神なり。ということが実観として思われるのです。思われるなどというよりもっと一つになってしまうのであります。

それでは生命の法則に乗りきるためにはどうしたらよいかということになります。それには先ず、本心を汚すあらゆる想念行為を無くしてしまわねばなりません。

そういう業想念を無くす為には、そうした業想念がいつまでたっても、人間にはつきまとうものであるというような考えを捨てねばなりません。人間は業《ごう》の固りだとか、人間はどうせ欲望を無くすことはできないのだ、とかいうように、悪業想念を肯定してしまってはいけません。それでは本心が表面に顔を出すわけにはゆかなくなります。

本心を表面に出す為には、どうしても業想念を消えてゆく姿として、固定したものでないと、はっきり想い定めないといけません。すべての悪も不幸も、欲望想念も、すべては現われたら消えてしまうのだ、という考えになって、その消えてゆく先を、世界平和の祈りのような、大生命の目的であり、人類すべての大目的である祈り言の中に入れきってしまうのです。それを消えてゆく姿で世界平和の祈りと私はいっているのであります。そこではじめて、老子のいう生命エネルギーを浪費せぬ生き方が容易にできてくるのであります。

## 第三十三講　大国は下流なり……

道徳経第六十一章

大国者《ハ》下流《ナリ》。天下之交《ナリ》。天下之牝《ナリ》。牝《ハ》常《ニ》以《テ》レ静《カナルヲ》勝《チ》レ牡《ニ》、以《テ》レ静《カナルヲ》為《ス》レ下《ルコトヲ》。故《ニ》大国《ハ》以《テ》下《レバ》二小国《ニ》一、則《チ》取《ル》二小国《ヲ》一。小国《ハ》以《テ》下《レバ》二大国《ニ》一、則《チ》取《ラル》二大国《ニ》一。故《ニ》或《ハ》下《リテ》以《テ》取《リ》、或《ハ》下《リテ》而《シテ》取《ラル》。大国《ハ》不レ過《ギ》レ欲《スルニ》三兼《ネ》二畜《ハント》人《ヲ》一。小国《ハ》不レ過《ギ》レ欲《スルニ》二入《リテ》事《エント》一レ人《ニ》。夫《レ》両者《ハ》各得《テ》二其《ノ》所《ヲ》レ欲《スル》一。故《ニ》大《ナル》者《ハ》宜《シク》レ為《ス》レ下《ルコトヲ》《ベシ》。

〔読み方〕

大国《たいこく》は下流《かりゅう》なり。天下の交《こう》なり。天下の牝《ひん》なり。牝は常に静かなるを以《もっ》て牡《ぼ》に勝ち、静かなるを以て下ることを為す。故に大国は以て小国に下れば、則《すなわ》ち小国を取る。小国は以て大国に下れば、則ち大国に取らる。故に或は下りて以て取り、或は下りて而《しこう》して取らる。大国は人を兼《か》ね畜《やしな》わんと欲するに過ぎず。小国は入りて人に事《つか》えんと欲するに過ぎず。夫《そ》れ両者は、各《おのおの》其の欲する所を得《う》。故に大なる者は宜しく下ることを為すべし。

**大国は下流なり。天下の交《こう》なり。天下の牝《ひん》なり。牝は常に静かなるを以《もっ》て牡《ぼ》に勝ち、静かなるを以て下ることを為《な》す。**

大国は下流なり、天下の交なりというのは、大国というものは、川に譬えれば下流のようなものであるというのです。何故下流かといいますと、大国には下流のように、流れに乗ったあらゆるものが流れ寄ってくる、すべての流れが集ってくる、天下の交わりは大国において行われる、というのであります。

そして、大国の本来の在り方は、恰《あた》かも牝《ひん》つまり女性のように、常に静かで、受け入れ態勢を備《ととの》えている。しかもこの女性は天下の女性なのであって、天下のあらゆるものを受け入れて、その受け入れた物事を育ぐくみ、また新しくよりよいものとして生みなしてゆくのである。そこで牡《ぼ》即ち男性のように能動的に働きかけてくるあらゆる国々も、この大いなる静けさに勝つことはできない。この大いなる静けさを持つことによって、すべてを受け入れ、すべてと交流し得る立場になり得ているのであり、下手に出れば出る程、相手国が尊敬することになるのである、というのであります。老子のこの言葉は、老子のおられた昔の中国各国に対していっているのでありますが、これは真理の言葉でありまして、今日の世界にもそのまま当てはまるのです。しかし今日の世界の大国である米国やソ連が果してこの言葉の通りのものでありましょうか。残念ながら老子の心を離ること甚だし、といえる今日の大国の姿であります。

米国にしてもソ連にしても、常に自国の強大なる力を誇示することに懸命で、その力を根本にして、小国に対し、自国の意図するところを押しつけよう押しつけようとしているのであって、小国自体の真の幸せの為の協力ということは陰にひそんでしまっているのです。

ですからいくら大金を使い、如何にも力を貸してやっているように見えましても、小国側は少しの感謝の色もみせず、かえって反抗思想を強めたりしているのであります。

米国の南ベトナムに対する在り方など、そのもっともなる失敗の現われでありまして、金力人力をつぎこんでいながら、遂いには自分たちで押し上げた同国の首脳者からも、手出しを拒否されるような事態に立ち至っているのです。

ソ連の東独政策にしても、西ドイツにくらべて非常に悪政なので、東欧の住民は生命をかけて西独に逃げていく者が多かったようです。米ソいずれも、自国の利益に能動的であって、小国の心を受け入れるという寛容なる心、老子のいう、天下の牝《ひん》となる心が無いからなのであります。もし米ソに天下の牝なる心があり、母親のように小国を慈《いつく》しむ心があれば、天下は自《おのず》ら安泰となるのですが、現実は全くこの反対なのでありますから、この世は末法の世であり、地球の運命全く危うし、ということになるのであります。

**故に大国は以て小国に下れば、則《すなわ》ち小国を取る。小国は以て大国に下れば、則ち大国に取らる。故に或は下りて以て取り、或は下りて而して取らる。大国は人を兼ね畜《やしな》わんと欲《ほっ》するに過ぎず。小国は入りて人に事《つか》えんと欲するに過ぎず。夫《そ》れ両者は、各《おのおの》其の欲する所を得《う》。故に大なる者は宜《よろ》しく下ることを為すべし。**

大国が小国の心を入れて、小国の為に寛容につくしてやれば、小国は自然とその大国の下について、大国の手足のようになってゆくのだし、小国は大国に従っていれば、自国の天分が完うされてゆくのだから、大国は下って、小国を自由にすることができ、小国はやはり下って、大国の援助を受けることができる。

大国は自国の力が余っているのだから、他国の為にその力を貸してやって、他国の尽力をしたいのだし、小国は大国の下について、大国の援助の下に、自国の安泰が得たいのだから、両者がその欲っするようになるためには、先ず大国は下になるべきなのである、と老子はいうのです。これは国ばかりのことではなく、個人個人の人間についても同じことでありまして、大人物はどうしても他人や社会国家の為になるようにできているし、小さい人物は、大人物の下で働きたいものなのです。

大体大人物なる者は、自分は大人物なのだというような格好は致しませんで、平常は礼儀も正しいでしょうし、いちいち人の頭を抑えつけて上に出ようなどとは致しませんし、謙虚でもあり柔和でもあり、平凡そのもののように見えるかも知れませんが、時至るとその大いなる能力が表面にはっきりと出て参るものなのです。俺は偉いのだ、大人物なのだと、自己をしきりに吹聴《ふいちょう》するような人間に大人物はいたためしがありません。

来客があれば、何んでもその来客の話を聞いてやっていて、自分の話を聞かせることを先にするようなことがなく、それでいてその人の一言一句は相手の心の糧になる、というような人は、やはり人物というのでしょう。

私のところにも種々な人が参りますが、私に会うなり、先生のところにはどんな有名な人が来ておりますか、私は常にこれこれしかじかの人たちと会っております。私は何々何をしております、こういう運動もやっております、とやたらに自己吹聴をする人がいました。

その人の会った人というのは、名だたる有名人ばかりなのです。それもいかにも親しそうに何々君などと呼んだりしているのです。私はその人の心根が哀れでもあり、おかしくもありましたが、その人のその心境では何を言ってもかえってこちらを悪く思うだけのことで効果は無いと思ったので、私のところには貧乏な人や病気や不幸で困った人ばかりきていまして、有名人などは誰も参りませんし、おつき合いもしておりませんよ、といっておきましたら、その人は、さもがっかりしたように、ああそうですかといって、私の話など聞く気もないように早々に帰えってしまいました。

こういう人は先ず今生では、とても真実の道に入り得ない人だと思います。相手がどんな人物にせよ、自分の方から尋ねていった場合は、その人に何等かの用があるにきまっております。それなのに、相手の話は一切きかずに、自己吹聴だけして帰えるような人は、人間の一番低い常識さえわきまえていないのですから、今生ではとても見込みがないと思うのです。謙虚さのまるでない人には、真実の心の進歩はありません。進歩があったとしたら、それは枝葉末節的な技巧的なものだけでしかありません。

老子はこういう人を一番駄目な人と思っていたようで、常に謙虚さと、技巧的でない生き方を説いているのです。

老子は水を例にとるのが好きなようです。この章でも川を例にとっていますが、全く、川の流れのように、人間も自然な生き方をしなければなりません。上流の水は必ず下流に流れ寄ることは自然の理であります。常に上流にいようといくら心掛けても、その人が上流にいる期間はいくらでもありません。忽ち下流にと流れていってしまいます。

そこで老子は、上流にいるを宜《よ》しとはしないで、下流にいるを宜しとしているのです。下流は大海につながっています。大海である宇宙のみ心につながっているのが下流の姿です。

常に下にいて、如何なる上流の重みにも耐え、どのような汚れにも耐えてゆく力を養うことこそ、人間の最も偉大なる生き方なのであります。

大海即ち宇宙神のみ心の間近かにある下流に例えられる人物こそ、それが大海に近ければ近い程、上流の重みを全面的に耐えねばならぬのであり、上流からのチリあくたを身心に受けねばならないのです。それを受け得られぬような人物は大人物とはいえないし、大国ということもできないのです。

現在でも、大人物と目《もく》される人物は存在すると思います。しかし、真の大国と目される国が一体存在するでありましょうか。米国もソ連も中共も英仏も、老子流に当てはめたら、大国というには到底無理なことです。

さて日本はどんなことになるでしょう。現在では形の上でも力の上でも、そして心の上でも大国というに未《いま》だしも未だしです。小国意識も無く、大国意識も定かならぬ日本の現状を、このままにしておいてよいものでしょうか。小国になるならなり切る、大国になるならなるべき方向に勇気を振って向ってゆく、そのどちらかにしなければ、日本はあらゆる国々の信用を無くしてしまいます。今回（第二十回）の国連総会における椎名外相の演説など、現在の日本の中途半端な気持をはっきり現わしています。

国の政治政策がこんな中途半端なものであることは、国民の気持が中途半端である現われの反映なのです。中途半端と中庸の道とは似たような言葉ですが、全く違います。

日本の国民はこの中途半端な気持を捨て切る運動を起こさなければいけません。老子のいう下流に下って、世界の汚れを一身にひっかぶって、そして世界を育て直さなければいけません。

真理の言葉はいいかたこそ違え、不変なものです。十字架を背負って我れに従え、といったイエスの言葉も、下りて以て取り、という言葉も、その根本の心においては等しいものなのです。

私たちは、上流にばかり自己を置いて、易《やす》きを取りて自己を失うより、下流に起って本心を開発することの方が大事なのであります。自己の本心を現わす為にも、日本の本体を顕現するためにも、国民の一人一人が、易きを盗んで憂いあり、というような詩人の言葉のようにならぬよう、下流に起って生きぬける力を養ってゆかねばなりません。

真理の十字架は現在はっきりと世界平和の祈りによって示されております。米ソに事《つか》えて小国たらんとするか、徹底すればそれもよし、人を兼《か》ね畜《やしな》わんとする大国となるか、日本の行く道は二つに一つしかないのであります。人を兼ね畜わんとする国が、自分たちのその日その日の安泰だけを思う、上流に起った気分でよいわけがありません。世界平和の祈りは宇宙神の大海に最も近きにおいて結ばれている下流の祈りです。私共が世界平和の祈りをする時、大海の大光明は私共を通して全流域に流れ入るのです。私たちは個人の運命をすべてこの祈りに投げ入れて、世界人類の本心を開顕する天命をもっているのです。自己の、日本のそして世界の天命を完うさせる為の世界平和の祈りを、静かなるを以て牡《ほ》に勝ち、という老子の言葉のように老子と共に祈りつづけて下さい。

それが唯一無二の世界平和達成への道なのであります。

# 第三十四講　無為をなし無事を事とし……

道徳経第六十三章
〃　第六十四章

為《シ》㆓無為《ヲ》㆒、事《トシ》㆓無事《ヲ》㆒、味《ウ》㆓無味《ヲ》㆒。大《トシ》㆑小《ヲ》多《シトス》㆑少《ナキヲ》。報《イルニ》㆑怨《ニ》以《テス》㆑徳《ヲ》。図《リ》㆓難《キヲ》於其《ノ》易《キニ》㆒、為《ス》㆓大《ヲ》於其《ノ》細《ニ》㆒。天下《ノ》難事《ハ》、必《ズ》作《リ》㆓於易《ニ》㆒、天下《ノ》大事《ハ》、必《ズ》作《ル》㆓於細《ニ》㆒。是《ヲ》以《テ》聖人《ハ》終《ニ》不㆑為《サ》㆑大《ヲ》。故《ニ》能《ク》成《ス》㆓其《ノ》大《ヲ》㆒。夫《レ》軽諾《ハ》必《ズ》寡《ク》㆑信、多易《ハ》必《ズ》多《シ》㆑難。是《ヲ》以《テ》聖人《スラ》猶《オ》《ス》㆑難《シト》㆑之《ヲ》。故《ニ》終《ニ》無《シ》㆑難《キコト》。其《ノ》安《キハ》易《ク》㆑持《シ》、其《ノ》未《ダ》《ルハ》㆑兆《サ》易《ク》㆑謀《リ》、其《ノ》脆《キハ》易《ク》㆑破《リ》、其《ノ》微《ナルハ》易《シ》㆑散《ジ》。為《シ》㆓之《ヲ》於未《ダ》《ルニ》㆒㆑有《ラ》、治《ム》㆓之《ヲ》於未《ダ》《ルニ》㆒㆑乱《シ》、合抱《ノ》之木《モ》生《ジ》㆓於毫末《ヨリ》㆒、九層之台《モ》起《リ》㆓於累土《ヨリ》㆒、千里《ノ》之行《モ》始《マル》㆓於足下《ヨリ》㆒。為《ス》者《ハ》敗《リ》㆑之《ヲ》、執《ル》者《ハ》失《ウ》㆑之《ヲ》。聖人《ハ》無《シ》㆑為《スコト》。故《ニ》無《シ》㆑敗《ルルコト》。無《シ》㆑執《ルコト》。故《ニ》無《シ》㆑失《ウコト》。民《ノ》之従《ウ》㆑事《ニ》、常《ニ》於《テ》㆓幾《ド》成《ラントスルニ》㆒而敗《ル》㆑之《ヲ》。慎《ムコト》㆑終《ヲ》如《クナレバ》㆑始《ノ》、則《チ》無《シ》㆓敗《ルル》事㆒、是《ヲ》以《テ》聖人《ハ》欲《ス》㆑不《ルヲ》㆑欲《セ》。不㆑貴《バ》㆓難《キ》㆑得之貨《ヲ》㆒、学《ビ》㆑不《ルヲ》㆑学《バ》、復《ス》㆓衆人之所《ニ》㆒㆑過《グル》。以《テ》輔《ケテ》㆓万物《ノ》之自然《ヲ》㆒、而不㆓敢《テ》為《サ》㆒。

〔読み方〕

無為を為し、無事を事とし、無味を味う。小を大とし、少なきを多しとす。怨《うらみ》に報《むく》ゆるに徳を以てす。難《かたき》を其の易《やすき》に図《はか》り、大を其の細《さい》に為す。天下の難事は、必ず易《い》に作《おこ》り、天下の大事は必ず細に作る。是を以て聖人は終《つい》に大を為さず。故に能《よ》く其の大を成す。夫《そ》れ軽諾《けいだく》は必ず信寡《しんすくな》く、多易《たい》は必ず難多し。是を以て聖人すら猶《なお》之を難《かた》しとす。故に終に難きこと無し。

其の安きは持し易く、其の未《いま》だ兆《きざ》さざるは謀り易く、其の脆きは破り易く、其の微なるは散じ易し。之を未だ有らざるに為し、之を未だ乱れざるに治む、合抱《ごうほう》の木も毫末《ごうまつ》より生じ、九層《きゅうそう》の台《うてな》も累土《るいど》より起り、千里の行《こう》も足下《そっか》より始まる。

為す者は之を敗《やぶ》り、執る者は之を失う。聖人は為すことなし。故に敗るることなし。執ることなし。故に失うことなし。民の事に従う、常に幾《ほとん》ど成らんとするに於いて、而《しこう》して之を敗る。終《おわり》を慎むこと始《はじめ》の如くなれば、則ち敗るる事無し。是を以て聖人は欲せざるを欲す。得難きの貨《たから》を貴ばず。学ばざるを学び、衆人の過ぐる所に復す。以て万物の自然を輔《たす》けて而《しこう》して敢て為さず。

註……（老子の書の原本によっては、第六十三章と六十四章の各節が入り交じっているので、六十三章と六十四章とを一つの章として解説することにした。各節が前後していたとしても、老子の説いている根本には一向差し支えがないからである。）

**無為を為し、無事を事とし、無味を味う。小を大とし、少なきを多しとす。怨《うらみ》に報《むく》ゆるに徳を以てす。難を其の易《い》に図《はか》り、大を其の細に為す。天下の諸事は、必ず易に作《おこ》り、天下の大事は必ず細《さい》に作《おこ》る。**

この章は無為の生き方が聖人の根本的な生き方であることを説いているのです。

無為を為し、という最初の一言によって、後の言葉のすべては解決されるわけなのですが、無為を為しだけでは、普通の人には判りかねますので、老子は種々と言葉をついやしているのであります。

今までの各章にもありますように、老子の教えの根本は無為であり、それによって現われ出ずる道をそれぞれ説き明かしているわけなのでありまして、この無為ということが心でも体でもはっきり判ってまいりますれば、他の如何なる生き方も自然に行じられてくるのであります。

そこで、無為を為しという言葉の意味を説き明かしてゆきたいと思います。無為とは一言にして申しますと、為《ため》にしない、ということなのです。何をしよう、かにをしよう、というように、肉体人間の頭脳でとやかく想いめぐらさないことが無為なのです。そう致しますと、無為を為すとは一体どんなことをするのかという疑問が当然起ってまいります。

頭脳で考えないで一体何ができるのであろう、普通の人はこう考えるのが当り前であります。ここが凡夫と聖者との違いであり、道に乗った人と外《はず》れている人との相違なのであります。

凡夫は当然のように、この肉体をもった人間を唯一無二の人間と想っています。しかし聖人は、人間とは生命そのものであって、肉体は一つの生命の道具であり、生命の現われる一つの場所であることを知っております。それは頭で知っているのではなく、事実として承知しているのです。

そして自己という一つの生命の流れは、奥深いところから、浅い狭いところまで、無限の段階において働きつづけているのであることも知っているのであります。

ですから、浅い狭い肉体頭脳という場所だけを経巡っているような想念や知識をいくら振り廻していても、大宇宙の法則に乗り切ることはできない、大宇宙の法則に乗って生きてゆかなければ、この狭い肉体世界での生き方さえ正しく行じてはゆけない、と自らの体験で昔からの聖者たちは知っていたのです。

そこで、老子は無為と説き、釈尊は空《くう》と説き、イエスは神のみ心のごとく、といって全託を説いていたのであります。無為を為し、空になり、全託の境地になりますと、肉体頭脳と奥深い大宇宙の根源の心、つまり宇宙神のみ心とが一つにすっきりとつながりまして、宇宙神の智慧や能力が、そのまま肉体頭脳の智慧能力となってまいりまして、超越的な力を発揮してくるのです。

聖人とか達人とかいう人たちは、皆こうした超越能力をもっていたのであります。それ程にならなくとも、人間が真剣に物事にぶつかった時には、瞬間的に想念が統一して、日頃は出もしない力がでてきたり、超越した能力がでたりしてくるのです。これも無為や空の境地に瞬間だけでもなったことになります。

地球人間がいつまでも宇宙の法則に乗らずにいたら、いつかは滅び去ってしまいます。ですから、出来るも出来ぬもない、絶対に宇宙法則に乗らねばならぬ時がくるのです。その為に古来から各聖者が肉体頭脳の小智才覚に溺れずに、奥深い神のみ心に波長を合わせろと説きつづけていたのであります。

老子はそうした無為の生き方を細かく説いております。無事を事とし、無味を味わう、という言葉などは、うっかりすると、実に平凡な消極的な言葉のように聞えてしまいますが、この世の中が平和で無事であること程有難いものはないのです。自己の働きをみせたい人々は、無事平穏であってはつまらない、天下に何事か起ってくれた方が、自分の力を発揮できるし、人に立てられる身分にもなれる、というので、世の中をかきまわしたくて仕方がないのです。国家などでもそうで、世界に何事かが起りつづけていないと、自国の経済政策が成り立たない、というような経済組織になっている国々が意外と思う程多いのであります。そうした国々が中心になって、いくら平和を叫んでいたところで、どうにも平和の道が開きようがありません。皆さんも眼をみひらいて、世界の国々の政治状態をごらんになって下さい。老子のいう、無事を事とし、無味を味わう、ことの如何に大事であるか、という真実の深い意味がはっきり判ってくると思います。

小を大とし、少なきを多しとす、というところでも、すべては根本が大事であり、はじまりが大切なのである、という根本原理を大切にすることを教えているのであります。この章中一番有名な言葉は、怨《うらみ》に報《むく》ゆるに徳を以てす、という言葉であります。この言葉はキリストの汝の敵を愛せよ、という言葉と全く等しい真理の言葉でありまして、この言葉だけを何べんでもくりかえして唱えていれば、業想念の消滅にどれだけ役立つか計り知れません。

今日、一体何処の国が怨に報ゆるに徳を以てしているでありましょうか。徳を以てしているように見える国が、その心の中では常にその徳を自国の利益にふりかえようとしているのが眼に見えるようです。個人でも全く同じことで、怨に報ゆるに徳を以てすることができぬまでも、怨みも怨まれる姿も、みんな過去世の因縁の消えてゆく姿だ、ぐらいには是非思ってもらいたいものでありま す。

こうした真理を行じた人の話などを時折り聴聞致しますと、涙がでる程感激致します。真理は光であり、神のみ心そのものだからなのです。

難を其の易に図り、以下の節は、すべて、どのような大事でも難事でも、そのはじめは、易々たる出来事や些細なことによって起ってくるのであるから、そのはじめの、易々たること些細なことを重大視して、おろそかにしてはいけない、また大事を為すには、小さな細かなことが大事なのであるから、その小さなこと細かなことに充分心を入れてやらねばならないというのであります。

**是を以て聖人は終《つい》に大を為《な》さず。故に能《よ》く其の大を成す。夫《そ》れ軽諾《けいだく》は必ず信寡《しんすくな》く、多易《たい》は必ず難多し。是を以て聖人すら猶《なお》之を難《かた》しとす。故に終に難きこと無し。**

であるから、聖人は大事を為そうというような気持で物事を運ばない。一瞬一瞬の動きそのものが無為の動きなので、どんな小さな動きでも宇宙法則にのっとっている。

宇宙法則に乗っている動きというものは、小はそのまま大につらなっているので、何んでもない小さな事をしているようにみえながら、力んだり気張ったりせず、余裕充分の動きのようにみえながら、いつの間にか大を成している、というのであります。

世の中には軽諾《けいだく》つまり軽受け合いする人がかなりいますが、こういう人は相手に自分を善くみせたい、悪く思われたくない、という気持が働いているか、その事柄の真実をはっきり見極める深い心がないかなので、そういう人は人に信用されることがすくないし、大事を成すことはできない。それから何事もやすやすとできると思い勝ちな人は、物事がうまくゆかないで、難を受け易《やす》い、聖人のように智慧能力の人に秀れた人でも、軽受け合いをしたり、物事がやすやすとできるような返事はしないものである。

何故ならば、この世の中には、そう軽々と受け合えたり、やすやすとできるような事柄はそうあるものではないからなのである。その現われている事柄はたいしたことではなさそうにみえていても、それから発展してゆく未来の出来事がどれ程のものであるかは、凡人には計ることができないが、聖人にはそれを計ることができる。だから、どのような易しそうな事柄にでも軽諾はしないのである、そういう態度で生活しているから、聖人にはむずかしいということがないのである、というのであります。

気の良いといわれる人の中には、軽受け合いをして後で困っている人がよくあります。軽く受け合ったのはよいが、実はその掛け合い事が意外とむずかしいことであったりして後にも退けず、先きにも進めず、どうにもならなくなって依頼人から信用を落してしまうなどという馬鹿をみます。

また人によりますと、やたらと人を紹介したり、無闇と結婚の世話をしたり、それも無理進めのような工合にしたりする人もあります。結婚の世話をすることなど勿論悪いことではありませんが、それにはそれ相応の相性とか調査とかをしての話であって、直接何も知りもせずにやっている人がありえます。結婚など双方の運命を決定するような重大な事柄なのですから、深い智慧をもって世話をせねばならぬものです。人の良さがかえってその人のマイナスになってはたまりません。すべては深い慮《おもんばか》りをもってやらねばなりません。そうした深い思慮というのは何処から湧いてくるかと申しますと、守護の神霊のみ心から湧いてくるのであります。そこで私は日々刻々守護の神霊への感謝と、人々（世界人類）の平和とを祈りつづけながら生活してゆこうというのであります。

**其の安《やす》きは持《じ》し易《やす》く、其の未《いま》だ兆《きざ》さざるは謀《はか》り易く、其の脆《もろ》きは破り易く、其の微《び》なるは散じ易し。之を未だ有らざるに為し、之を未だ乱れざるに治《おさ》む、合抱《ごうほう》の木も毫末《ごうまつ》より生じ、九層の台も累土《るいど》より起り、千里の行も足下より始まる。**

国家の種々の難事も、その難事にならぬまだ安らかな時に、その処置や方策を取っていれば、難事にぶつかってからその対策を取るより、ずっと楽に国家の安泰を保ち得る。

そのように、国のことにおいても個人のことにおいても、大きな難儀になる兆しがみえてきた場合にいち早く、その措《そ》置《ち》を取るようにすれば、その措置はそう深く考えなくとも取りやすい。国家に対する禍《わざわい》とか反乱の兆しなどでも、その反乱の組織がまだ脆い時は破りやすいし、その微々たる時には散らしやすい。

このように難儀が大きくならないうちに、素早く措置してしまうことを、未だ乱れざるに治む、というのである。合抱の木、つまり両手で抱える程の大木でも、はじめは、わずかな萌芽（毫末）

から生じているのであるし、九階建の大建築も、その台は平らな土地の上に先ず置かれるのであり、千里の道を行くのも足下の一歩から始まるものである、というのであります。

こういわれますと、そういうことは誰にも判りきっていることで、今更いわれるまでもない、という人もあるでしょう。しかし老子のいうようなこういう生き方や政治がとれるのは、深い智慧と勇気と、先見の明がなければなかなかできるものではないのです。

現在の地球人類のどこの国々も、其の安きを持している国はありません。乱れざるに治めている反対に、乱れなくともよいのに乱している類の政治政策が多く行われているのであります。

南ベトナムの政治政策などは、正にその典型的なものといわねばなりません。国と国とのやりとりでも、争いの兆しがみえはじめた時に、直ちにその争いを静める手を打つべきで、その兆しがはっきり外面的に現われ出してからでは、それを治めるのが大変に困難になってきます。

どうして直ちにその措置が構じられないかといいますと、各国共に、自国の権益とか利益というものを少しでも多く得ようとして、その国の政治政策を行っている、或いは為政者たちが、自己の権力の座を長く保とうとして、国家や人類の永遠の平和につながる道を見出す心の眼を開いていない、自我欲望で真理の眼がくらんでしまっている、ということなどで、安全なうちにその措置を構じる深い智慧や、先見の明が湧いてこないのであります。

九層の台も、千里の行も、自分たちが一層ずつ積み上げてゆかねばならぬものであり、一歩一歩の自《みずか》らの歩みによってなされるものであるので、武力によって他国の積み上げたものを奪い取ったり、謀略をもって他国の領土を我がものとするような国々があってはならないのです。

**為《な》す者は之を敗《やぶ》り、執《と》る者は之を失《うしな》う。聖人は為すことなし。故に敗るることなし。執ることなし。故に失うことなし。民の事に従う、常に幾《ほとん》ど成らんとするに於て、而して之を敗る。終を慎《つつし》むこと始めの如くなれば、則ち敗るる事無し。是を以て聖人は欲せざるを欲す。得難きの貨《たから》を貴《とうと》ばず。学ばざるを学び、衆人の過ぐる所に復《ふく》す。以て万物の自然を輔《たす》けて而して敢《あえ》て為さず。**

自分の力で何事かを成し遂げようとする者は、力みがあったり、焦りがあったりして、自らその事柄を破ってしまう、またその仕事や事柄に執《とら》われの想いのある者は、その仕事や事柄を失ってしまう。

であるから、何事かをしようしようと力んでやってはいけないし、物事事柄に執着する想いがあってはいけないというのです。聖人というのは、何事も自己の肉体人間としての力で為そうと想うことはない。自然法爾《じねんほうに》に、宇宙法則の波に乗った、本心の座から為してゆくので、宇宙法則の動きと、自己の想念との間に、少しの隙間もずれもない。何事を為すにも、肉体頭脳における想念だけが、これをしよう、あれをしようというように、宇宙法則や本心から離れて、先走りするようなことはない。為すべき時には、本心そのままの行為となって現われるので、本心と離れた想念はなく、本心を離れた行為もない。こういう生き方を無為の生き方というのだ、こういう生き方をしていると、その為すことに対して力みもなければ、執われもないので、自《みずか》らの為したることに落度もなければ失敗もない。それにひきかえ、一般の人々というのは、何事かを為すのに、始めは勢いこんで、意気さかんにやっておりますが、その仕事がもうすぐ終ろうとする頃になると、つい気がゆるんで思わぬ失敗をしてしまう、というのであります。

どうしてそんなことになるかと申すと、始めは慎重にしかも意気さかんに仕事をしておりますが、前半にあまり力をそそぎこんだり、気力をつかい過ぎたりして、どうしても終りまで一貫した力や智慧が出てこないで失敗するのであって、終りになっても始めのように、慎重でしかも気力をこめてやらねばならぬのでありますそれには、やろうやろうというような自己意識が作用してはいけない。肉体人間としての自己の力でやろうと思うようではいけない。生命の本源から流れてくる、自然の智慧や力のおもむくまま事を運んでゆけばよいのである。人間というものは、肉体にある智慧や力だけを頼っていてはたいしたことはできない。肉体の奥の奥にある宇宙法則を司どる本心本体の方から自然《じねん》に溢れ流れてくる能力をもって事は処さねばならぬ、と老子はいっているのです。

聖人はどのようにして、そういう無為の道を行じているかというと、欲せざるを欲す、と老子は先ず云っております。

欲せざるを欲す、というのは一体どういうことをいうのでしょう。老子の言葉には凡人を迷わすような言葉が随分とありますが、この言葉なども、こう聞いただけでは、その深さが一寸判りません。

普通人の欲する物事は、金品だの高い地位だの才能だの、といった工合に、何か自分自身の現在の生活を潤おす物事であります。しかし聖人は、そういう普通人の欲するような物事は欲しない、というのです。ここのところまでは、誰でも判ります。しかしその後の、普通人の欲せざるものとは何なのか、また、欲せざるものを欲す、ということは一体何を欲しているのか、ということになりますと、一般的な知識では判らなくなってくるのです。

欲せざるということは、一般の人々では、現象的に欲しいものが一杯で、そこまで想いがゆきつかない、という意味でありまして、聖人は一般人の欲するような、現象的な、いわゆる消えてゆく姿式の物事を欲しないが、一般の人々の想いのとどかない物事、つまり、生命の根源の在り方を欲する、ということなのであります。生命の根源に自己の想念を統一しているためには、現象世界の物事事柄に把われているようなことでは、とても不可能なのです。そこで聖人は、生命の根源の在り方を自己のものとする為に、現象の物事事柄の一切を欲しない、把われない、という心境になっているのであります。

宗教者で霊力のあるような人々がいて、種々と普通人のできないようなことをしてみせたりしていますが、その神秘的にみえる事柄が、果して、老子のいうような、生命の根源にその人の想念が統一してなされているのか、或いは、そうした宇宙神のみ心の中から出てくる能力ではなくして、幽界の波動を利用して、逆にいえば、幽界の生物に利用されて、不思議なことをやってみせているのか、一体どちらであるのか判りません。

もしその神秘力や霊能力が、老子のいう欲せざるものを欲する心境から出てきたものであれば、それは常に相手の心を明るく勇気づけるものであり、その人たちの心からこの世の現象的な利害得失に把われる想念を消えさらしめる程のものでなければなりません。

そうした神秘力や霊能力が、相手を利害得失の想念で縛るようなものであったら、これは幽界の生物にあやつられているものとして、普通人以下の低級なものと見なさなければなりません。

ですから老子は、次に、得難き貨《たから》を貴《とうと》ばず、といっております。得難き貨とは、金品財宝は勿論、普通人のもたぬ能力ということも含まれております。そういうものを貴んで、そういうものにあこがれるようでは駄目なのだ、そんなことではとても、立派な人間にはなれない、聖人賢者というものは、学ばざるを学び、衆人の過ぐる所に復す、そして、万物の自然を輔《たす》けて敢《あえ》て為さない、というような行為のできる人々のことをいうのだ、といっているのです。

学ばざるを学び、というのは、この世の学者先生たちから、書物や経験によって教えられた、いわゆるこの世的な学問ではなく、この世の人から学ぶことのできないことを学ぶ、というのです。それはどういうことかと申しますと、この世とかあの世とかいうように、現象として現われてくる波動の世界を脱去した、実在の世界、宇宙神のみ心の中から、直接に学び取る、ということなのであります。

大生命の根源界こそ、人間をも含めた大自然を運行させている、大能力の湧きでているところなので、その根源界に、自己の想念波動を昇華させきってしまえば、根源界の能力がそのまま自己のものとして現われてくる。そういうこの世で学べないことを学ぶことによって、衆人の気づかない、想いのとどかない、高い深い世界に住むことができるのである、そういうことになると、肉体側の自分が、どうしようこうしようと想わなくとも、自然法爾に、大自然の運行に沿った行為ができ、大自然の運行を輔《たす》け、人類をして、宇宙神のみ心を顕現せしめることのできるような道に導き入れることができるようになるのである、といっているのであります。

実際老子のいうように、この世もあの世もすべて、現われては変化変滅してゆく波動の世界なのです。こういう消えてゆく姿的な在り方に想いが把われている時代は、やがて去ってゆくのです。そして、老子のいう聖人賢者の世界が、一般の人々の世界として開かれてゆくのであります。現在の個人個人の生き方も、世界各国の在り方も、只単に消えてゆく姿を追い求めている、夢想の世界なのです。私たちは一日も早くこの夢を破って、真実の人類世界を築きあげなければならないのです。それはやはり、消えてゆく姿で世界平和の祈りという行為をしてゆくことが大事であります。

# 第三十五講　古《いにしえ》の善く道を為《おさ》むる者は……

道徳経第六十五章

古之善《ク》為《ムル》レ道《ヲ》者《ハ》、非《ズ》二以《テ》明《ラカニスルニ》一レ民《ヲ》。将《ニ》二《スルナリ》以《テ》愚《ニセント》一レ之《ヲ》。民之難《キハ》レ治《メ》、以《テナリ》二其《ノ》智多《キヲ》一。故《ニ》以《テ》レ智《ヲ》治《ムルハ》レ国《ヲ》、国之賊《ナリ》。不《ルハ》二以《テ》レ智《ヲ》治《メ》一レ国《ヲ》、国之福《ナリ》。常《ニ》知《レバ》二此《ノ》両者《ヲ》一、亦楷式《ナリ》。能《ク》知《ル》二楷式《ヲ》一、是《ヲ》謂《ウ》二玄徳《ト》一。玄徳《ハ》深《シ》矣、遠《シ》矣。与レ物反《スレドモ》矣、乃《チ》至《ル》二於大順《ニ》一。

〔読み方〕

古《いにしえ》の善く道を為《おさ》むる者は、以て民を明らかにするに非《あら》ず。将《まさ》に以て之《これ》を愚《ぐ》にせんとするなり。民の治め難きは、其の智《ち》多きを以てなり。故に智を以て国を治むるは、国の賊なり。智を以て国を治めざるは、国の福なり。常に此の両者を知れば、亦楷式《またかいしき》なり。能《よ》く楷式を知る、是《これ》を玄《げん》徳《とく》と謂《い》う。玄徳は深し、遠し。物と反すれども、乃《すなわ》ち大順《たいじゅん》に至る。

**古《いにしえ》の善く道を為《おさ》むる者は、以て民を明らかにするに非《あら》ず。将《まさ》に以て之を愚《ぐ》にせんとするなり。民の治め難きは、其の智多きを以てなり。**

この文章をみますと、ありゃあ、ありゃあと思う人が多いのではないかと思われます。老子さまともあろう聖人が、民を治める為には、民を利巧にしないで愚かにして置け、とまるで、権力を一身に握って、自分の思うまま、民百姓の労力をしぼり取っていた、昔の悪国王や、悪大名のようなことを言っているように思われる文章だからです。

老子講義をしている学者の中には、この老子の文章をそのまま直訳して、いにしえの真に道を修めた人は、政治をなす場合、人民を賢明にしようとはせず、むしろ反対に、人民を愚昧《ぐまい》にしようとしたものである。人民の治めにくいのは、人民に知識が多いからである。

といった工合に訳しているのであります。そしてその後の文章も表面の意味そのまま訳しているのです。こういう意味を老子が説いていたとするならば、その老子はたいした人物ではありません。そんな老子を私は尊敬しようとは思いません。

人民を愚昧にしておくために知識をつけさせない、知識をつけさせないことによって国が治まるなどというやり方が、道を修めた政治家のやることであったら、道を修めることなど、人類の進化にはマイナスになることになります。

人間には自《おのずか》らなる知識欲というものがあります。知識を求める想いがあることによって、人類は進歩してゆくのであります。そして、人類が或る段階の進歩を遂げてまいりますと、この現象界の現われの世界だけを根本とした学問知識ではだめなのだ、ということが判ってくるのです。そしてそこに至ってはじめて、枝葉末節的に知識というものを一度びさっぱり捨て去って、深い根源世界に入りこんでゆく、つまり大生命のみ心に対する朴《ぼく》なる心、素直なる心になってくるのであります。そうした素直な心になってきた時に、人類の大進化に役立つ、大智慧大能力が地球人類の上に現われてくるのです。

老子さんはその真理をはっきり知っておられたので、枝葉末節にこだわり把われる学問知識というものを否定されているのでありまして、大生命の法則を知る智慧知識を否定されるわけがありません。

そこでこの章を老子の真意に照らして解釈致しますと、古の善く道を修めた者は、政治上の細かい事実や事柄を人民に明らかにしようとはしない。何故しないかというと、政治というものには、根本的にはしっかり定まった原理があり、行き方があるけれども、細々《こまごま》した枝葉の政策には、一瞬一瞬にも変化してゆくような事態が常に起りがちである。そうした細々した変化をいちいち国民に明らかにしていたのでは、国民の間で百論百説が入り乱れて、国内の空気が動揺してしまう。国民のなかには、その立場立場で、右をとりたいもの、左をとりたいもの、中をとりたいもの等、種々様々であって、いずれも自己の利益になるような政治政策をとってもらいたいものである。そこでついに国家の政治の根本を忘れてしまい、国家にとっては枝葉末節的な政治に対して、種々と知識をつけ、知恵をしぼっての百論百説が生れてくる。

こうなっては政治の掌《しょう》に当るものは政治がとりにくくて仕方がなくなり、常に国民に足をひっぱられていて、遂いには国を滅ぼしてしまうようなことになる。だから、そういう細々した政策に対する知識を与えずに、国の向ってゆくべき道、人類等しく通らねばならぬ宇宙法則の大道のみ多く説いて、後はその大道にのっとって国民は進んでゆくべきであることを教え導かなければいけない。それは表面的には国民を愚にしたようにみえるが実は、宇宙大生命に朴ならしめているものであって、国民すべてが真の智慧者になる方法なのである。

と老子はいっているのであります。表面に出ている文章だけでみると、この老子の深い心が判りませんから、真の老子の心が判っていないものには、老子講義は只単なる字義の解釈だけに終ってしまって、現在の人々の心の糧、道しるべとはならないのです。

**故に智を以て国を治むるは、国の賊《ぞく》なり。智を以て国を治めざるは、国の福なり。常に此の両者を知れば、亦楷式《かいしき》なり。能《よ》く楷式を知る、是を玄徳《げんとく》と謂う。玄徳は深し、遠し。物と反すれども、乃《すなわ》ち大順《たいじゅん》に至る。**

と老子がいっているのは、枝葉末節的な、この世だけの自国や自分たちだけの幸福をつかもうとする知恵や知識に把われる想いを政治家がもち、そして国民にもそういう想念をもたせているようでは、その為政者は国の賊と同じである。また反対に、そういう枝葉末節的な現われの現象世界の利害関係だけに把われるような知恵知識から離れた脱《ぬ》け出た政治政策で国を治めていれば、それは国の福となる、というのであります。

そしてこの両者の優劣を知っている者は、模範的な人物である。こういう人物を玄徳《げんとく》の人というのだ、というのです。玄徳というのは、宇宙根源の智慧に達している状態から現われる行為であって、それは深い深い智慧能力であり、永遠の生命そのままの生き方なのである。

こうした生き方は、現象的にみれば、この世に反したようにもみえ、物質的にみた個人や国家の利益に反したようにみえるけれど、それは大順に至るものである。つまり、大生命の源と一つになっている生き方なのである、というのであります。

この世のなかをみていますと、実際に老子のいう通りでありまして、国民に種々の枝葉的知識がついて、世論世論といって政府がつつかれてばかりいたら、せっかくやりかかっていた政治方式もそのまま通すわけにはゆかなくなり、いつも右に左に揺れ動いていて、安定した政治というものがとれるものではありません。

米国などそのいい例でありまして、国民の世論というものに政治がしっかり握られているのでありまして、その世論というのは、これまた、地位金力を持つ一部のものに握られ、あやつられているのであります。

そこで、政治家としては、人類の平和の為にも、国の真実の安泰の為にもやりたくないような政治政策でも、そうした世論に押しまくられますと、やらざるを得なくなってしまうのです。やらなければ自分のポストが危くなってしまいます。

北ベトナムへの爆撃続行などは、その見本のようなものです。世界の良識は絶対にその行為を非なりと認めているのですが、なんとか言訳しながらやっています。そして次第に自国の味方を減らしてゆくのであります。味方をしようにも、世界の良識に対して、味方のできなくなるような状態に他の国を追いやってしまうのです。

それと反対にソ連のように、老子の言葉を表面的に解釈したような、すべてを明らかにせず国民を愚かにした政治をして、共産主義を押し通そうとする政策も、真理に反するのであります。例えそうしたやり方で一時の勝利を得たとしても、その勝利は、天意に非《あら》ざる行為によって行われたものですから、その勝利の分の何増倍かのマイナスとなって、その国に現われてくることは必定なのであります。

何事も天意によってなされねばなりません。神のみ心に反したことをして、いかに利益を得たようにみえても、それは消え去ってゆく泡のような利益なのです。

老子は常にそれを説かれているのです。

神のみ心に無いような知恵や知識をいくらつけたところで、それはますます神のみ心を離れてしまうばかりであって、それは滅びの門に至るのである。だから、一度はどうしても、そうした知恵や知識を捨て去って、愚の世界に還えるべきだ。愚の世界と思われている素直な純朴な世界は、神のみ心がそのまま真智となり生き生きとした行動となる道であって、大生命の法則に乗り切った世界への展開となるのである。

と老子はいうのであり、その愚とも見える世界に入りきった時に、無為の行為が自《おのずか》らできてくるのであり、自由自在心の世界がひらけてくるのであります。

しかしながら、私が先程も申しましたように、人間には自ら、知識を求める想いがあるのであり、それが人類の進歩をもたらしていることも事実なのでありますから、はじめからなんの知識も求めない、知識を求める想いの尠《すく》ない人ばかりでしたら、やはりこの地球世界はだめになってしまいます。

知恵知識を求める想いを持ちながら、しかもその求める知恵や知識が、現世利益的な、人の心を毒するような知恵知識から脱け出して、大智慧大能力につながる、人類に真の進化をもたらすものであることこそ必要なのです。

そうした道に入るためには、逆説のようですが、いったん治めた知恵や知識をすっかり捨てきった愚昧とも思える素直な心にならなければ駄目なのであることを老子は説くのであります。そういう心境になった時、はじめて現在迄修めた知恵知識が生きてくるのです。

古い皮袋に新しき酒は汲めない、とキリストが申しているように、自分の心に現在迄の知恵知識をつめこんでいて、新しい知識を得ようとしても、以前の知識が邪魔をして容易に頭に入ってこないものです。

私共の宇宙子科学の研究でも、文学や音楽方面の知識しかない私や、国文科出身の昌美をつかってはじめられたことなど、かえって既成の学識が新しい科学の受け入れを反撥することを危ぶんで、宇宙天使のほうからなされたことなのでありましょう。現在では私共が逆に地球科学の学問が少しずつ判ってきていますし、研究員の科学や数学の専門家たちが、宇宙子科学の原理が判ってくるにつれ、今度は今までの地球上の学問が大いに役立ってきているのであります。

人間は常に既成の学問知識に把われてはいけません。既成の学問で自己の心を把えていますと、決して大きな進歩は致しません。一度修めたものは常に常に忘れ去って、新しい道を突き進んでゆかねばなりません。自己の学問知識に把われず、他の人の学問知識を虚心坦懐《きょしんたんかい》に受け容れる心境は、純朴な心であります。そういう純朴な心を何事においても示し得るようになることを、老子のみならずあらゆる聖者が説いているのであります。

親鸞が自己を愚禿《ぐとく》と称したり、良寛が大愚といわれたりして尊敬されていたのも、こうした純朴な心が尊いのであり、人の生き方の根本であることを、みんなが知っている証左なのであります。

## 第三十六講　大なれど不肖に似たり

道徳経第六十七章

天下皆謂《ウ》三我《ヲ》大《ナレドモ》似二不肖《タリト》一。夫《レ》惟大《ナリ》。故《ニ》似二不肖《タリ》一。若《シ》肖《ナラバ》、久《シイカナ》矣其《ノ》細《タルコト》也夫。我有《リ》二三宝一。持《シテ》而保《ツ》レ之《ヲ》。一《ニ》曰《ク》、慈。二《ニ》曰《ク》、倹。三《ニ》曰《ク》、不三敢《テ》為《ラ》二天下《ノ》先《ト》一。慈《ナリ》。故《ニ》能《ク》勇《ナリ》。倹《ナリ》。故《ニ》能《ク》広《シ》。不三敢《テ》為《ラ》二天下《ノ》先《ト》一。故《ニ》能《ク》成《ス》二器長《ヲ》一。今《ニ》舎《テテ》レ慈《ヲ》且《ニ》《シ》レ勇《ナラント》、舎《テテ》レ倹《ヲ》且《ニ》《シ》レ広《カラント》、舎《テテ》レ後《ルルヲ》且《ニ》《スレバ》レ先《ダタント》、死《セン》矣。夫《レ》慈《ハ》以《テ》戦《ヘバ》則《チ》勝《チ》、以《テ》守《レバ》則《チ》固《シ》。天将《ニ》《スレ》救《ワント》レ之《ヲ》。以《テ》レ慈《ヲ》衛《レバナリ》レ之《ヲ》。

〔読み方〕

天下皆我を大なれども不肖《ふしょう》に似たりと謂《い》う。夫《そ》れ惟《ただ》大なり。故に不肖に似たり。若《も》し肖《しょう》ならば、久しいかな其の細《さい》たること。我に三宝有り。持して之を保つ。一に曰《いわ》く、慈《じ》。二に曰く、倹《けん》。三に曰く、敢《あえ》て天下の先と為《な》らず。慈なり。故に能《よ》く勇《ゆう》なり。倹なり。故に能く広し。敢て天下の先と為らず。故に能く器長《きちょう》を成す。今に慈を舍《す》てて且《まさ》に勇ならんとし、倹を舍てて且に広からんとし、後《おく》るるを舍てて且に先だたんとすれば、死せん。夫《そ》れ慈以て戦えば則《すなわ》ち勝ち、以て守れば則ち固《かた》し。天将《まさ》に之《これ》を救わんとす。慈を以て之を衛《まも》ればなり。

**天下皆我を大なれども不肖《ふしょう》に似《に》たりと謂《い》う。夫《そ》れ惟《ただ》大なり。故に不肖に似たり。若《も》し肖《しょう》ならば、久しいかな其の細《さい》たること。**

天下の人々は皆私（老子）のことを、大人物だが、何んの才能も技能も無いように見える、というけれど、聖賢や大人物という者は、その器が大きいということで、大自然の能力が自然と大きく入ってくるので、自分自身が種々と才能を示したり、能力を細々《こまごま》と現わしたりする必要がないのだ。大きい能力というものは、普通人の眼には、唯茫漠《ぼうばく》としていて、何をしているのか、どうなっているのか判らない程、広く深く久遠の先までゆきつく働きをしているのであって、その場その時限りのような小智才覚や才能ではない。だからその場その時々で、その働きが際立って見えるようなことがない。そこで人々は、そういう人物をかえって才能や技能のない不肖の人と同じようにみてしまうのであろう。もし私がその場その時々に際立って見えるような、才能力を示していたら、私は久しい間何んという小さい生き方しか出来なかった小人物であったか、ということになるのだ。

老子はこういっているのでありますが、普通の常識ではこの真理がなかなか判り難いことと思います。一般常識としては、人に目立つ程の才能や技能のある方が、社会の為にもなるし、自己の地位の上がる率も多いわけですが、老子からすれば、それくらいの才能技能は、小さな働きしかできない、というのです。それは何故かと申しますと、肉体をもったこの人間というものの智慧能力は、常に大自然（神）の方から流れ入ってくるのでありまして、そうした根源の力がより大きく働いているか、小さくしか働かないかということによって、その人の能力の広さ深さ、ということが定まってくるのです。ですから、いくら、肉体頭脳や肉体的力としての知恵才覚や才能技能をもっていたとしても、常に根源の力が広く大きく流れてきていない者は、その知恵や技能が、その場、その時々の小さな働きしかできないのであって、そうした知恵や技能に頼っている限り、根源からの流れ口の方に向ける想いが次第になくなってきて、肉体頭脳に蓄えてあっただけの知恵才覚が、やがては枯れ果てて、自己の知恵才能の衰えとなってしまうのであります。

そこで老子は、そういう、やがては枯れ果ててしまうような知恵才覚に頼っているような想いの者には、深い大きな仕事はできないのだから、そういう知恵才覚に頼る想いを捨て去って、宇宙根源の方に想いを向けていると、大きな深い智慧能力が、つきることなくその時、処によって現われてくるのだというのです。

それは頭脳に蓄えてあった知恵能力などとはくらぶべきもない、広く深く大きいものなのでありますｰ。その事実は私も体験としてよく知っておりますから、老子の言や将《まさ》に真なりといつも思うのです。

**我に三宝有り。持して之を保つ。一に曰《いわ》く、慈《じ》。二に曰く、倹《けん》。三に曰く、敢て天下の先と為《な》らず。慈なり。故に能《よ》く勇《ゆう》なり。倹なり。故に能く広し。敢て天下の先と為らず。故に能く器長《きちょう》を成す。今に慈を舎《す》てて且《まさ》に勇ならんとし、倹を舎てて且に広からんとし、後《おく》るるを舎てて且に先だたんとすれば、死せん。夫《そ》れ慈以て戦えば則《すなわ》ち勝ち、以て守れば則ち固《かた》し。天将《まさ》に之を救わんとす。慈を以て之を衛《まも》ればなり。**

我に三つの宝がある。それはどんな宝かというと、慈と倹ということと、敢て天下の先とならない、ということである、と老子はいうのです。

慈というのは、慈と書くのが本の字でありまして、玄《げん》という字が二つ並んだ下に心という字があるわけです。玄という文字はこの老子講義で二度程説明致しておりますように、奥の奥の深い深い根源の心を現わした文字でありまして、この玄の二字が二つ並んでいて、それが一つの心の上に置かれています。これはどういう意味かと申しますと、深い根源の心が一応陰陽に分れ、そして一つの心になって、この慈という文字になっているわけで、陰陽の大調和、あらゆる心の大調和の心、つまり、宇宙神の大調和のみ心の現われを、慈という文字で現わしているわけなのです。ですからこの慈という心は、深い愛の心、いつくしみ、神、み仏の心という意味になるのです。

こういう心を、老子は第一に持ち保っている、というのであり、第二に倹、倹というのは、精神的にも物質的にもつつましさ、ということ。第三の敢て天下の先と為らず、とは、自己の知恵能力を頼んで、天下の先頭に立とうとするようなことはしない、ということであります。

慈の心は神のみ心そのままの心であるから、いざとなれば真の勇気を湧き起すものであり、つつしみ深い心で、常に物質も貯え、力も充分に蓄積されているので、自然とその働きは広範囲にひろがってゆく、そして自己の知恵能力を誇って、天下の先に立とうとするような、欲望をもたぬ心であるから、誰もがその大きな心にひき入れられて、自ずとその下につくようになり、どんな多くの人々をも統括できる長官となることができるのである。

しかしそれと反対に、慈を捨てて勇ならんとし、慈を捨てて自己の立場を広げようとし、後からゆくことをやめて先に立とうとするようなことがあれば、その人の生命や真実の働きは死んでしまう。肉体的にも死んでしまうことがある。

それで、慈をもって戦えば勝つにきまっているし、守れば守るでその守りは堅固である。何故かというと、天（神）がこういう人を必ず救ってくれるからである。それは慈即ち大調和の心がすべてのマイナスからその人を衛《まも》ってくれるからである。というのであります。

老子の言葉は常に個人の道標ともなり、国家民族の生き方の手本ともなるのです。

慈を捨てて勇ならんとし、倹を捨てて広からんとし、などというところは、米国やソ連や中共その他現在の大半の国々に是非共聞かせたいところであります。

世界人類の真実の平和の道を開くのは、戦わんとする蛮勇ではなく、慈の心なのであります。慈の心を中心とした、つつしみの心、他国を先に立て、自国は後から従わんとする心であります。譲り合いの心のとぼしい今日の世界各国から真の平和の生れ出でないことは当然なことなのです。

譲り合うには、大きな国、力のある国が先ず先に譲り、小国側がそれに和してゆくということで調和がなされてゆくのであります。ところが事実はそうでなく、大国が力にものをいわせて、小国を自国の意に従わせようとしているのです。

自国が天下の先に立とうとする、いわゆる権力欲というものは、飽くことを知らぬ欲望でありまして、少しでも他国に頭を抑えられると、我慢ならぬという想い上がった心なのであります。

小国は力がありませんので、我慢に我慢を重ねているわけですが、これもついには我慢しきれなくなって、爆発するでしょうから、我慢の度の尠ない大国が、小国の立場を想いやって、その政治政策を行ってゆくべきが、真の国家のなすべきことなのです。

自国の利に反する行為をする国は、すべて悪なりときめつけてしまう金持根性の想い上がりを捨てぬ限りは、現在の大国は真っ先に滅びの門に至ることでしょう。老子の言葉は現在の国々の指導者層にも、実に当てはまる痛切な言葉なのです。

老子の言葉は、個人にとっても国家にとっても大事な一言一句でありまして、日本の指導者層なども、その時々の利害にばかり迷わず、永遠の生命につながる深い眼をもって、国政に当たらなければなりません。

日本が太平洋戦争にまでひきこまれ、敗戦のうき目をみて苦難の年月を経てきたのも、日本国民全体の想い上がりの心によってなされたので、再びそうした道を踏みはじめぬように大いなる自戒が必要なのです。

大国の誤った行き方をそのまま是認している大臣諸公もいるようですが、そういう方々に老子の真の言葉を噛みしめて味わって頂きたいと願うのです。

敵に勝たんとして、こちらが先に攻めてゆくような、慈を捨てて勇を取るような生き方や、つつましやかな謙虚な生き方をすてた、自分や自国を天下の先に立てようとする権力欲にかられた生き方は死の道をたどるものであって、慈を中心にして生きてゆく道こそ、戦っても守っても、自らを滅ぼすことはないのだ、と老子は言い切っております。どうしてそうなるかと申すと、慈を以て之を衛《まも》ればなり、といっております。

老子のこの根本思想は一体どこからでているかといいますと、宇宙神のみ心、大自然の法のままの生き方をしていることが、自らを生かし、他をも生かす最大にして無二の生き方なのである、ということなので、いわゆる無為の生き方の中に、慈の生き方が現われてくるのであり、慈の生き方をしていれば、宇宙神のみ心がそのまま現われてくるので、宇宙神のみ心、慈の心はそのまま大調和なので、あらゆる不調和な想念波動は、その光明波動にふれると忽ち消滅してしまうのでありま す。

何故そうなるかといいますと、この世もあの世も、すべて生きとし生けるものは、宇宙神のみ心によって生かされておるのでありまして、宇宙神のみ心を外《はず》れては生きられぬものなのであります。宇宙神のみ心は大調和そのものであり、慈の心なので、その心の中に住んでいるものは滅びることはないのです。ですから、その心に反する生き方、争いの想いや権力欲等々の不調和な想念波動は、一時はその存在を誇っているようにみえても、消滅し去らなければいられぬものなのです。何故なればそんな想いは神のみ心の中にはないからなのです。

老子の言葉も、世界平和の祈りも、その真理を知っているところから生れでているのでありまして、神のみ心そのままの言葉であり、行為なのであります。敢て天下の先と為らず、とも、世界平和の祈りは、人類すべての心の中から、やがてはほとばしり出ずる力となって、世界完全平和を樹立させる道となってくるのです。

# 第三十七講　善く士たる者は武《きそ》わず……

道徳経第六十八章
〃　第六十九章

善ク為ルレ士者ハ不レ武ヲ。善ク戦ウ者ハ不レ怒ラ。善ク勝ツ者ハ不レ与セ。善ク用ウルレ人ヲ者ハ為ル二之ガ下ト一。是ヲ謂ウ二不ルレ争ワ之徳ト一。是ヲ謂ウ二用ウルレ人ヲ之力ト一。是ヲ謂ウレ配ストレ天ニ。古之極ナリ。

**〔読み方〕**

善《よ》く士為《た》る者は武《きそ》わず。善く戦う者は怒《いか》らず。善く勝つ者は与《よ》せず。善く人を用《もち》うる者は之《これ》が下《しも》と為《な》る。是《これ》を争《あらそ》わざるの徳と謂《い》う。是を人を用《もち》うるの力と謂う。是を天に配《はい》すと謂う。古《いにしえ》の極《きょく》なり。

**善《よ》く士為《た》る者は武《きそ》わず。善く戦う者は怒《いか》らず。善く勝つ者は与《よ》せず。善く人を用《もち》うる者は之《これ》が下《しも》**

と為《な》る。

善く士為《た》る者は武《きそ》わず。といいますのは、立派な将士というものは、武力を誇ったり、武器を競い合って、争いを求めるようなことはしない、ということです。善く戦う者は怒らず。というのは、軍の将士というものは、戦力としてあるので、戦争がその仕事であるように思う人があるかも知れないけれど、真実に善い将士というものは、戦争をすることをその仕事と想うようではいけない。相手が仕掛けてきたからといって感情的になって、腹を立てて戦うようではいけない。いついかなる時でも怒りの心を持って武力を振うのではなくて、常に国や人々の平和を維持してゆく為に自分たちの存在が必要である、ということをはっきり知っていなければいけない、というのです。

そして、善く勝つ者は与《よ》せず。ということになるのです。善く勝つ者は与せずには、善く勝つ者は、いたずらに武力を振って相手を叩きつけるのではなくて、武力というものを平和な心慈愛の心の中に一つに融合させ、相手を敵として認めるようなことをせず、全く一つの道から分れて来た同じ生命体として感じているということで、現在の国家群の政府や軍隊のよく心すべきことだと思うのです。

善く人を用《もち》うる者は之が下と為る。これは第六十一章の「大国は下流なり。……故に大国は以て小国に下れば、則ち小国を取る」という意味と全く同様のことを、個人の立場に置きかえていっているのでありまして、国家にしても個人にしても、上位に立つ者は、常にその地位や力を誇ったり利したりせずに、小国の為に役立つように、下位の者の力になるように働いてやることである。そうすれば、自《おのずか》ら小国は大国につき従ってくるし、下位の者はよくその人に仕《つか》えてくれるものである、というのです。

**是《これ》を争わざるの徳と謂《い》う。是《これ》を人の用うるの力と謂う。是を天に配すと謂う。古《いにしえ》の極なり。**

こういう生き方を、争わざるの徳といって、自己の勢力拡張を目指して働いたり、争ってまで自国の権力を示したりするようなことをしなくとも、自然に人が従ってき、他国の信頼が集ってくる徳を積んでいる生き方になっているのである。そして人を用いうる力ともいえるのである。

こうした心を、天に配するといって、天の心と全く一つになっている心というのであって、古代から人の生き方の極意とされているのである。

と老子はいっているのであります。

老子道徳経第六十九章

用《ウルニ》レ兵《ヲ》有《リ》レ言。吾不《シテ》二敢《テ》為《ラ》一レ主《ト》而為《ル》レ客《ト》。不《シテ》二敢《テ》進《メ》一レ寸《ヲ》、而退《クト》レ尺《ヲ》。是《ヲ》謂《ウ》二行《クニ》無《ク》レ行、攘《ウニ》無《ク》レ臂、扔《クニ》無《ク》レ敵、執《ルニ》無《シト》一レ兵。禍《ハ》莫《シ》レ大《ナルハ》二於軽《シトスルヨリ》一レ敵《ヲ》。軽《シトスレバ》レ敵《ヲ》、幾《ド》喪《ウ》二吾《ガ》宝《ヲ》一。故《ニ》抗《ゲテ》レ兵《ヲ》相加《ウルトキハ》、哀《ム》者《ハ》勝《ツ》矣。

**〔読み方〕**

兵を用うるに言《げん》有り。吾敢《あえ》て主と為らずして、客《かく》と為る。敢て寸を進めずして、尺を退くと。是を行《ゆ》くに行《こう》無く、攘《はら》うに臂《ひじ》無く、扔《つ》くに敵無く、執《と》るに兵無しと謂《い》う。禍《わざわい》は敵を軽《かろ》しとするより大なるは莫《な》し。敵を軽しとすれば、幾《ほとん》ど吾が宝を失う。故に兵を抗《あ》げて相加うるときは、哀む者は勝つ。

第六十七章、六十八章と共に、慈の心の尊いことを説いている文章であります。宗教的にみて、一体戦争というものをどうみればよいのか、これは非常に問題でありまして、昔からその宗団を護る為に、宗教者たちが自《みずか》ら武器を執って戦った例もたくさんあります。日本でも僧兵などといって、武士そこのけの強者《つわ》も随分いたようです。

その国の事情や、その時代の様相によっては、この肉体世界への執着を、すっかり脱皮していない限りは、無抵抗で生きぬいてゆくということは、並み大抵のことではなく、宗教者といえども、武力の渦中に巻きこまれざるを得なかったのであります。

大平洋戦争の時なども、日本人の心ある人たちは、最後まで戦争反対の為にその力を尽したようですが、いざ戦争になってしまってからは、自分も国民の一人として、国家の行く所に従って、戦争に協力という形になって働くことになった、ということもあったので、根本的には戦争は反対だが、国家を護るということになると、その時の状態では戦わざるを得なくなるというのが、今日までの状態だったのです。

老子はそれをどういうように説いているかといいますと、吾敢て主とならずして、客と為る。敢て寸を進めずして、尺を退くと。敢て攻めるようなことをせず、守ることをするといっております。これは行軍していても、戦争をするのだというような殺気が無く、攘《はら》うに臂《ひじ》無く、つまり、この野郎というような怒りの気持がなく、相手を敵とみる悪《にく》しみもなく、自分たちが殺し合いをする兵隊だというような殺意が無い、というのであります。

禍は敵を軽しとするより大なるは莫《な》し。というのは、敵の兵力を軽視する、という意味ばかりでは無く、相手を馬鹿にする、下目にみる、というそういう軽くみることは、最も禍の大きなものとなる、というのです。相手を小人物とみたり、小国とみてあなどったりする態度は、確かに相手の敵愾《てきがい》心をあおって、こちらに憎悪の感情を抱かせ、意外と強い力を出させる原動力ともなるのです。

米国や西欧人の一部が、黒人や亜細亜《アジア》人を蔑視したり軽んじたりしてきた、その反感は、黒人や亜細亜人の意識の中に潜在的に隠されていて、いざとなると爆発しかねない様相を示しています。

先日も中国へ行ってきた人の話で、中国人は、戦争は天がさせるのではなく、米帝国主義がしているのだ、といって、誰も彼もが徹底的に米国を憎んでいて、その憎悪の感情が、その愛国心をより一層かり立てて、個人の幸福のすべてを国の幸福達成の為に捧げつくしている、ということでありました。

米国の一部の亜細亜人軽視の態度が、中国を遂いに本格的な共産主義国に追いこみ、第三次大戦への恐怖を巻き起しているといえるのであります。

一方では非常に明るく親切な人柄をもっている米国人が、たまたま亜細亜人軽視の気持をもっているばっかりに、米国人のその善さを大きく損ってしまっているのは、正に老子のいうように、敵を軽しとすることより起っている禍なのであります。

それを、軍事力兵力だけを軽視しない、という風にもっていってしまっては駄目なので、そこに米国の生き方の誤りがあるようです。

そういう生き方によって、敵を軽しとすれば、幾《ほとん》ど吾が宝を失う。と老子はいっています。その言は今米国にはっきり現われていまして、米国の亜細亜における絶大なる味方である日本においても、米国の政策に反対する人々が、次第に多くなってきているのであります。

故に兵を抗《あ》げて相加うるときは、哀《あわれ》む者は勝つ。という言葉のように、例え戦をつづけているとしても、慈の心をもって、その戦にのぞめば、無闇と殺傷を犯さなくとも、相手との和合ができて、戦が止まるのであります。武力で叩いて叩いて、俺のいうことを聞かなければ、なお叩くぞ、というのでは、決して平和はもたらされません。

戦うことはお互いの人民の為にも不為であり、天意にもそむくことであるから、という気持を表面に出して、相手の望みを聞き入れながら交渉してゆく、という態度でなければ、相手がとうてい話合に応ずることはあり得ません。

米国のように、共産主義を恐るるのあまり、自国の主張に少しでも反対するものに敵意を抱くようでは、とてもいけません。大国の襟度《きんど》をもって、広い心で、先ず小国の気持をじっくりと聞いてやる態度こそ、北ベトナムの気持を柔らげ、中国の敵意をそぐ唯一のことであると思われます。

哀む者は勝つ、の老子の言葉は正に至言でありまして、敵国の人間なら何百人殺そうとなんでもない、というように爆撃しているのでは、これはとても駄目です。

北ベトナムには北ベトナムの立場があるのだな、中国には中国の立場があるのだな、という慈愛の心があって、はじめて公正にその国の在り方がみられるのであって、すべてを自国の立場に合わせて考えるような、心の狭い、身勝手なことではいけないのです。

共産主義を恐れるなら、その最初に、どうして共産主義が各国に拡まってゆくのか、ということを探究し、共産主義の拡まらないような政策の指導をすればよいので、共産主義の拡まってゆく根源をないがしろにして、ただ共産主義はいけない、共産圏の拡大を防げといって、武力に訴えているようでは、世界の国々は、そういう指導者にはついてゆけないのです。

米国がどのように武力制圧を致そうと、共産圏は次第に拡がっています。武力干渉がかえって反米主義をさそい出し、共産主義圏への足がかりとなさしめているようでさえあります。

そこのところが非常に問題なのでありまして、日本の政治なども、只単に米国への妥協ばかりでなく、世界人類の平和達成の為の、真理の言葉を、米国の痛いところに触れてもかまわぬから進言するようでなければ、とても立派な国にはなり得ません。

現在は好むと好まざるとにかかわらず、共産主義圏のことを考えずにはいられません。中国が共産主義国だから、米国や台湾政府の義理合上、正当なつき合いはできない、といってみたり、敵国あつかいをしてみたりしているようでは、日本の立場は次第に無くなってしまいます。日本国にとって、今程強い勇気の必要な時はありません。真理を現実に実行する深い勇気をもって、大調和世界達成の中心となるべき天命をもつ国家として、どこの国々とも交際をしてゆかねばならないのです。

軍備が増大すれば、それだけ国家の守りは安泰だというような、愚かな考えの時代はとうに過ぎ去ってしまっているのです。

老子のいう聖人君子は武力をもっても、軍隊をもっても、その武力や軍隊を、人を傷つけ損わせる方向には使わぬような、立派な生き方ができたのでありましょうが、現在の地球人類の国々の政治家には、そのまねは恐らくできません。武力をもち、軍備をもてば、そのもっただけの業想念《カルマ》を必ず撒き散らします。戦う気持が濃厚になります。

その意味で中国が原爆をもったことは、非常に困ったことです。しかしそれだからといって、それに対抗する為の核装備を日本がすれば、日本が本格的に中国を敵と認めたことになり、中国の敵意をあおることは確かです。日本が核装備すれば、中国ソ連は日本を狙わぬというのは、甚だ甘い考えです。

すべては真理に根柢をおいて考えるべきでありまして、その点老子をはじめ、釈尊やキリストの言葉をよく噛みしめて、個人も国家も進んでゆかねばならないのです。

そういう為にも、この老子講義を書いている意味があると思うのであります。

お互いが相手国の立場に立って、ものを考えるようにすることが大事なことなのですが、こちらは相手の立場を考えても相手はこちらの立場を考えずに押してくる時は、どうすればよいのか、という問題が残ります。しかしそこからが老子のいう道に乗っている人か、乗らぬ人かの違いが現われてくるので、道に乗った人は、そんなことに想いをわずらわされずに、あくまで真理である和の心のまま、調和した心のまま事を運んでゆくのであります。もし調和を乱す想いが出てくれば、これは消えてゆく姿として、祈り心の中に入れつつ、真理の道を進んでゆくのです。さすれば真の平和は必ずそこから生れてくるのであります。

# 第三十八講　吾が言は甚だ知り易く……

道徳経第七十章

吾ガ言ハ甚ダ易クレ知リ、甚ダ易シレ行イ。天下莫クニ能ク知ルコト一、莫シニ能ク行ウコト一。言ニ有リレ宗、事ニ有リレ君。夫レ唯無シレ知ルコト。是ヲ以テ不ニ我ヲ知ラ一。知ルレ我ヲ者希ナレバ、則チ我貴シ矣。是ヲ以テ聖人ハ被テレ褐ヲ懐クレ玉ヲ。

**〔読み方〕**

吾が言は甚だ知り易《やす》く、甚だ行い易し。天下能《よ》く知ること莫《な》く、能く行うこと莫し。言に宗《そう》有り、事に君有り。夫《そ》れ唯知ること無し。是を以て我を知らず。我を知る者希《まれ》なれば、則ち我貴《とうと》し。是を以て聖人は、褐《かっ》を被《き》て玉を懐《いだ》く。

**吾が言は甚だ知り易《やす》く、甚だ行い易し。天下能く知ること莫《な》く、能《よ》く行うこと莫し。**

この節は言葉の通りでありまして、自分の教えていることは、誰にでも判り易いことであり、行い易いことである。それなのに、天下の人々は、こんな判り易いこと、こんな行い易いことを、知らないでいるのだし、行ってもいない、というのであります。

実際に老子の言うことは、道に沿った言葉であり、人として当然なことを教えているのでありますから、そのまま判るのであり、そのまま行えるようなものなのですが、人々は判ろうとしないのであり、行おうともしません。

ここのところが、人間の業《ごう》のしからしむるところなのでしょうが、何んとも人生指導のむずかしいところなのです。世界平和の祈りの運動などでも、一言にして判ることなのですが、判り易いばっかりにかえって、何んだ世界平和運動かというような、空気の中を歩いていて空気の恩恵を感じないような、そんな気分で人々は見過してしまうのであります。

人間は正直がよいのですよ、とか、人間は素直さが第一です、とかいう言葉でも、全くその通りであり、人間にとって一番肝心なことなのでありますが、そのまま当然過ぎて、聞き過ごしてしまうのです。

人間にとって、学問知識も勿論必要なことなのですが、それよりも前に、人間にとって当然行わなければならないような、普通のこと、素朴な行いを、幼年の時から、もっと自然に教えこむようにすることが大事だとしみじみ思います。

正直、素直、勤勉、誠実、柔和、勇気、相手に対する思いやり、こういう基本的な心の持ち方をおろそかにした教育などというものは、その社会やその国家、ひいては人類全体を幸福にする方向にもってゆくことはできません。

しかし、そうした基本的なことは、昔の修身教育のように、形《かた》どうりの、きまりきった表面的の面白味のない方法でやったのでは、かえって逆効果になってしまいます。

教師や指導者たちが、自分自《みずか》らの生活態度の中で身を以て教えこむというような生き方が必要なのです。言葉と実際がかけはなれているようなやり方は、かえってマイナスになります。教育者や指導者の子供が、案外出来が悪く成人していったりする話をよくききますが、これはその親達の言葉と行為とのずれに対して、子供たちが反感を抱いての結果だと思われます。

私たちが子供の頃から、小説や映画で感動して、立派な人間になろうと決意したことが何度びもあります。小説や映画は、その主人公たちが、行動を通して、人間の基本的生き方を示してくれたから、その全人間的動きにこちらが感動させられ、そういう人間の行為を自分も見ならおうと思うわけです。

ですから、人間教育の根本は、教育する側の行動が眼に見えるような、そういう教え方や話し方でなければ人々をひっぱってゆくわけにはゆかないのです。

大きくなった新興宗教などは、例外なしに眼に見えるような現世利益的説法で人々をひっぱってゆくのでありますが、高度な宗教では、そういう現世利益の話ができずに、唯人としての基本的な生き方に忠実であることを説くわけで、直接現世利益と結びつかないことが多いわけです。

ところが老子となりますと、人間の基本的な生き方を、もう一段上の方に上げまして、そういう基本的な心が生れてくる、いわゆる無為の方に心を一致させることを教えているわけなのでありま す。

人間は生れようと思って生れてきたのでもなければ、死のうと思って死ぬのでもない。そういう生死の根本に思いを致すと、人間は自然法爾《じねんほうに》に、無為にして生れ出で、あの世に去ってゆくということになります。大宇宙の一齣の働きとして、この肉体界に生れ出でることもあれば、霊界や他の星々で働きつづけることもある。それはすべて肉体頭脳で計りきれぬことであり、肉体頭脳をはるかに超越した大生命の大智慧によってなされている。即ち、無為という、仏教でいえば空《くう》という、他の言葉でいえば、全託という、そういう、肉体力を全否定したところから、そうした大生命大智慧能力が、自然《じねん》と湧き出でくる、という、極めて当然なことを、老子や釈尊や、その他聖者といわれた人は皆言っているのであります。

それを老子は、無為にして為せ、といっているわけで、こうしろ、ああしろというのならむずかしかろうが、無為にして生きろ、というのだから、何等むずかしいことはないだろう、というのが老子の言葉なのですが、さて、それがそういう習慣から離れてしまって、何をするにもいちいち頭をしぼって考えなければ生活してゆけなくなってしまっている地球界の人々にとっては、無為にして為す、という、こういう易しいことがかえってむずかしいことになってしまって、老子はむずかしいということになってしまったのです。

実際深い根本的な考えからゆきますと、現世利益だけが得られるような教え方や生き方は、その人の真実の生き方、真実の世界に住む為には、実に面倒なむずかしい道にひっぱりこんでしまうことになるのでありますが、老子のように、甚だ知り易く、行い易い、肉体人間自身には何んの力も無い、すべての力は無為の方からきているのだ、大宇宙、大自然の中から湧き出てくるのだ、という教え方、生き方の方が、そのままスウッと、真実の世界に住みつくことになるので、ずっと易しく、ずっと近道なのでありますが、その真理がこの世の中の人にはなかなか判らない。困ったものだと私も時々思ったりするのです。

**言《げん》に宗《そう》有り、事に君《きみ》有り。夫れ唯知ること無し。是を以て我を知らず。我を知る者希《まれ》なれば、則ち我貴《とうと》し。是を以て聖人は、褐《かつ》を被《き》て玉を懐《いだ》く。**

言《げん》に宗あり、というのは、言には元がある、それを現わせしめる根本法則がある。つまり宇宙法則の流れの根元から、法則に乗って言《ことば》というものが出てきているので、現象的な生活の中からや、事物の動きにつれて勝手に言が出来上がったのではない。また、事に君有りで、何事を為すのでも、その事柄の中には、ちゃんと定まった、宇宙意志というものがあるのであって、只やたらに、自分勝手に、自分の損得だけで、事を運んでしまってよいようなものではない。そういう真理を誰も知らない。

またそういう真理を知らせようとして来た私だけれど、そういう真実の私を知る者は希にしかない。だから、こういう私のような存在は尊い存在といわなければならない。ちなみに聖人というものは、大体、金殿玉楼に住み美味美食に明けくれているような者ではなく、貧しい衣服をまとっているけれども、心には輝く玉を抱いているのである。

というのであります。

人間というものはおかしなもので、この世に現われてくる様々なもの、地位も金銭も物質も、そして喜びも悲しみも、時間の経過に従って、みんな消えていってしまうし、変化してしまう。そういう消えてゆく姿を、あたかも実在のように思い、いつまでも変化もせず消えてゆくものでもないもののように、しっかりつかんで放そうとしない。

政治家たちの地位争いや、区会議員や都会議員などという、頼まれても面倒で嫌なような役目でも、自分から自分を売りこみ、しかも悪いことまでして、その地位を得ようとしているのをみると、どうにもその愚かさ加減に、人間の業想念の哀れさを感じて、どうぞみんなの天命が完うしますようにに、少しでも真理の開いた人間になりますように、と祈らずにはいられなくなります。

まして、少しの金を得る為の、強盗殺人者などの話などは、全く真理を知らぬ者の、現象世界にひっかかった想念のみじめさというものを、はっきりとみせつけられて、一日も早くみんなが真理に目醒めるようにと願う想いがますます切実になります。

この世界は変化変滅する世界なのであり、消えてゆく姿の世界なのだ、ということを、世界中の人々の心の中にしみこませなければ、この世界が平和になるわけがありません。

消えてゆく姿を、消えてゆく姿とはっきり見極めることができるようになると、はじめて、現われの世界の変化変滅に想いが把われなくなります。

世界の指導者たちが、心を平静に保って、この変化変滅の様相をしっかりとらえて、各国の政治政策を行ってゆけば、現在のような大戦直前のような姿は消え去ってしまうのですが、なかなかそうではなさそうです。私など以前から、中国の国連加盟を、日本などが推進してさせるべきだ、千二百万の台湾を国家とみて、六億以上の人口をもつ中国を国家とみなさず、国連にも入れぬなどということは、どちらの国が善い悪いということを別にしても、正当な取扱いでない。中国がもし悪い国なら、それこそ是非とも国連に入れて、各国で善い方向にむけるよう話合の努力をつづけるべきである、との説を唱えていましたが、現在では、中国が国連に入っていないばかりに、米国なども、どうにも話合いのつけようがなく困っておりますし、困るばかりではなく、世界中の平和を乱す因になっています。

ですから、個人的には別として、対国家間ともなれば、あいつは悪い国だから附き合うな、附き合えばこっちも悪くなってしまう、というような、青少年の友達選びのようなことを言っていたのでは、とても世界平和をつくり出す役目は果せません。

もっと想いを無為にして、世界中が附き合うようにすべきであり、そうして例え損するようなことがあっても、宇宙法則の運行に外《はず》れていた過去の生き方が、それだけ消えてゆく姿となったのだ、と思ってゆくより仕方のないことなので、目先き勘定の国家の損得で、国家間の附き合いをするようでは、いつでも消えてゆく姿を気にし、変化変滅の波に左右されて、日本なら日本独自の生き方ができなくなってしまいます。

日本は今日程、老子の言う、知り易く、行い易い、無為の道を根柢にしての政治を行わねばならぬ時代はないのです。無為の道の奥から、日本の真実の生きる道が、はっきり開けてくることは必定なのです。

何故なれば、すべては大宇宙の法則の中で生かされているのであり、神のみ心は大調和のみ心なので、神のみ心に託せた、大調和の道に沿った生き方から誤りが生れる筈がないからなのです。

あまり種々と頭をひねくり廻わして、他国の腹の中をさぐりつづけなくとも、神のみ心、無為の道に入って政治を行っていれば、自《おのずか》ら、日本を日本たらしめ、中国を中国たらしめ、米国を米国たらしめる生き方が、容易にできてくるのであり、大調和世界、平和な世界の道がはっきり開けてくるのであります。その日の一日も早く来らんことを願って、私たちは消えてゆく姿で世界平和の祈りの運動をますます推進してゆこうではありませんか。

# 第三十九講　知りて知らずとするは上《じょう》なり

道徳経第七十一章

知《リテ》不《トスルハ》レ知《ラ》、上《ナリ》。不《シテ》レ知《ラ》知《レリトスルハ》、病《ナリ》。夫《レ》唯病《ム》レ病《ヲ》。是《ヲ》以《テ》不《レ》病《アラ》。聖人《ハ》不《レ》病《アラ》。以《テ》二其《ノ》病《ムヲ》一レ病《ヲ》、是《ヲ》以《テ》不《レ》病《アラ》。

〔読み方〕

知りて知らずとするは、上《じょう》なり。知らずして知れりとするは、病《へい》なり。夫れ唯病を病《や》む。是を以て病あらず。聖人は病あらず。其の病を病むを以て、是を以て病あらず。

知りて知らずとするは、上なり。知っていることでも知らないような態度で、人々に接することはなかなかむずかしいことです。

知っていることは、ひょっとした時につい言葉に出てしまったり、その態度に現われてしまうものなのですが、上等な立派な人という者は、学問も見識も高いものをもっていながら、人々の話をよく聞き、人々のやっていることに少しの口出しもせず、真面目な態度で見ていて、当然自分の方がその話の内容もその仕事の事柄も、大きくは宇宙観についても、話している人や、仕事をしている人たちよりも、ずっとよく判っていながらも、判らないような態度で、率直にまともに、その人々に接している、というのであります。

これはできそうでできにくいことです。知っている事柄には、つい口出ししたくなるのが人情でして、つい自分の見識を見せてしまいがちです。それを素直に真面目に聴聞したり見聞したりしていて、その態度の中に、私は知っているのだが黙っているのだ、というような偉ぶった態度を少しも持たぬ、というのが上等な人であるわけなのです。その反対に、知らずして知れりとするは、病なり。の人の方がこの世にはたくさん存在するわけです。俗にいう知ったかぶり、のことですが、これは一つの病気であり、欠点である、というのであります。

ところがこの世の中では、知らないことでも知ったようなふりをして、得々《とくとく》と演説してまわるような人が、意外に地位や権力や、金力を得てしまうようなことが多く、知ったことでも知らないように、自己を現わさない、いわゆる立派な人の方が有名にならないでいたりするのです。

政界に乗り出そうとするような人には、知らずして知れり、とする人が多いのでありまして、自分が出さえすれば、必ず政治が善くなるようなことを言う人も随分あります。

こういう人は、一つ知っていることをあたかも十も二十も知っているように話したり、知らぬことでも決して知らぬとは言わずに、知ったような顔をして肯いていたりするものです。見る人から見ればすぐに判ることなのですが、一般の人々は、こういう、いわゆるハッタリの人をやれる人とか偉い人とか思ってしまって、代議士に選んだりしてしまうのです。

人間というものはおもしろいもので、自分で知ったような判ったようなことを言いつづけているうちに、自分自身をも騙してしまいまして、事実はたいして判ってもいないのに、もう深く判ってしまったように、自分自身も思いこんでしまうのです。そうするとそれで自信がつきまして、自分は深い洞察力があり、実行力もある人物であると、自分に信頼感を抱いてくるのです。

そう致しますと、その態度に自信からくる落ちつきというようなものが備わってきまして、堂々たる人物らしくなってくるのであります。

ところが真実は、そう智慧も知識もあるわけではなく、自己偽瞞《ぎまん》からきた自信なのですから、一寸むずかしい問題にぶつかってきますと、心が乱れてきまして、その本質がはっきり表面に出てきてしまうのです。

こういうような、自己偽瞞とその時々の運勢とに乗って世に出た人たちは、やがては必ず地に落ちる運命になってしまいまして、老後は悲惨な生活になってしまったりするのであります。

ですから老子は、知らずして知れりとするは、心の病気だ、大きな欠点だというのです。そこで、夫れ唯病《へい》を病《や》む。是を以て病《へい》あらず。というように、そのような欠点に対して、常にその欠点に対して気を病《や》んで、反省してそういう態度がなくなるように、自己偽瞞の想いが無くなるように、気をつけていれば、そういう欠点は知らないうちに無くなってゆくのだというのであります。

自己偽瞞ということ、本心を瞞《くらま》すということ程、大きな病はないのでありまして、すべての不幸や災難は、自己偽瞞、本心の隠蔽《いんぺい》というところからはじまるのです。

知ったかぶりなどは何んでもなさそうに思えますが、知らないことを知ったように見せようとしたり、聞かせようとしたりするのは、まだよいのですが、自分自身が、知らないことを、知っているように思いこんでしまったりすることが一番危険なのであります。

よくよく自分たちの想いを顧みまして、つきつめてみますと、実はほんの少ししか知っていないことなのに、自分ではあたかも、その全貌を知ってしまっているように思い違いをしていることが、よくあります。

ですからそれに気づいたら、躊躇なく、自分は今まで、そのことについてよく知っているように思っていたが、実は本当はあまり知っていないことに気づいた、というように、真実の自分の気持をすぐ人に話して、自分の気持を、知っている範囲の立場に立て直すことが大事なのであります。

この世のことも、人間のことも、あまりよく知っていないのが現在の人々なのですが、一般の人々は、この世のこと、人間のことを知りきっているような態度で生活しています。ところが、知っていることは、ほんの僅かなことで、この世のことも人間のことも、判らないことだらけなのです。

一般の人々が知っていることというのは、男性と女性が結婚することによって、赤ん坊が生まれる、赤ん坊は次第に生長して大人になってゆく、大人になれば、人類の一員として、社会の一員として、家庭生活を営み、社会国家や、人類との連けいにおいて、一家を支えてゆく、というようなことであって、あとたいして深いことは知っていません。

人間や宇宙に対する細いことは、科学者という特定の人たちの学問研究によって探り当てたところを、話に聞いたり、書物で読んだりして知ったような気になっている、というに過ぎません。

そして、そういう科学者のいうことは相当深いところのことのように思っていますが、実はその学問研究の奥地でさえも、真実の宇宙の相《すがた》、人間の相からすれば、やはりほんの浅いところの研究成果でしかないのです。

現在の人間の大半は、人間は肉体にしか存在しないと思っています。しかし実は、人間というものは、肉体の他にも各種の体を纏って生活しているのである、肉体世界という範囲の他に、種々な人類世界が存在するのである、という真理を知らないでいるのです。知らないでいながら、肉体生活の他に人間など存在するものか、とあたかも知りきっているような口ぶりで言う人々もあります。

それから、宇宙の星々のことでも、この五感の眼でみた星というものを実在とみているのでありますし、地球科学的に種々と研究し検討した結果で、何処何処の星には生物が存在し得るわけがない、というような結論を出したりしているのでありますし、私共のように肉体世界の他の世界のことをはっきり知っていたり、他の星の人類との交流に明けくれていたりするものからみれば、実に老子のいう、「知らずして知れりとするは病《へい》なり」と思わず言いたくなるのです。知らないことは知らないのですから、今のところは判らないでよいのです。知るように判るように懸命に研究してゆけばよいので、そうすれば自然とはっきり判ってくる道に行き当ってくるのであります。そういう態度を科学的な態度というのであります。

上等な科学者は、判らないことは、はっきり判らないといい、自分たちの研究結果だけで無いとか、実在しないとか断定するようなことはしていません。常に自分たちの研究上の欠点を見つけ出そうと苦心をはらっているのです。そして、常に先に先にとその研究の成果を伸ばしてゆこうと努力しています。

聖人は病《へい》あらず。其の病を病《や》むを以て、是を以て病あらず。このように、聖人というもの立派な人格者という者は、自己の心に欠点の起らぬように、自己の心が病まぬように、常に本心の座に想いを入れているので、心が病むことが無いのである。と老子はいっております。

ここで一寸私自身として言いたいことは、この章のはじめの、知りて知らずとするは上なり、という謙虚な態度はまことに結構なのですが、この言葉に把われてしまいますと、言わなければならない立場の人が言わずじまいで、結果を悪くしてしまうこともあるのですから、言うべきときには言い、言わざるときには言わず、という、自然法爾《じねんほうに》的な無為から生れてくる言葉や行為になることが必要なのであります。

聖者たちの教えにでも、あまり言葉そのものに把われてしまうと、教えがあるためにかえって人間の自由自在性を失わしめてしまいますから、この点に注意することが必要でありまして、要は、如何なる言葉も行為も、常に本心から溢れでてくるもので、業想念の感情からするのではない、と確かに自分自身で判るようにすることが修行の要点であると思います。

あの人が、ここで一言してくれればなあ、と思う時に、その人が謙虚さのあまり発言せず、その会議がつまらぬ方向に動いてしまうようなことがよくあるものですから、善い人、謙虚の美徳をもつ人程、時に当っては断乎として自説を通すというような勇気も必要なのであります。

その点、現在の日本の外交というものが非常に働きが足りないと思うのです。何故もっと自国の信ずる方向に向って、確固たる発言をしないのかと思います。日本は大和を基とすることは聖徳太子以来定まっております。現憲法でも同じことです。その点ではっきりした確信をもたなければ、知りて知らずも、知らずして知るもありません。まるで駄目なのであります。日本の国是《こくぜ》というものを内閣がもっとしっかりつかんで外交の掌《しょう》に当らなければ、外国の政策のままにずるずると深みにはまっていってしまいます。

相手が聞くきかぬは相手のことであって、こちらの気持をはっきり相手に聞かせなければ、相手はこちらの真意がつかめません。

その時の都合次第で、日本の平和に徹する道を曲げてはいけません。この道は日本の悲願の道でもあり、天から定められた道でもあるのです。

米国はアジアを知らずして知れり、としているのです。米国は病んでいるのです。中国やソ連が病んでいる以上に米国は病んでいるのです。中国の病も米国の病も、当事国はそれを知らないのです。自国の病がどれ程の重症であるかを知らないのです。それをはっきり知らせるのは日本国をおいて他にはありません。

日本人全員が世界平和創設の道に、今こそ結集しなければなりません。政府の外交政策のやりよいように、真の平和政策を遂行してゆけるように、国民の心を世界平和一本に集中させなければいけません。その為の私共の世界平和の祈りなのであります。今日までの如何なる聖者もすべて世界の平和を願っています。今日こそ地球の壊滅か大平和の達成かという二つに一つのぬきさしならぬ時に立ち至っているのです。眼前の利害得失に把われず、地球人類永遠の平和の基を今日はっきり築きあげねばなりません。消えてゆく姿で世界平和の祈りの大事さを、今こそ心身にしみて感じて下さい。そして心を揃えて世界平和達成を祈りつづけようではありませんか。

# 第四十講　民　威を畏《おそ》れざれば大威至らん

道徳経第七十二章

民不《レバ》レ畏《レ》レ威《ヲ》、大威至《ラン》矣。無《カレ》レ狭《シトスルコトノ》二其所《ヲ》レ居《ル》。無《カレ》レ厭《ウコトノ》二其所《ヲ》レ生《クル》。夫《レ》唯不レ厭《ワ》。是《ヲ》以《テ》不レ厭《ワレ》。是《ヲ》以《テ》聖人《ハ》、自《ラ》知《リテ》不二自《ラ》見《ワサ》一。自《ラ》愛《シテ》不二自《ラ》貴《シトセ》一。故《ニ》去《リテ》レ彼《ヲ》取《ル》レ此《ヲ》。

**〔読み方〕**

民《たみ》、威《い》を畏《おそ》れざれば、大威《たいい》至らん。其の居る所を狭しとすること無かれ。其の生くる所を厭《いと》うこと無《な》かれ。夫れ唯厭わず。是を以て厭われず。是を以て聖人は、自《みずか》ら知りて自ら見《あら》わさず。自ら愛して自ら貴《たっと》しとせず。故に彼を去りて此を取る。

**民、威《い》を畏れざれば、大威《い》至らん。**

この威という言葉は、神のみ心、神の権威、宇宙の法則ということで、神のみ心、宇宙の法則を無視して生きていれば、自然と神のみ心から離れ、宇宙の法則を外《はず》れてしまって、人間神の子でなくして、業想念《カルマ》の子として生活していることになってしまいます。

ところが、人間は誰でも、何人たりとも、神のみ心を離れ、宇宙法則の外にいては生きてゆけぬようになっています。人間自《みずか》らは気づかずにいても、常に神のみ心は人々を真実の道において生かそうとして、瞬時もなく御光を流れ入れしめているのでありますが、人間側が、神のみ心の方に少しも想いをむけず、自分勝手につくりあげた妄想である、生命を汚す方向に想いをむけ、行動をすすめていますと、いつの間にか、宇宙の法則をはるかに外れた軌道を進んでいることになり、神のみ心を遠く離れた世界に住みつくことになってしまいます。それでは生命全体の調和がとれにくくなりますので、神はより一層のみ光を強くその人の方に放射することになります。これが大威至らんであります。

大威が至れば、その人は急激に強い光を受けるのですから、肉体が参ってしまったり、その人の霊体を曇らせている業想念波動が、急速に浄化される作用として、この世的には不幸と見え災難とみえる運命がその人を見舞うのであります。

この世に人が生きておりますのは、大生命とは関係ない個人が生きておるのではなく、あくまで、大生命の一つの働きを司る小生命として生きているのでありまして、その法則を無視して自分勝手な生き方をすれば、いつの間にか大生命の光の流れから外れてしまいます。

ですから、如何なる人でも、大生命（神）のみ光の恩恵に感謝せず、神智を畏れず、これを無視した生き方をすれば、必ず大威が至って、嫌でも応でも苦悩の末に、大生命の分生命である人間ということを自覚させられるようになっているのであります。

その真理を知らない人々が、過去世の善因や祖先の余慶によって、今生の生活環境がよかったり、才能に恵まれていたりすると、あたかもその幸運を、現在の自分の力として他の恩恵を一切無視し、神仏さえも自分には不要のごとく、思い上がっている人や国家があります。

どうしてそんな風に思い上がることができるのでしょう。人間にとって、一番最初の資本ともいうべき生命というものを、一体その人は自分自身がつくったものとでも思っているのでしょうか。そして、その生命を肉体人間として、すくすく成長させてくれた、天地間のあらゆる要素に対し、その人々は何んの感慨ももたずにいるのでしょうか。正に民、威を畏れざれば、大威至らん、です。

## 其の居る所を狭しとすること無《な》かれ、其の生くる所を厭《いと》うこと無かれ。

この世の人たちは大体において、その環境に対して、不平不満が多過ぎます。そういう不平不満があってはいけない、ということをこの文はいっているわけなのですが、そういう言葉を嫌がる人々が多くいて、この世の生活は、そういう環境に対する不平不満があって改善されてゆくのであり、何も不平不満もいわず、改善運動も起こさなければ、いつまでたっても人間生活の向上はあり得ない、ということでありましょう。

しかし、よく考えてみて下さい。常に自分の環境に不平不満をいっている人をみて、他の人がよい気持でいられるでしょうか。まして、先輩や上役たちが、そういう人に好意をもつでしょうか。そのように自分個人の環境について不平不満をいう人は、その環境を改善する手助けをしてくれる人を失ってしまうのです。真実の改善運動をする人は、自分個人の不平不満があってするのではなく、人々の為に或いは大衆の為に、自分の身を捨てて立ち上がるのであります。

しかし、それよりもっと上等な生き方は、自ずと各人の環境が改善されるような、法則に乗った生き方を、自己も行い、人々にも教え得る人です。そういう生き方を老子は説いているのであります。

それには先ず、自己の置かれた環境を嫌がる想いをなくし、この世に生きていることを厭《いと》うような気持をなくすように自らがするのであり、人々にもそうなるような道をひらかなければいけません。次の

**夫《そ》れ唯厭わず。是を以て厭われず。是を以て聖人は、自《みずか》ら知りて自ら見《あら》わさず。自ら愛して自ら貴《たっと》しとせず。故に彼を去りて此を取る。**

というようになることがよいのだと老子はいうのであります。

これはどういうことかと申しますと、聖人というものは、どのような環境に置かれても、どのような立場にいても、そういう環境や立場を少しも厭《いや》がらず、素直にその環境や立場を生かしてゆくのであります。ですから誰からも、どこからも厭がられるわけはなく、文句をいわれることもありません。

人間が、その環境や立場というものに、何かと不平不満や文句があるのは、自分というもの、つ

まり小我の自分というものがあるからでありまして、どういう意味でそういう厭な環境に置かれたり、やりにくい立場にたたされたりするのか、ということを知らずに、ただ、全体を離れた自分というものの見地から、その環境や立場をみているからであります。

聖人という者は、自分というものが、どういう意味でこの地球界に生活しているのか、自分という生命は、何処からきて何処へゆくのか、自分の本体というものは如何なるものなのか、ということをよく知っておりますので、わざわざ自分をこの世で有名にさせたり、人に目立つようにさせたりする必要がないのであります。

何故自分を知っていると、自分を見《あら》わす必要がないのかといいますと、聖人は自分がこの世に生きているのは、大宇宙神の意志の一部を現わす為であることを知っています。全体の一部であることを知っているのであります。ですから、大宇宙意志のままにすべての運行が為されているのであり、大宇宙意志を外《はず》れた想念も行為も、それは単にその瞬間瞬間現われては消えてゆくものであることが判っております。そういう真理が判っておりますと、どのような環境も立場も、すべてが大宇宙意志によって為されているということになるのです。ですから、聖人はいつでも、大宇宙意志と一体になって行動しておることになり、大宇宙意志を離れた自分個人の想念や行為などあろう筈がありません。そこで自分の小我で自分を現わそうという必要が無くなるのであります。

凡人というものは、これができずに、常に宇宙意志と離れた自分というものの、知識や想念、つまり小智才覚によって動いてしまうのです。小智才覚によって現わし得た自分というものは、本道から外れたものなのですから、大宇宙の意志につながっていないので、泡沫のように現われてはすぐ消えてしまうのです。

人間は大宇宙意志によって動いている場合が多ければ多い程、その人の価値が高いのであり、その人の行為は光となって、自己を永遠の生命の一筋として生かしてゆくことになるのであります。


自ら愛して自ら貴《たっと》しとせず。ということは、聖人は自分が宇宙神の光をそのまま現わしていることを知っています。ですから自分を愛し敬することは、宇宙神を愛し敬することと同じであるということになります。そういう確信は何人よりも強いのであります。しかし、自分を愛する心が強いからといって、自分を貴い人間であると誇るような心も態度もないのです。

文章にすれば、こういう説明になりますが、実はこういう説明をする必要もない程、自然法爾《じねんほうに》にそういう生き方になっておるのであります。

釈尊が我は仏なり、といっておりますが、こういう大宣言をしていても、別に自己を誇ってそういっているのではなく、当然のこととしていっているわけなので、そこには驕慢《きょうまん》な想いがあるわけではないのです。

イエスが、非常な権威をみせて、人に神の道を説いていますが、これなども、自分を神の子として高く評価して、いいかえれば自《みずか》らを愛する心で、道を説きつづけたわけです。自らを愛するというのは、何も肉体人間の自分を大事にするというだけのことではなく、自己の生命をよりよく生かす、ということに真実の意味があるのです。

私の説いております、自分を愛し、人を愛しということでも、自分の生命をよりよく生かす、神の子としての自分自身を恥かしめないように立派な生き方をすることをいうのでありますし、人を愛するというのでも、やはり同じ意味があるのであります。

自分の生命をよりよく生かす為には、どうしても生命の働きを邪魔している、把われの想いをどこかで消し去らなければなりません。善いにつけ悪いにつけ、想いが把われてしまっては、心も体も働きにくいのです。私の歌に《誤ちを悔ゆるはよけれ悔いのみに生くる生命《いのち》は愚かしきもの》というのがありますが、一たんしてしまった行為を、私が悪いのです、悪かったのです、といつまでも悔いていることは、生命の光を消していることであって、少しのプラスにもなりません。自分をいじめているのであり、神の光を汚していることになります。

善いといわれる人にはこういう人が多いのです。宗教をやっているような人にも、自分をいじめて、それで良心に忠実なように思い違いしている人もあります。あくまでも本筋は自分の生命を生き生きと生かすことにあります。自己としてここに現われている生命を、大生命の宇宙意志に合わせて、生かしきることが人間としての立派な生き方となるのであります。

そういう意味から、自分を愛し、人を愛すということが大事なことになってくるのです。老子がいみじくも、聖人は自らを愛し、ということをいっていますのに、私は全く同感しているのです。

真実自分を愛せるような人は、自《おのずか》ら、人をも愛せるので、自分を高ぶってみせるようなことはありません。真実自分を愛していないで、自分の肉体的なものをのみ愛している人が、自分を貴《たっと》しとして、自分を誇らかに人に見せようとするのです。

そこで聖人は、彼を去りて此を取る。つまり、宇宙神のみ心を外れたような生き方を取らず、宇宙意志そのままの生き方を取るというのであります。これを単に驕慢の生き方と謙徳の生き方というように簡単に説いている人もありますが、そういうことでもあるのです。

# 第四十一講　敢《かん》に勇なれば則《すなわ》ち殺し

道徳経第七十三章

勇《ナレバ》二於敢《ニ》一則《チ》殺《シ》、勇《ナレバ》二於不敢《ニ》一則《チ》活《カス》。此《ノ》両者《ハ》、或《ハ》利、或《ハ》害。天之所レ悪《ム》、孰《カ》知《ランヤ》二其《ノ》故《ヲ》一。是《ヲ》以《テ》聖人《ハ》、猶難《シトス》レ之《ヲ》。天之道《ハ》、不《シテ》レ争《ワ》而善《ク》勝《チ》、不《シテ》レ言《ワ》而善《ク》応《ジ》、不《シテ》レ召《サ》而自《ラ》来《リ》、繟然《トシテ》而善《ク》謀《ル》。天網《ハ》恢恢《トシテ》、疎《ニシテ》而不レ失《ワ》。

〔読み方〕

敢《かん》に勇《ゆう》なれば則《すなわ》ち殺し、不敢《ふかん》に勇なれば則ち活《い》かす。此の両者は、或は利、或は害。天の悪《にく》む所、孰《たれ》か其の故を知らんや。是を以て聖人は、猶之《なおこれ》を難《かた》しとす。天の道は、争わずして善く勝ち、言わずして善く応じ、召さずして自《おのずか》ら来り、繟然《たんぜん》として善く謀《はか》る。天網《てんもう》は恢恢《かいかい》として、疎《そ》にして失《うしな》わず。

## 敢《かん》に勇《ゆう》なれば則ち殺し、不敢に勇なれば則ち活《い》かす。

一口に勇敢といわれていますが、敢というのは、思いきっておこなうとか、おしきってなすとかいう言葉であります。勇というのは一般的には、いさましいとかおおしいとかいう風に解釈されていますが、これも勿論誤ちではありませんが、実はもっともっと深い意味のある言葉なのです。

勇という文字は、上が甬《よう》という文字であり、下が力という文字であります。甬という字に辶をつけますと、通《とう》という字になります。この通という字は、とおる、いたる、かよう、つらぬきとおる、という意味であり、みちともよまれます。この通と甬とは似かよった意味をもっておりまして、天に通ずる道という意味があるのです。甬という字を字典にはマスメの名とも書いてあります。マスメとは、縦横の十字の無数にゆきかっているさまでありまして、大きく宇宙法則の調和したはたらきのさまです。これは陰陽の交叉、プラスマイナスの調和という、真理の相《すがた》であるのです。そういう意味をこの文字はもっているのであります。

ですから勇という文字はマ田力という意味のない文字ではないので、天の大調和した相の中に、この地球世界の人間の力をもって飛びこんでゆくということでもあり、又、神のみ心の真実の働きが、この人間の心にすっきり伝わってきて真実の力となった、ということを現わした文字でもあるのです。

こう考えて参りますと、老子のいわれていることが実によく判ってくるのです。老子がこの章の最初にいっている、敢に勇なれば則ち殺し、という言葉と不敢に勇なれば則ち活《い》かす、という二つの相違が当然のこととして判って参ります。

勇ということが、天の大調和した相の中に力をもって飛びこんでゆくことであり、その力は神のみ心、大宇宙の法則の自然的な流れとして、人間に伝わってきて真実の力となったということであれば、その真実の力が、宇宙法則の流れに沿って自然《じねん》に働けばよいことであって、敢えて、思いきって行ったり、押しきってなしたりする、いわゆる敢行するというようなことをする必要はないので、敢に勇なればかえってそこに人々を殺してしまうようなことになってしまうのでありますし、その反対に不敢に勇であること、つまり自然法爾《じねんほうに》的な勇をもって事に当たれば、すべてが活かされてゆくというのであります。

こういう思想は、老子の根本を成しているものでありまして、老子が如何に大宇宙の法則のままに生ききっていたかがよく判ります。

普通では勇敢なる行為といって、人に出来ないような行いを敢えてしてゆくことを称えておりますが、真実の言葉としては、勇気ある行為をこそ誉《ほ》むべきで、無理におし通さんとするような意味を含んだ、押しきってなす勇敢という行為には、自分をも人をも殺してしまう大いなる危険が蔵されているわけなのであります。

個人的には暴にもってするに腕力をもって当ることや、国と国とが軍事力をもって対決するようなことは、勇気ある行為のように見えますが、実は相手をも自《みずか》らをも傷つけ痛める行為となるのです。

国家の為に勇ましく敵に当って突き進んでゆく軍人の姿は、勇ましくも亦悲《かな》しき姿であります。自国の為に他国人を殺傷し、自分も亦傷つき倒れることもある、という軍人の姿は勇敢の一言につきます。この勇敢さは、あに軍人その人がつくり出しただけのものではなく、国家の政策そのものがつくり出して、その国民たちを、その政策の犠牲者としてその立場に置いてしまっているわけなのです。敵に勇なれば則ち殺し、という言葉がそのまま当てはまります。

どのような事情がありましょうとも、そういう勇敢さを国家がつくり出すべきではないことは老子の言がそのまま当てはまるのです。

ところが現在の地球人類の在り方からすれば、個人と個人との間においても、社会国家人類という集団の生き方の中にも、敢えて勇ならざるを得ないような状態がかなり多くあるのであります。不敢に勇という状態ではいられないような事柄が次々と起って参ります。

勇敢な行為の人々がいなければ、世の中が治まらないような状態が、あまりにも多くありますので、世の中は勇敢なる人々を賞賛して止まないのです。哀しむべき現状といわねばなりません。

武力をもって悪者を退治するテレビのシーンや、敵軍を粉砕する映画を観たりしますと、誰でも胸のすくような痛快な気分になります。これは正義が悪に勝ったという気持と、自分たちの安全が得られたという快さとの二通りの気持であるのですが、この気持は一面当然なことであり、正常なことであると共に、自己保存の本能の働きの恐るべき一面をも含んでいるのであります。

何故かと申しますと、正義を愛する気持は当然なことであって、神のみ心に反することではありませんが、これが国家のこととなりますと、自国を守る為には、どのような手段でも敵を打ち負かさねばいられぬ気持になって、原水爆使用をも辞さぬということにつながってくるからなのであります。

自国は常に正義であり、相手国は常に不正であるというお互いの考え方は、こういう自己保存の本能の中から生れてくるのです。この本能に打ち勝つことこそ、人類のこれからの根本ともいうべき課題なのであります。

勇敢か、不敢の勇か、老子は次の節で

**此の両者は、或は利、或は害。天の悪《にく》む所、孰《たれ》か其の故を知らんや。**

といっていますが、老子自身は、はっきりいずれが天の悪《にく》む所、つまり神のみ心に合わぬ生き方かを知っているのであり、いずれが利であり、いずれが害であるかも知っているのであります。

**是を以て聖人は、猶之《なおこれ》を難《かた》しとす。天の道は、争わずして善く勝ち、言わずして善く応じ、召さずして自《おのず》ら来り、繟然《たんぜん》として善く謀る。天網《てんもう》は恢恢《かいかい》として、疎《そ》にして失わず。**

聖人にはすべてが判ってはいるけれど、勇敢と不敢の勇との利害を人々が知ることのむずかしさをも、判るのであります。むずかしいとは判るけれど、天の道というものは、やはり、争わずして善く勝ち、声の言葉で言わないけれど、すべての要求によく応じ、よく応じさせることもできる。又殊更誰を招くということはないが、誰も自《おのず》ら来り、繟然、つまりゆるやかに、あっさりとしていながら、深い計らいが自然と行われている。そして、天の網はすべてを大きく包み容れていながら、その網の目は、すべてを失うことはない。

というように、天の道というものは、敢えて行うというのではなく、自然とすべてが行われてゆくというものである、だから人間も天の道のように生きねばならぬ、という結論を老子は述べているのであります。

これからの時代は、地球世界が、今日までの次元から一段と飛躍した次元に住まねばならなくなるのです。これは人間の好むと好まざるとにかかわらず、宇宙の進行がそうなっているのでありまして、今日までの生き方をしている限りは、いつか地球人類は滅び去ってしまわねばならぬことになるのです。それは大宇宙法則から、すっかり外《はず》れてしまうからであります。

自己保存の本能というものが、真実の自己生命を守ろうとする本能として働くのではなくて、自己の肉体身をのみ守ろうとしているのでは、それは自国のみを守ろうとする形として働くのであって、宇宙大生命の意志である、共存共栄という形にはどうしてもなってゆかないのです。

今日の米ソ中共、インド、パキスタン、アフリカ諸国や東南アジア諸国等々、何処の国と国との関係においても、自国中心主義であって、他国の救済の為に、自国の損失をも顧みないなどということは、ほとんど無いのであります。

それどころか事実は全く反対で、自国の為なら他国の損失など敢えて顧みない、という国家が殆どなのであります。

米国がベトナムで戦っているその真意は、ベトナム人の為でないことは勿論であります。

米国自身の共産主義の恐怖を払いのける為のものであって、他国の為というのは、そのつけ足しの想いに過ぎないのです。

これは何も米国のみではなく、ソ連も中共も英国も仏国もそして日本も、すべての国々が、自国の為の防衛というのが九十九％でありまして、あとの一％の想いで同調国の利害を考えているに過ぎないのであります。

もし中共やソ連が、日本と米国とを同時に攻撃した場合、米国の防衛力は、自国の為にどれだけの力をつかい、日本の為にどれだけの力を使うでしょうか。日本の為に力を使うというより、自国の防衛力を固めるための或る時間をかせぐ為に、日本を防衛するというに過ぎないのではないでしょうか。果してどうでしょう。

日本がかりに軍備力が強大だとして、日本とその同盟国とが、同時に大敵に襲われたとした時、しかも原爆のような強力な爆弾で襲われたとしたら、一体どれだけの軍力をその同盟国の為に使うでしょうか。やはり同じようなことになるでありましょう。

尤《もっと》も原水爆戦争となれば、どちらも滅亡ということになるのですから、自国も他国もなくなってしまうわけです。自己保存の本能というものを、肉体を超えた高次元のものとしない限りは、どうしても自国本位になり、自国を守る為の戦争ということになってくるのです。

そういうように、今日までの思想や政治政策では、地球世界は早晩滅亡するより仕方がないことになります。その事実を人類ははっきり認めなければいけないのです。

老子の言うように、争わずして善く勝ち、言わずして善く応じ、召さずして自ら来るような、そういう人間に一人一人がならねばなりません。

その為には、肉体というものが人間ではなく、生命そのものが人間なのであることを知ることが必要なのです。人間生命そのものが、或る一定期間、肉体という波動体を纏っているというのが、この地球人類の姿なのですが、生命そのものが人間であるということを知りますと、現在の肉体というものが、そのままで高次元の波動に昇華してゆくのです。いいかえると、人間の他の体である霊体幽体という波動体に肉体が極度に近づいて、同等に近い微妙な波動体になり得るということになるのであります。

そう致しますと、今日までのように、肉体人間というものに執着しなくなって、肉体を超えた永遠の生命というものを主体にした生き方に変化してくるのです。肉体人間というものに執着しなければ、死ということを恐れなくなります。死が恐ろしくなくなれば、他国人を殺してまで、自国を守らなくとも、もっと自然の姿で、自由に自国独自の生き方ができてくる筈であります。

そうなれば、もう現在の国家というようなわずらわしい枠をはずして、もっと自由な伸び伸びとした形で、人類が平等につき合ってゆけるということになるのです。

そうなる為の最初の段階として、各国人民が想いを一つにして、世界人類の平和を願わなければならないのです。それが世界平和の祈りなのです。世界平和の祈りを基本にしなくては、地球人類はもう一歩も先に進むことはできないのであります。

# 第四十二講　民　死を畏れずんば……

道徳経第七十四章

民不《ンバ》レ畏《レ》レ死《ヲ》、奈何《ゾ》以《テ》レ死《ヲ》懼《レシメン》レ之《ヲ》。若《シ》使《メテ》二民《ヲシテ》常《ニ》畏《レ》レ死《ヲ》而為《ス》レ奇《ヲ》者、吾得《バ》二執《エテ》而殺《スコトヲ》一レ之《ヲ》、孰《カ》敢《テセンヤ》。常有《リテ》二司殺者《ニ》一殺《ス》。夫《レ》代《リテ》二司殺者《ニ》一殺《ス》、是《ヲ》謂《ウ》下代《リテ》二大匠《ニ》一斲《ルト》上。夫《レ》代《リテ》二大匠《ニ》一斲《ル》者《ハ》、希《ナリ》レ有《ルコト》レ不《ル》レ傷《ケ》二其《ノ》手《ヲ》一矣。

〔読み方〕

民《たみ》　死を畏《おそ》れずんば、奈何《いかん》ぞ死を以て之《これ》を懼《おそ》れしめん。若《も》し民をして常に死を畏れしめて奇《き》を為《な》す者、吾執《と》えて之を殺すことを得《え》ば、孰《たれ》か敢《あえ》てせんや。常に司殺者《しさつしゃ》有りて殺す。夫《そ》れ司殺者に代りて殺す、是を大匠《たいしょう》に代りて斲《き》ると謂《い》う。夫れ大匠に代りて斲る者は、其の手を傷けざる有ること希《まれ》なり。

## 民 死を畏《おそ》れずんば、奈何《いかん》ぞ死を以て之《これ》を懼《おそ》れしめん。

これは政治家にむかって説いている言葉でありまして、一般の人への言葉ではありませんが、政治家や国家への指針としてこの章を説明して参りましょう。

政治家にとって、一番恐ろしいことは、人民が死ぬことを恐れずに、政治に反抗してくることで、こうなると、如何なる刑罰に処するとも、どのような弾圧をしようとも、その反抗を抑えることはできません。

殺しても刑に処しても、その志をつぐものが後から後から現われて、到底その力を抑えきれず、遂いには大きな革命というような事態になりまして、為政者の方が敗北してしまうことになります。

こういうように人民が反抗してくるのは、何か必ず政治的な欠陥があるからであります。例えば、重税を荷しているとか、地位の高いものだけに得があって、下のものにはすべてに苛酷である、とか、自由を縛られているとか、そのままゆけば、他国と戦争にでもなりかねないとか、とに角自分たちや国家そのものが危機に向ってゆくような実感がしてきますと、いても立ってもいられぬ焦燥感にかりたてられ、こんな状態なら、死んだってどうだってかまわぬ、いっそひと思いに生命をかけて、と政治に反抗するという形になってくるのです。
ですから政治家は、人民をして、そういう心の状態に追いこむような政治をとってはいけない、と老子はいうのです。

**若《も》し民をして常に死を畏れしめて奇を為《な》す者、吾執《と》えて之を殺すことを得ば、孰《たれ》か敢《あえ》てせんや。常に司殺者《しさつしゃ》有りて殺す。**

政治が悪くて、人民を死を畏れぬまでに追いつめてしまうようでは困るので、常に善政をしいて、人民がこういう政治の下にならば、いつまでも生きていたい、というように、生きる楽しみを与える政治を行っていて、それでも不正をしたり政治に反抗するような者がいたら、これを刑罰に処したとしても、誰もこれをいなむものはいないでこの処置を当然のこととしてむかえるでありましょう。

それは司殺者、即ち天（神）の法則にそむいたものが、自《おの》ずとその生を断ってゆく、その天に代って、天のみ心そのまま行っている政治が、その生殺を握っているのだから、これは自然と人民が納得してしまうのであります。

天の理法は調和であり、その調和をこの世において現わしてゆくのが、真の政治家なのでありま す。ですから調和ある政治をして、人民に生きる喜び、生きる張合をつけているということは、天の代理者としての政治を行っているということになります。そういう政治下において行われた死刑の執行というものは、大自然の法則にそむいて滅びる、というのと同じ意味合いになるので、それは許されるのである、というような老子の言葉なのであり、次に、

**夫れ司殺者《しさつしゃ》に代りて殺す、是を大匠《たいしょう》に代りて斲《き》ると謂《い》う。夫れ大匠に代りて斲《き》る者は、其の手を傷けざる有《あ》ること希《まれ》なり。**

しかしながら、そのように天に代って司殺者となり得るような政治家は希であって、殆どの政治家が、自分では天に代ってやっている気でいながら、どこか政治に不備があって、天のみ心そのまま、大調和の法則そのままの政治を行い得ていないのであります。そこでそういう政治家は、大匠即ち、立派な大工の棟梁、もっと深くいえば、宇宙神のみ心に代って生殺の権を握り得る程の人物

ではないので、いつかは、自分の手を傷つけ、自分を滅ぼしてしまうのである、と老子はいっているのであります。

この老子の講義は、どこの国のどんな政治家にもあてはまる言葉でありまして、自己の権力欲の満足のために、政治家になろうなど思うものではありません。政治家になることなどは、実は人民の大犠牲者として起つ、という程の大愛の心でなければならないので、名声をかち得たいとか、権力欲の満足のためだというのだったら、これ程馬鹿気たことはありません。

ところが、この世では、こういう馬鹿気た人たちが多くいて、多額の金を使い、法にそむくようなことを平気でして、それで犠牲者になろうというのです。面白い人の心です。

政治家というものは、宗教者と同じことで、自我というものを、すべて、天にお還えしして、天の理法そのものとなって、はじめてなり得るものであり、権力欲だの、金銭欲だのが少しでもあってはならないのです。

そういう天の理法をマイナスする想念波動があればある程、その政治家の生命は汚れるのであり、その汚れをはらうために、いつかは大変な苦労をしなければならなくなるのであります。

口先でどんなうまいことをいっても、心が天の理法に適っていなければいけないので、大変な御修業であるわけです。そういう真理を知らずに、権力欲の妄念にかられての政治家志願者たちを、羨ましい気持でみている人たちもあるのですから、世の中は変なものです。

しかし、この地球上に肉体人間として生れてきている者は、完全な人格をもった人というのは、ほんの希でありますので、この地球上の人たちに完全を望むのは酷でありますが、国政を指揮し、人を指導する、政治家や宗教者、教育者などは、常に完全を望んで、進歩向上してゆく道に立っている人たちでなければなりません。

世界が今どんな苦難の道に立っているか、日本の今後がどのように困難な歩みをしつづけなければならないか、そういう状態を冷静にみつめてみたならば、進んで国政に当ろうとするのには、不惜身命ともいうべき、余程の勇気と、天与の智慧能力がなければ、できるものではありません。

アメリカの運命を担う、ジョンソン大統領などは、どれ程苦悩に充ちた日々を送っていることでしょう。もしジョンソンが、平然として、現在のアメリカ政策をつづけているとするならば、余程の愚者というべきでしょう。

そんなことは決してないと思います。アメリカとしては、最善をつくす為の必要悪として北ベトナム爆撃をつづけ、各小国への武力干渉をつづけているのでありましょうが、それが最善への道なのであろうか、ということを、何度びも何度びも考えてみる必要があるのです。

他国の領土や物資や人員を侵し、破壊し、しかも自国の有為なる青年を多数殺して、しかもそれが果して最善への道なのであろうか。私共宗教者の心には、どうしても納得できないしこりが残るのです。共産主義の侵透を防ぐには、これしか道がないのだ、とアメリカも云い、日本の或る人たちもいっていますが、果してそうなのでしょうか。もし宗教者の中で、平気でそんなことをいえる人があったら、その人は真実の宗教者ではありません。

殺す勿れ、ということと、大調和ということは宗教者の根本的な生き方です。その根本を外《はず》れた生き方を、自分自身が手をくだしてしないとしても、当然のこととして認めるということは、私共にはとてもできないことです。

日本の佐藤首相なども、調和を基本とする人なので、こういう点では非常に苦慮しているようです。アメリカとの同盟国として、アメリカの政策にあまり兎や角云いたくはないし、といって、心から北爆に同調する気にはなれないし、日本を再び戦争の渦に巻きこみたくはないし、政治の中心に立っていると、責任のない人たちが、はっきり言えるようなことも、なかなか言いにくいことになるので、政治家というのは大変だなあ、とつくづく思うのです。

アメリカ政策を支持する人たちは、日本は北爆でアメリカを責めるが、それは片手落ちだ、北ベトナムが、ベトコンの後押しを止めれば、アメリカも北爆をやめるし、アメリカは無条件交渉をいっているのに、北ベトナムが条件をつけて受けないのだ、日本人は少し感傷的になっている、大きな戦争を防ぐ為の小さな戦争は止むを得ない。

というようにいっていますが、そういう考えもあるのだろうが、とまでは思っても、そうだそうだ、アメリカの政策は尤もだ、と賛成する気になれぬのは、どこかに、アメリカの政策に無理があるからなのでしょう。アメリカにしても日本にしても、中共にしても、人民の心というより、人間の本心を納得させない欠陥がその政治政策にあるのだ、ということは確かなことです。

人類の大半が納得して、少数の者たちだけが反対する、というのなら、その世界政策は今の世界では善しとしなければなりませんが、賛成反対が半々ぐらいで、しかも賛成側が、何か心にうしろめたいような、言いわけしたいようなものを持っている、というのでは、これが天のみ心に適った真理に沿った政治政策である、とは言い得ないと思います。

地球世界を滅亡させない為に、アメリカも中共もそして日本も、真実に底の底まで、その政治政策をつきつめて考えて、現在の政治政策としては、これ以上天意に沿った方法はない、というまでに至らなければ、その政治政策はいつかは行きづまって、その為政者は滅び、その国家は変貌せざるを得なくなります。

只単に共産主義の侵透を防ぐ為とか、帝国主義の侵略を抑えるためとかいうだけで、天意にそむく殺戮や、謀略をしてもよいということにはならないのです。

老子はそのことを「夫れ大匠に代りて斬る者は、其の手を傷けざること希なり」といっているのでありまして、各国の政治家たちが、今こそ、真剣に自分の心をみつめ、自国の在り方をみつめて、自分の心に我欲がないか、自国の生き方に自分勝手なところがないか、とよくよく考えてみる時なのです。それでないと、自分の手を斬るだけではなく、遂いには地球自体を滅亡させてしまいかねないからであります。

政治家程むずかしい仕事はないと、しみじみ思い、政治家諸公の働きに感謝しながらも、どうもその行き方が危なっかしくてみていられないような、心落ちつかぬものを感じます。老子など、中国の昔に生活していて、常に中国の政治家たちの行いをみつめながら、やはり危っかしくてみていられず、老子道徳経を残してゆかれたのであろうと思われます。

要は政治家でも宗教家でも、教育者でも人の上に立ってゆく天命を持った人は、普通人の何層倍も、自己の心をみつめることをしなければならぬので、少しでも天意にそむく想いをもたぬよう、行わぬようしなければなりません。そういう態度が祈りなのであり、その方法として、祈り言葉が生れたのであります。

私はそれを消えてゆく姿で世界平和の祈りとして提唱し、すべての想念行為は過去世からの因縁の消えてゆく姿、その消えてゆく姿を世界人類の平和を願う祈り言葉の中に投げ入れて、神のみ心に同化して頂き、再び自分の想いの中に、自分の行いの中に、光り輝くものとして現わして頂くように、と願ったのであり、それが叶えられているのであります。

人間は常に観の転換を行うことが大事でありまして、その転換は神の大光明の中でずることが必要なのです。それが祈りであり、その祈りを人類の大目的と一つにしたのが世界平和の祈りなのであります。世界の政治家諸公も夜を日につぐ世界平和の祈りの中から真実の天意に沿った政治を行って下さるよう、祈らずにおられないのであります。

# 第四十三講　人の生まるるや柔弱なり

道徳経第七十六章

人之生《マルルヤ》也柔弱《ナリ》。其《ノ》死《スルヤ》也堅強《ナリ》。万物草木之生《ズルヤ》也柔脆《ナリ》。其《ノ》死《スルヤ》也枯槁《ス》。故《ニ》堅強《ナル》者《ハ》、死之徒《ナリ》。柔弱《ナル》者《ハ》、生之徒《ナリ》。是《ヲ》以《テ》、兵強《ケレバ》則《チ》不レ勝《タ》。木強《ケレバ》則《チ》共《ル》。強大《ナルハ》処《リ》レ下《ニ》、柔弱《ナルハ》処《ル》レ上《ニ》。

〔読み方〕

人の生まるるや柔弱《じゅうじゃく》なり。其の死するや堅強《けんきょう》なり。万物草木《そうもく》の生ずるや柔脆《じゅうぜい》なり。其の死するや枯《こ》槁《かう》す。故に堅強なる者は、死の徒《と》なり。柔弱なる者は、生の徒なり。是を以て、兵強ければ則ち勝たず。木強ければ則ち共《お》る。強大なるは下に処《お》り、柔弱なるは上に処る。

**人の生まるるや柔弱《じゅうじゃく》なり。其の死するや堅強《けんきょう》なり。万物草木の生ずるや柔脆《じゅうぜい》なり。其の死する**

**や枯槁《ここう》す。故に堅強なる者は、死の徒なり。柔弱なる者は、生の徒なり。**

人が生まれたての赤ん坊や幼児の時は、その肉体は柔らかく弱々しい。だが、その人が年老いて死ぬ時になると、その肉体は堅くなり、こわばってしまっている。万物や草木もそれと同じように、生ずる時には柔らかく脆いようであるが、その終りの時になると、枯れてしまい、かさかさになってしまう。

そういうように、堅くこわばってしまったものは、もう死んでゆくものであって、柔らかく柔軟であるものは、生の徒、いわゆる生き生きとしているのである。

というのであります。実際その通りでありまして、幼児や乙女の肌は、何んともいえず柔らかく快いものですが、屍や死に近い老人の体は、かさかさと、ひからびていて、決して気持のよいものではありません。

草花や木々についてもやはり同じことがいえます。花の蕾の愛らしさや、花片の柔らかい感触などは、自然の生き生きとしたいのちの輝きを、そのままこちらに伝えて参ります。

大自然の生命が生き生きと働いている姿は、柔らかく伸び伸びとしていまして、決してかちかちした固ったものではありません。

人間の心というものも、そうしたものでありまして、柔軟性のある自由自在な心であればある程、生き生きとした、大自然と同じ働きができてくるのでして、こちこちと固った動きのない、ひからびた心では、生き生きとした大きな働きはできないのであります。それではいのちが死んでしまっていると同じようになってしまうのです。

そういう理が判らなくて、いたずらに、ただ形にはめようとして教育したり、政治を行ったりしたのでは、真実の立派な人間は生れてこないのであります。宗教の在り方などもそうしたもので、形にはまったような宗教理論を押しつけたとしても、それは、きまりきった堅い理論なので、人々の胸に生き生きとした真理のひびきとして伝わってゆかないのです。生き生きとしているということが、何事にも大事なのでして、生き生きとしている為には、その人なり、その教えなりが、柔軟性のある、自由自在なもので、どこからでも人の心に、そのひびきが伝わってゆくようなものでなければなりません。

**是を以て、兵強ければ則ち勝たず。木強ければ則ち共《お》る。強大なるは下に処《お》り、柔弱なるは上**

に処《お》る。

どの章をとってもそうですが、老子の言葉は、人意による強大化ということに否定的です。兵力を強めるなどということは、勿論人意的なものですから、そのことを善しとはしていないのは明らかです。

そこでこの節も、兵強ければ則ち勝たず、といっていまして、普通人が考えているのとは反対のことをいうわけです。

兵力を強めなければいけない、軍備を増強して、あわよくば米国の力を借りて、核武装をしてしまわなければ、といっている階層が宗教家を含めて日本にも存在しているのですが、そういう心の状態を老子は全く否定しているのであります。

兵強ければ則ち勝たず、という言葉は、はっきりそれを表現しているわけです。兵弱ければ則ち勝たずなら普通の言葉なのですが、兵が強いのに勝たないのだろうか、この言葉だけを表面にみれば、首をかしげる人も多いことでありましょう。

兵が強ければ表面的には、一時勝つことはあるでしょう。しかしそれは完全勝利ではありません。

いつかはもっと強い相手が出てきて、敗れてしまわねばならぬことになるのです。これは因果の法則でありまして、個人的にいっても、叩くものはやがて叩かれ、人をしいたげるものは、やがてしいたげられることになる。これはすべて心の理法でありまして、自《みずか》らの想念波動は、いつか自らに帰えってくるのであります。

兵力が強くなるということは、相手をやっつける想念波動が強くなったことであって、それはやがては自国に帰えってくるのは当然の天地の理法なのです。

ですから老子は、兵強ければ則ち勝たず、つまりいつかは敗れる時がくるのだ、というのでありますます。このことは実に大事なことでありまして、この事実をおろそかにして国政を計っても、その国政は滅びに至る道をつくり出してしまうものなのです。

今日までの歴史はすべて、その事実を証明しているのでありまして、自国の方が正しいのだからそんなことはないといっても、それは自分たちの方で思うだけで、相手は決してその正しさを肯定しませんで、自分たちの方こそ正しいのだと主張するのであります。

人間同志が、自分の方をかばい合う気持でお互いの正義を主張し合っても、それはお互いに真実の正義ではないのです。どうしてお互いが正義でないのかと申しますと、お互いが他を責め裁いて、憎悪の感情で対決しているのでありますから、もうそういう想念そのものが、天地の理法と反している、大宇宙の心、つまり大調和の心に反しているわけで、どちらも正義ではないというのです。

どういう事態にありましょうとも、調和を乱す心の状態とか行為とかいうものは、宇宙法則に反していますので、人意で計る場合には、その人や、その国の心の動きが調和を基底にしているかいないかによって定まるのです。

そのことを老子は単的に、兵強ければ則ち勝たず、といったのであります。

木強ければ則ち共《お》る。この共るは折るという言葉に老子はつかっています。これは誰でも知っていますように、柳に雪折れなしの反対でありまして、堅くしなやかでないものは、ぽきりと折れてしまいます。

こういうようなわけであるから、強大なる者や国は、謙虚に下座についている。或は下にいて、小さな者、弱いものを支えていてやるようにすれば、強いものも弱いものも共に調和して生きられるのである、と老子はいっているのであります。

ところが現実は全くこの反対でありまして、強大なるものや国が上におり、小さな力の者や国が下にいるのであります。これは、この地球世界がやがては滅亡してしまう、という形なのであります。

こういう現実を私たちは憂えずにはおられないのです。私が老子講義を書き出したのも、釈尊でもキリストでも老子でも、すべての聖賢は、みな調和を説いているのであり、日本の聖徳太子なども、和を以て貴《たっと》しとなす、といっておられるのでありまして、調和を根柢にしない政治政策は、すべて駄目であることを、老子の言葉として説きたかったからであります。この調和を根柢にした政治政策をとるためには、人為ではどうしてもでき得ないものを、この地球世界の業波動《カルマ》はもっているのであります。

そこで、無為にして成せという、老子の主張が生きてくるのです。人為的に考えている以上は、相手が武力をもって、こちらに敵対するから、こちらも武力で応じよう、というように、すべてを相対的に考えて、絶対というものを忘れ果ててしまうのであります。

我々は何人《なにびと》といえども、絶対者、大生命から生れ出ない者はいないのです。絶対者大生命の中では、誰も彼も一つの生命なのであります。一つ生命の流れとして生きているのであります。

人間にとって、最も大切なこういう根本的な考えを忘れてしまっていては、人間が完全になるわけがありません。地球世界の平和などとてもくるわけはありません。

そんなことは理想論さ、などという人があるなら、あなたは地球世界がいつまでも、このままのような世界、いつかは滅亡し去ってしまうような、こんな不安定の世界でよいというのですか、と反問したくなります。

人間は常に進化してゆくものです。今日は愈々《いよいよ》高次元世界への進化を果すべき時代を迎えているのです。高次元世界への進化の為には、今までの旧い習慣の考え方で人類の行方を計っていたのでは、どうにもならないのです。

今日のためにこそ、古代から幾多の聖賢が現われて、現実世界ではできそうもない、理想論のような道を説いてきたのであります。イエスキリストなどは、その道の為に、自らの肉体を十字架にかけてしまっているのです。

大宇宙が一瞬の休みなく動きつづけていると同じように、地球人類の動きにも休みはないのです。一歩一歩、一日一日大進化の階段にむかって進んでいるのであります。人間はその事実に気づかずにいるのです。もしその階段に足を掛け得ない方向に、人類が進んでしまえば、地球は滅亡し去ってしまうのです。

地球人類を滅亡させない方法、それはもはや人為による方法の中にはありません。釈尊のいう空《くう》の境地の中から、老子のいう無為の世界の中にこそ、地球人類大進化の鍵があるのであります。

老子の言葉をきいていますと、その一言一言が、すべて、普通人の考えの反対のようにきこえます。老子は偏屈なひねくれ者のようにさえ思える言葉が随分とあります。しかしその言葉のすべてが真理の言葉であるのです。私にはそれが判ります。

今日の米国の政策のまま、中共の政策のまま、世界が進んでいったら、一体どうなるでありましょうか、どんなに善い方向に考えようとしても、最後には武力の決戦、核兵器による悲惨な結末より考えられません。

米国と中共の間にはさまった、自主性のはっきりしない今日の日本の外交など、世界的には小さな動きでしかありません。地球世界の業想念波動は、そうした小さな動きをも含めて、狂乱怒濤《どとう》の渦を巻き起して、地球界を呑みこもうとしているのです。

そうした怒濤を超越した波動世界に、地球世界をひきあげなければ、世の終りとなってしまいます。それにはどうすればよいのか、人間の心を高次元の世界にひきあげるより他に方法はないのです。それが空《くう》になること、無為にして成す、ということになるのであります。

その方法を私は、もっと易しく説き明かして、消えてゆく姿で世界平和の祈り、という方法にしているのであります。今日までの低次元波動、つまり宇宙法則に外れた、自我欲望の想念波動を、そしてその現われた状態をすべて消えてゆく姿として、ただひたすら、世界人類の平和を望む想念に切り替えてゆくのであります。

自分の心にどのような悪い想いが現われても、どんなに相手が悪くてでてこようとも、それはすべて過去から蓄積された想いの現われとして、その想念を、世界人類の平和を望む、人類愛の想い、大光明波動につながる光の波動として転換させてしまうのであります。

こうした日頃からの瞬間瞬間の観の転換により、いつの間にか人々の心は、今日までの業想念波動をはなれて、高次元波動つまり、宇宙法則の流れである、大調和波動の世界に昇華してゆき、地球世界を壊滅から救い出すことができるのであります。

その合言葉が、世界人類が平和でありますように、なのであります。もはや武力拡張の世界でないことを、人々は一日も早く悟らねばなりません。今日こそ聖者賢者の心を一人一人の心として、理想を現実にしてしまう、世界平和の祈りの生活に切り替えてゆこうではありませんか。

# 第四十四講　天の道は弓を張るごときか……

道徳経第七十七章

天之道《ハ》、其《レ》猶《ナオ》《ゴトキカ》レ張《ルガ》レ弓《ヲ》乎。高《キ》者《ハ》抑《エ》レ之《ヲ》、下《キ》者《ハ》挙《グ》レ之《ヲ》。有《ル》レ余者《ハ》損《ジ》レ之《ヲ》、不《ル》レ足《ラ》者補《ウ》レ之《ヲ》。天之道《ハ》、損《ジテ》二有余《ヲ》一而補《ウ》二不足《ヲ》一。人之道《ハ》、則《チ》不レ然《ラ》。損《ジテ》二不足《ヲ》一以《テ》奉《ズ》二有余《ニ》一。孰《カ》能《ク》有《リテ》レ余、以《テ》奉《ゼン》二天下《ニ》一。唯《ダ》有道者《ノミナリ》。是《ヲ》以《テ》聖人《ハ》、為《シテ》而《シテ》不レ恃《マ》、功成《リテ》而《シテ》不レ処《ラ》。其《レ》不《ルカ》レ欲《セ》レ見《ワスコトヲ》レ賢《ヲ》耶。

**〔読み方〕**

天の道は、其れ猶《なお》弓を張るがごときか。高き者は之《これ》を抑え、下き者は之を挙ぐ。余り有る者は之を損じ、足らざる者は之を補う。天の道は、有余《ありあまる》を損じて不足を補《おぎな》う。人の道は、則ち然《しか》らず。不足を損じて、以て有余に奉ず。孰《たれ》か能く余有りて、以て天下に奉ぜん。唯有道者のみなり。是を以て聖人は、為して而して恃《たの》まず、功《こう》成《な》りて而《しか》して処《お》らず。其れ賢《けん》を見《あら》わすことを欲せざるか。

**天の道は、其れ猶《なお》弓を張るがごときか。高き者は之を抑え、下《ひく》き者は之を挙《あ》ぐ。余り有る者は之を損じ、足らざる者は之を補う。天の道は、有余を損じて、不足を補う。**

天の道というものは、一体どのようになっているかというと、弓を張る、つまり弓に弦《つる》を張るときは、弓を弛《ゆる》めている時と反対に、上にあるべき弣《ゆづか》というところが下に向い、弭《ゆはず》が上に在るようになる。それは、弓材の外に向って彎曲突出している中央部を、外から逆に内側におしつけて、強いて反対側に彎曲させて弦を張るのでそのようになるのである。そうしなければ、弓が強くならないのである。そのように天の道も、高い者は之《これ》を抑え、下《ひく》い者は之を挙げるようになっている。そして余り有る者は之を損じ、足らざる者は之を補うようにできているのである。と老子はいうのであります。

老子にいわれるまでもなく、確に宇宙の法則というものは、山上の水は下に向って流れてくるのであり、下の草木は、上に向って伸びてゆくようになっているし、天上に水分が有り余ればこれは雨となって地上に降ってきて、水分の足らざる地上をうるおすのであり、地上の水分は常に上に上にと向って蒸発しているのであります。

原子科学の説明によれば、原子の世界では、常に一つの原子の中で、電子が飛び出してイオン化すると、即座に有余っている他のイオン化した原子の電子がその原子の中に入ってくる。そして、各原子の安定性を計っているようになっている、というのです。原子の世界では、余りあるものは不安定な状態なので、常に足りないものに補給することによって、その安定を得るようになっている。余れるものと、足らざるものとのお互いが、お互いを必要として、この原子世界、大きくいえばこの宇宙の調和が保たれ、そして発展してゆくのであります。

天の道というものは、そういう道なのでありますが、

**人の道は、則ち然《しか》らず。不足を損じて、以て有余《ありあまる》に奉ず。孰《たれ》か能く余有《あまりあ》りて、以て天下に奉ぜん。唯有道者のみなり。**

この文のように、人の道、つまりこの人生においてそうではない。天の道の反対に、足らぬ生活

を補おうとして、一生懸命に働いている者たちが、政府に税を払っていて、昔流にいえば、王様や将軍や大名たちに、一生懸命働いても足りないような低収入の人たちが、捧げものをして奉仕していて、王様や将軍や大名たちは、有り余った上のぜいたく三昧をしながら、その上取り立てるようなことをしていたのであります。現今では、そういう非道なことは次第に無くなってきまして、政府の高位高官の人たちが、国民の税金を自分のものとして、ぜいたく三昧するようなことは許されなくなってきております。こういうことは、人間性が次第に高くなってきている証拠でありましょう。

世の中が悪い悪いとはいいながらも、時代が進むにつれて、人間生活は、だんだん平均化されてきておりますし、あまり馬鹿気た貧富の差が無くなってきつつあるのは事実です。

しかしまだまだ天の道の、有り余るを損じて、不足を補う、という程、はっきりと道を行じている者は甚だ尠ないのであります。こうした道を行える者は、道を真実に知っている者だけでしかない。と老子はいっているのです。

**是を以て聖人は、為《な》して而して恃《たの》まず、功成りて而して処《お》らず。其れ賢《けん》を見《あら》わすことを欲せざ**

るか。

そういうわけで、聖人というものは、道そのものであり、道を真実に知っている者でもあるから、わざわざ道を行うというような心の努力を払わなくとも、聖人の歩ゆんでいる道そのものが天の道と一つであって、自《おのずか》ら人類の為、国の為、人の為になっているのである。

聖人は常に無為にしてなしているので、自分のしたことで人類や国家や人々が大いに助かったとしても、自分が好んで指導者の位置につこうとも、政府の高官になろうとも思わず、といって、自然にそうなればなるでもよし、というように、自然法爾に生きているのであり、功績があったから、その功績だけの代価の地位を得たいとか、その功績を誇って人々に現わしてみたいなどという、常人の考えとは全く異なっていて、天意のままの動き方をしているのである。

と老子は説いているのであります。

全く聖人の境地というものは、誰しもあこがれるところでありますが、なかなかそういう境地にはゆきがたいのです。

そういう境地に入る為の第一歩は、自分の肉体身というものは、自分自身のもののようではあるけれど、実は、大宇宙進化の一つの器であり場であって、自分自身の勝手に出来るものではない。

どんな人間でも、すべて宇宙神のみ心をこの世において現わす、という天命をもっているものであって、宇宙心によって動かされているものである、ということを信ずることなのであります。この信ができませんと、なかなか天の道に沿って生きてゆくことはできません。

私共が纏《まと》っておりますこの肉体身というものは、どんな立派な人であっても、どんな高位高官の人でありましょうとも、自分自身でつくり得た人はありません。自分自身は勿論その両親にさえ判らぬ、不思議なる作用のうちに、形づくられ生み出だされてきたものであります。

その事実を考えますと、肉体人間の最初の出発点から、与えられてきたものなのであることが判ります。誰方かは判らぬが、大きな生命という力によって与えられてこの世に出てきた、ということは、誰でも納得できます。

この与えられて生れ出たということを忘れて、自分の体は自分自身の自由だというところから、人類の間違いがはじまっているので、この考えを、与えられて生かされているのだ、という元の考えに直さないことには、この人類の運命は駄目になってしまいます。

つまり、天の道によって、自分たちは生かされているのであって、天の道を外れれば、やがては滅びてしまうものであることを知らねばならないのです。

老子さんは、そのことを何度でも何度でも繰りかえしていっているのであります。私共が普通は当然なことと思っている、男女の結合による赤児の誕生も、一歳から二歳、二歳から三歳と次第に肉体も精神も成長してゆくこと、苗を植えれば、米が生《な》るということや、知らずに空気を吸って生きていることや、数えれば、数限りなくある当然のようにみえる、有難い不思議なことどもによって、人間は成長し生かされつづけているのだ、という、一番大事な根本のことを、人間は忘れかけているのであります。

老子さんは、そうした忘れかけたことを、はっきり人間の心に甦らせようとして、聖人は聖人はと、聖人の話をきかせて下さるのです。聖人といいますと、自分たちは及びもつかないと思いますけれど、実は、聖人が一番当然な普通の道を歩いているのでありまして、普通の道を歩いていると思っている一般人の方が、実は道でない道を歩いていることになるのであります。

ですから釈尊などは、人間は夢幻の道を歩いているのだ、といっていて、人間の肉体身のみに想いをかたむけきっているのを、正そうとしておられたのであります。

こう考えて参りますと、自分自身といっている自分自身は、大きな生命の一つの分れとしての自分であって、大生命の一つ一つの働きを分担してこの世の生を送っていることが判ってきます。

そうした天命を完《まっと》うするために必要なのがこの肉体身なので、大生命の道に外れた生き方をすることは、それはそのまま、その人の生命を損じてゆくことになり、その人の肉体身にまつわる自我の満足と反比例して、生命は次第にその光を失ってゆくのであります。そして、その肉体身の滅した後には、光無き生命は暗黒世界をさまよい歩くことになってしまうのです。

そうした状態を私共は霊覚によってよく知っております。ですから老子さんの言うことが実にはっきり判ります。人間というものはどうしても、老子や釈尊やイエスのいっているような道を通るようにしなければならないもので、それでなければ滅びの道に至ってしまうことになるのでありま す。

個人だけではありません。国家も人類もすべて、やがては天の道をこの地上界の道として生きてゆかなければならないので、それは時間の問題なのでありますが、外れた道から、天の道に乗りかえることが、長い間の習慣の想いを超えなければならないので、なかなかむずかしいことになるのです。

その乗りかえる方法が、老子の無為であり、釈尊の空《くう》であり、イエスのみ心のごとくならせ給えなのであります。私はその方法をもっと人々に判り易く、行い易いものにするために、消えてゆく姿という言葉をつかって、天の道に直接つながってゆく、世界平和の祈りという、人類愛の祈り言を、その後にもってきておるのであります。

皆さんが自己の生き方を決定しようという時、或は国家の在り方や、人類の在り方を見極めようとする時には、その生き方が天の道に叶っているか、天の道に近いか、それとも外れているか、遠いかを見定めて、その決断をするとよいのです。

現象の現われている損得だけで物事を定めてしまってはいけません。個人にしても国家の生き方にしてもそうであります。現われている損得だけを追いまわしていると、いつも心が不安定で、安心した生き方ができません。

この世では、天の道そのままを生きるのは並大抵ではありませんが、どうにも仕方のない時は、過去世の因縁の消えてゆく姿なのだと割りきって、世界平和の祈りの中で、天の道と人の道とのギャップをお詫びして、心新しく再び天の道をそのまま行えるように、少しでも天の道に、大調和の道に近づいて生きるように心がけてゆくのが賢明なのであります。

天の道というものを繰りかえして申し上げますと、一口にいえば、すべてを調和させる道、余れるは足らざるに、足らざるは自然に充足してゆくような、和を以て尊しとする道であります。

平和をつくる為に相手を叩きつぶすのだ、というような方法は、決して天の道ではありません。お互いの生命をすこやかに明らかに生かし合えるような、そういう生き方を個人個人の間でも、国と国との間でも行えるようにならなければ、天の道ではありません。

国と国とが常に敵視し合っているようではとても天の道はこの地球界には参りません。この日本は、先ず卒先して、日本の周囲に敵視し、敵視される国々をつくらぬようにすることが大事であります。日本は米国とも中国とも違うのであります。日本には日本の天命である、大和の道が古代から伝わってきているのであります。米国のまねごとや、中国のまねごとをして、現象をごまかしてはいけません。その為にも私共は祈りによる世界平和運動にますます力をそそがねばならないのです。

# 第四十五講　天下の柔弱なるは水にすぐるはなし

道徳経第七十八章

天下ノ柔弱ナルハ、莫シレ過グルハ二於水ニ一。而モ攻ムル二堅強ヲ一者ハ、莫シ二之ニ能ク勝ルコト一。以テナリ三其ノ無キヲ二以テ易ルコトヲ一レ之也。弱之勝チレ強ニ、柔之勝ツハレ剛ニ、天下莫クシテレ不ルハレ知ラ、莫シ二能ク行ウコト一。故ニ聖人ハ云ウ、受クル二国之垢ヲ一、是ヲ謂イ二社稷ノ主ト一、受クル二国之不祥ヲ一、是ヲ謂ウト二天下ノ王ト一。正言ハ若シレ反ノ。

〔読み方〕

天下の柔弱《じゅうじゃく》なるは、水に過ぐるは莫《な》し。而《しか》も堅強《けんきょう》を攻むる者は、之《これ》に能《よ》く勝《まさ》ること莫し。其の以て之を易《やぶ》ること無きを以てなり。弱の強に勝ち、柔の剛に勝つは、天下知らざるは莫くして、能く行うこと莫し。故に聖人は云う、国の垢《あか》を受くる、是《これ》を社稷《しゃしょく》の主《しゅ》と謂《い》い、国の不祥《ふしょう》を受くる、是を天下の王と謂うと。正言《せいげん》は反《はん》の若《ごと》し。

天下の柔弱なるは、水に過ぐるは莫《な》し。而も堅強を攻むる者は、之に能く勝ること莫し。其の以て之を易《やぶ》ること無きを以てなり。弱の強に勝ち柔の剛に勝つは、天下知らざるは莫くして、能く行うこと莫し。

この章は前章にひきつづいた文章でありまして、柔弱なるものは堅強なものに勝る、という老子一流の生き方を示しているのであります。

老子は常に水をもって柔弱なるもの、自由なるものとしておりまして、その文章の中に何回となく水の例えをひいております。

この章も水の例をひいて、どんな堅い強いものも、水を痛めたり、斬ったりすることはできない。それはどうしてかというと、水は柔弱なるものの最たるものであるからだ。だから、何ものもこれを破ることはできない。

柔和なるものが強剛なるものに勝つことは、天下に知られていることだが、人々はその原理を行うことはしない。

といっているのであります。

確かに人々は、強くなろう、人々に勝るものになろうとして意気張りますが、水のように柔軟に自由な人間になろうとは致しません。なろうとはするのでしょうが、その想いの中に他の人に勝りたいとか、人々に自己の存在を示したいとかいう、他のものに把われる想いがありますので、そこのところで、想いが堅くなってしまいまして、心の柔軟性が失われてしまいます。

一度心が何かに固まりますと、もう水のように自由ではなくなり、より堅いもの、より強いものに打ち負かされてしまいます。

近頃の日本の柔道がそのよい見本であります。柔道の極意は、柔よく剛を制す、又は柔よく剛を和す、でありまして、老子の教えそのままなのですが、近頃の日本の柔道は剛道になってしまっていまして、力の強い者、目方の重いものが勝つ、というようになってしまっています。先頃亡くなられた、柔道そのもののような三船十段もいたく歎いておられたようでありました。

ですから、どこか強いものがあり、堅いものがあれば、どうしても、より強い者、堅いものに負けてしまうのです。そこで、どこにも固まりのない、どこにも強いもののない心になりますと、如何なる強い者も、剛なるものも堅いものも、これを打ち負かすわけにはゆかない。丁度水を斬っても、水はどんなことをしても斬れるものではないのと、同じ原理になってくるのであります。

この原理は如何なる場合にも応用できるのでありまして、国際間の交流にも絶大なる効果があるのでありますが、現代の人々及び国家はこの原理を常に我がものとして生きることをしていないのです。

政府が少しでも外交関係で弱腰になれば、政府なにをしている、というように世論が政府を押し上げてゆきます。アメリカなども確かにそうでありまして、政府そのものの政治というより、国民の強がりの気持の反映として今日の武力による外交政策が生れ出てきたのだと思われます。

国民一人一人の強がりの想いというもの、自分の国家を強いものにしていたいという想いは、窮極は戦争行為というものに結びついていって、世界を滅ぼす基となってしまうのです。大平洋戦争に突入時の日本国民の中にもこの強がりの気持がみなぎっていましたし、現在の米国、中国ともにこの強がりが国中に充ちているようで、非常に危険な状態であるわけです。

真実国家を愛するならば、自国が如何にこの地球世界の完全平和の為に役立ち得るか、ということに重点を置くことでありまして、自国の権威を示す為にすることは、これは愛国心に似て非なるものであるのです。

老子の申されるように、柔和は強剛に勝るのでありまして、一度び強剛の道に入ってゆけば、あくまでもその強さを増してゆかぬことには、他に制せられてしまうのであり、いつかは倒れてしまうのでありまして、柔和の道のような安らぎの心境にはなり得ないのです。柔和の道は一見弱そうに見えるのですが、老子は弱の強に勝ち、といっているのでありまして、弱そうに見えていても、それが和を根底にしているものであれば、遂いには強はその弱とみえるものにつき従ってくるのであります。

真の平和運動というものは、そういうことをしっかり知った上で、為されるべきもので相手を倒しての上で、相手を抑えつけての上での平和運動などというものはあり得ないのです。常に敵対するものを武力によって滅ぼしつづけてゆく平和運動などというものは、永遠に平和を破りつづけている運動というべきなのです。

**故に聖人は云う、国の垢《あか》を受くる、是を社稷《しゃしょく》の主と謂《い》い、国の不祥《ふしょう》を受くる、是を天下の王と謂うと。正言は反《はん》の若《ごと》し。**

であるから聖人は、国の垢、つまり国のすべての嫌なこと不潔なこと不浄なこと、不名誉なことなどを、一身に受ける人、これを、社稷《しゃしょく》の主と謂う、といっている。社稷というのは、社は土の神を祀り、稷は五穀の神を祭る壇、国家は土穀をもって人を養うので、国家の意味につかわれているのです。

ですから国の垢を一身に受ける人を国家の主と謂うのであり、国の不祥を受くる人を天下の王と謂う、といっているのです。

国の主というのは、国王であります。国王といいますと、絶大なる権力を持ち、己れの意の如く国民を動かす、というように思われますが、真実の国王というのは、これとは全く反対で、国民の罪とがを、国内の不浄や不祥を一身に受ける十字架上の人のことなのであります。

あらゆる罪とがや嫌なこと不名誉なことは、すべて力をもって自己から追いはらおうとするのが、世の権力者のよくやることですが、王というのはそういうものではない。弱者のようにそれを身に受けるものなのだ、というのですから、真実の言葉は全く、この世の常識とは反対に聞えるわけです。

この老子の言葉が正言であることを、はっきり身をもって示した人がいます。それは終戦時における、日本の天皇でありました。

終戦時の天皇が、単身ＧＨＱにマッカーサーを訪れ、この戦争の責任は全部自分にある、政治家にも軍部にもあるのではない。自分がすべて命令したのだから、自分だけが戦争の責任を受けるべきだ、どうか自分をどのようにでも処分して貰いたい、と御自分の身を差し出されたのであります。

この我欲のない大きな広い心というものは、とても権力欲で成り上がったような、政治家にはできるものではなかったでありましょう。

これは何度でも話にもしましたし、書いたりもしましたが、全くこれ程、真理をはっきりと身に現わして示された方を、私は現代の人の中で見たことも聞いたこともありません。

古代中国に住んでいた老子が示した、真実の天下の王たる人格者を、日本の天皇の全人格の中にはっきり見せられたことは、実に日本人としては有難いことであり、日本人全体が天皇のみ心をカガミとして生きてゆかねばならぬところであるのです。

普通なら、自分の知らぬうちに軍部や政府が戦争をはじめてしまったので、自分は仕方なく後から承諾した。（真実はそうだったのですから）、そんなことをいって自分をかばったりしたいのが人情なのでしょうが、日本の天皇はそんなチャチなことはなさらなかった。大愛そのもののみ心で、自己を捨て切られたのであります。

真理そのままを身心に現出なさったのです。この事実は、何ともかとも感激せずにはおられない、清澄な神のみ心がそのまま私たちにひびき伝わってきます。

天皇の真理そのままの行いが、マッカーサーを感激させ、天皇の立場は安全になり、戦前とはくらぶべきもない、自由な御身分になられたのです。

天皇の日頃からの人格というものは、強いというより柔和ということがぴったりと致しますし、弱々しい感じさえします。しかし、一たん事に当れば、即座に生命を投げ出し得る真の勇気の持主でもあられたわけです。

真理をそのまま行じられること程強いことはありません。常に真理を行じられるような心境になれるように、これが人間にとって一番大事なことなのです。枝葉のことはその境地からどのようにでも対処することができます。

老子講義は、どの章を取りましても、この人間にとって一番大事な真理を行ずる道を説いているのであります。ですから私共の日常茶飯事の生き方も、常にこの真理に自然と照されて行ってゆくということにならなければならないわけで、只単なる強がりなどは、自己の生活を損うだけなのです。

明治維新のことを私は時折り思ってみるのですが、勤王派にも佐幕派にも日本の未来を見通してその行動を定めていた立派な人々が多くいたのですが、その反面、只その場その場の現象の動きに把われて、自己保身に窮々として、かえって自己の身を滅ぼしていった人々や、ただやたらに強硬意見を吐いて、やたらに反対派の人々に刃をくわえていった人々なども相当いたのであります。

こういう強がりやには、識見のあった指導者たちは随分と困らせられたようです。しかし天の運は明治維新を成功させ、現代日本の姿になったわけですが、これからの日本は、日本だけではありません。地球世界全体が、明治維新どころでない、大転換期に立たされているのであります。

老子のいう真の道が真実にこの地球世界に確立される時が近づいているのです。柔和なるもの地をつがんということになるのですが、今日のように、相手を抑えつける力の強い者が地球の運命を握っているようでは、とても駄目なのです。

肉体人間という殻をぬぎすてて、生命そのものの人間に脱皮しないと、この地球世界を完全平和な世界にしてゆくわけにはゆきません。現在もっている人生観というものを、もっと深い宇宙観にしてゆかねばなりません。

老子の言うように、正言は反の如し、で、人間は肉体だという観念で長い間生活してきた地球人類が、一遍に肉体人間という想念の習慣を脱ぎすて、真に生命を生かす道に、想いを切り替えることはむずかしいことです。

しかし、永遠の生命より、肉体生命の方を重要視していますと、かえってその肉体生命の方も滅びの道に入っていってしまうのです。それは肉体生命を守ろうとするための、力と力のせり合いの世界の現況がよく示しております。

永遠の生命に立脚した人類の生き方は、肉体生活をもよりよく生かしてゆくのであります。それ以外に今後の地球の運命の進路はあり得ないのです。

老子講義は、今日の人類こそ、よくよく味わい噛みしめて、自己の生き方としてゆく道の書なのです。

私はそれを噛みくだいて易しく判りよく、今日流の言葉で説明しているのであります。只、老子の道に達するには、あくまで、今日までの生き方の否定がなされねばなりません。否定なくしては、この道にはっきり踏み入るわけには参りません。その否定の言葉を、私は、すべては過去世からの誤った想念行為の消えてゆく姿である、としているのです。そして道（神）への全託の祈りとして、人類の大目的である世界平和を表面にかかげ、消えてゆく姿で世界平和の祈りとしているのであります。老子講義の単なる字義の解釈なら幾多の先輩がしておりますが、私の講義はあくまで、実際に道に乗り得る方法を、老子講義解釈として述べつづけているわけなのであります。

# 第四十六講　大怨を和すれば必ず余怨あり

道徳経第七十九章

和スレバ二大怨ヲ一、必ズ有リ二余怨一。安ンゾ可ケンヤ二以テ為スト一レ善。是ヲ以テ聖人ハ、執リテ二左契ヲ一而不レ責メ二於人ニ一。有徳ハ司リレ契ヲ、無徳ハ司ルレ徹ヲ。天道ハ無シレ親。常ニ与ス二善人ニ一。

〔読み方〕

大怨《たいえん》を和《わ》すれば、必ず余怨《よえん》有《あ》り。安《いず》んぞ以て善と為す可《べ》けんや。是《ここ》を以て聖人は、左契《さけい》を執《と》りて人に責《せ》めず。有徳は契《けい》を司《つかさど》り、無徳は徹《てつ》を司る。天道は親《しん》無し。常に善人に与《くみ》す。

**大怨《たいえん》を和《わ》すれば、必ず余怨《よえん》有り。安《いず》んぞ以て善と為す可《べ》けんや。**

国家や民族の間でも、国家内の政治の問題でも、他国家や他民族に大きな怨《うら》みを買っていたり、人民にひどい政治をしていて、人民に怨まれていたりする場合は、いくらそれらに和解しようと思ってやっていても、どうしても、それまでの怨みは消えきらないで残っているので、その政治が善ということにはならない、というのであります。

日本と韓国との問題などでもそうでありまして、昔の日本の在り方に間違っていたところがあって、韓国（朝鮮）の人々は、ひどい目にあっていたことがあったので、今日日本の方でいくら下手に出て、仲良くやってゆこうとしても、なかなか昔の怨みの想いが消え去らないで、何かとうまくゆかぬことが多いのですが、こういうことは国際間では沢山ありますし、国内においても昔の政治の不備の余怨はいつまでも残っております。

この問題は前の内閣のやったことで、現内閣の落度ではない、といくらいったところで、国民にとっては、どの政党の誰が首相になろうと同じことなので、前のつづきとした政府の落度を責めるわけです。ですから、少しぐらいの善政をしいても、以前の落度と相殺されて、真の善政を称えられる程にはならないものなのです。

**是を以て聖人は、左契《けい》を執りて人に責《せ》めず。有徳は契《けい》を司《つかさど》り、無徳は徹《てつ》を司る。**

ところが聖人というものは、左契を執りて、左契を執る、というのは、昔は貸借の契約をなす場合、二つに割った契（割符で、契約の証拠）の中、債権者は右の契（割符）を執り、債務者は左の契を執った。従って、左契を執るとは、借り主の立場を執ることであって、為政者が民に対して債権者の態度をとらないこと。ですから、聖人は、国民を下眼にみる政治をとるのではなく、自分が国民から借りのある立場、いいかえると、真実の民主主義的立場をとって、自分たち政府の立場というものを、すべて、国民の立場の向上の為になるように置いて政治を行う、ということをしているわけであります。

為政者の側に、これは国民の為にしてやるのだ、というような想いがあれば、国民は何んとなく反撥したくなりますが、そういう想いの全然ない、自分の天命を果させて頂くという、謙虚さが当然の態度として現われているような政治の在り方であれば、大怨を国民に抱かれることもなければ、大怨を和する（この場合の和は糊塗《こと》すること）というような、そんなその場限りのことでなく、過去の政治とは全く別のものである、という、安心感を国民に与える、無為の心から生れた新しい政治となってゆくわけなのです。

そこで、そういう政治態度でいれば、自分の方も国民を責めぬかわりに自然と国民に責められるようなことはなくなる、というのであります。

徳の深い人は、常に個人としては人と、政治家としては国民と真実に和してゆくのであり、徳の無い人は、徹底的に自己本位の政治をとり、その為には、どんな重税を荷しても平気でいるような悪政をしいてしまう、というのです。

**天道は親《しん》無し。常に善人に与《くみ》す。**

しかし、天の道、つまり神のみ心というものには、誰々に特別親しくする、というような個人的な心はなく、定められた法則の通りに働くのだから、天の道に叶った、大宇宙の法則に叶った人々に大きな力が働きかける。天の道に叶った人というのはどういう人であるかというと、愛深く常に調和した心をもち、調和した道をきずきあげようとしている人である。そういう人を真の善人というのである。だから、天道は、常に善人にくみする、というのであります。

善人といいますと、親鸞の話にあります、「善人もて救わる、なお悪人をや」という言葉にひっかかります。善人でさえ救われるのだから、悪人が救われるのは当然である、というわけですから、この場合ではうっかりすると善人と悪人とが立場が反対になってしまっています。

ところが、この場合の親鸞のいう、善人というのは、親鸞の立場は、この地球界の肉体人間は、すべて罪悪甚重の凡夫である、キリスト教的にいえば、人間は皆罪の子である、という、そういう立場で人間を観ています。

ですから、自分は罪を冒かしたことはない、悪いことはしたことはない、自分は善人だと自負しているような人は、真理を知らない、救われ難《にく》い人である、と観るわけです。そして反対に、常に自分の想いの中や行いの中に悪を認めていて、私は悪い人間だ、こんな悪い人間は、とても自分だけでは救われっこない。何か大きな力におすがりして救って頂くより仕方がない、と思っているような人は、救済の光明である、阿弥陀様の方にその想念を向けることが真剣である。だから、阿弥陀仏の光明波動が余計に入ってくる。自己を悪人と思っている想いが、かえって阿弥陀仏（神）の救済の光明の道に自己を運びこんでゆくので、救われ易い、ということになるのです。

ですから、自己を悪い人だと思っているような人の救われたい念願は一途な真剣なものがあって、自己のやることには間違ったことはない、と善人ぶった、何ものの助けも自分にはいらない、と思っている人より、神仏へのつながりが強い、ということになり、親鸞のいう、善人でさえも救われるのだから、悪人はなお救われ易い、という話が生きてくるのであります。

本当にこの世の中には、自分のやることは何んでもよいことだと思って、少しも自己反省しない人がありません。そういう人は、神の存在を説いても、信仰をすすめても、私には神様などいりません、私は私だけの力で沢山です、などと、信仰の話を鼻の先きで嗤《わら》っていたりします。

ところが、実際は、自分自身がこうして生命体として生きていることそのものが、神の恩恵であることを考えないという、甚だしい思い上がりは、神霊の側からみれば、実に救い上げにくい存在であり、人間の一番根本原理である、人間は神（大生命）の子（小生命）であることを知らない困った存在なのであります。

この章で老子のいう善人は、真実神のみ心、天の道を知って行っている人のことであり、愛と調和、つまり真善美の行いのできている人のことであるのです。

個人でも国家でも、一番困ることは、思い上がっている個人や国家なのであります。自分は正しいんだ、強いんだ、偉いんだ、というように思い上がっていますと、つい他人や他国家他民族を下眼にみて、自分が救ってやろう、自国の力だけが世界を救うんだ、というような工合になってきて他人や他国から嫌がられてしまいます。

真実に正しい人、強い人、偉い人というのは、自己の想念や行為が、自《おのずか》ら、天道に叶っていて、その人の行くところ、その人の行うところ、常に光に充ち、調和の雰囲気がひびきわたっている、というような人でありまして、只腕力が強い、武力がある、というだけでは、これはとても駄目であります。

この章のはじめに、大怨という言葉がありますが、個人も国家もこの大怨の種をまいてはいけないのだし、まいたらこれを苅りとらねばいけません。

過去にまいた大怨の種を忘れて、こんなにしてやっているのに、何故あいつは、又はあの国は、こちらに感謝しないのだろう、というように思ってはいけないのです。

それは自分はしらないでも、先祖がまいていたかも知れない。又は過去世において、その大怨の種がまかれていたかも知れません。国家にしても、自分が政治をとってからは、そういう種をまかぬとしても、前代、前々代の人がまいていたということはあるわけです。国家とか政治とかいうものは、ずっと永い時代にわたって、継続されてきているもので、大怨を、その場の都合によって、ごまかして和したようにみせても、そんなことでは、とても、真実に和解になるものではないのです。

日本の韓国、朝鮮、中国問題や、米国のベトナムや中共問題等々、大怨をごまかし政策で和そうとするようなことでは、とうてい駄目なのですから、真実心の底からの和解、有徳は契を司りとか、聖人は左契をとるとかいう、態度にならないと、世界平和への道は遠いどころではなく、地球破滅という方向に向いていってしまいます。

そんなことをいっても、相手がそうしてこなくては、こちら側としてはできぬではないかというかも知れませんが、お互いが相手は相手がといっていたのでは、もう間に合いません。

より高い立場と自分で思っている方から、和解してゆくことこそ大切なのであります。老子は常に大は小の下につくことを説いております。

米国と中国ソ連が、お互いに老子の言を生かして行動したならば、いかに善き世界が生れてくるでありましょう。しかし、それは今のところでは夢想に過ぎません。そこで他国のことを云々するより、先ず日本自体が、真実に天の道に沿った生き方をしてゆくことが大事なのであります。

近代の日本の政治家には、確たる信念に欠けている人が多いようです。昨日と今日では議会の答弁が違ってきたり、人によっては話す内容が正反対であったりすることが時折りあるようです。

日本の政治家は、常に日本はどうあるべきかを、しっかり肚にきめて、政治を行わねばならぬので、外国からいわれたり、背後の権力者から押されたりして、自己の肚がぐらぐらゆらぎつづけているようではいけません。どうして自己の心がゆらぐかといいますと、その人の信念というものが、天道、つまり神のみ心に照し合わせて生れてきているものではなく、自己の身分や、自己の所属している政党の動きに把われているところから生れているので、その時々の損得勘定によって、その行き方が不安定になってくるのであります。

その場その時々の動きに左右されて根本の生き方を動揺させるような政治家ばかりでしたら、日本の運命も淋しいものですが、そういう政府を、より確信をもった、世界人類の完全平和達成の為に、日本の使命を果さしめる政府にするためには、私共民間の国を憂い、世界人類の平和を切望する人々が、一つの生き方になって、政治の後押しをしてゆかねばならぬと思います。その一つになる方法は、世界人類の完全平和達成という線を崩してはなりません。真実の世界平和こそ、天の道であり、神のみ心でもあるからです。

世界人類が平和でありますように
日本が平和でありますように
すべての天命が完《まっと》うされますように

こういう祈りの心こそ、日本を真実の日本たらしめ、日本が世界平和達成の先達として、世界各国の信望を荷ってゆけるように、唯一無二のものとならしめるのです。

老子講義の一章一章にどうしても、こういう言葉を書かずにはいられないのは、老子の心が、常に天の道をこの地球界に現わしたいという、切実なるひびきを私に伝えてくるからなのであります。枝葉の想いに把われず、脇道にそれずに、私共日本人は、ひたすら、世界完全平和達成の道を只一筋に進みつづけてゆかねばならないのです。

## 第四十七講　小国寡民

道徳経第八十章

小国寡民。使有什佰人之器、而不用。使民重死、而不遠徙。雖有舟輿、無所乗之。雖有甲兵、無所陳之。使民復結縄而用之。甘其食、美其服、安其居、楽其俗。隣国相望、雞犬之声相聞、民至老死、不相往来。

〔読み方〕

小国寡民《かみん》。人に什佰《じゅうはく》するの器《き》有りて、用いざらしむ。民をして死を重んじ、遠く徙《うつ》らざらしむ。舟輿《しゅうよ》有りと雖《いえど》も、之に乗ずる所無し。甲兵有りと雖も、之を陳《ちん》ずる所無し。民をして復《また》縄を結びて之を用いしむ。其の食を甘しとし、其の服を美とし、其の居に安じ、其の俗を楽しむ。隣国相望み、雞犬の声相聞えて、民、老死に至るまで、相《あい》往来せず。

この章は、表面的に解釈致しますと、老子が如何に消極論的な人物であるかの感を抱かせますし、解釈する人によっては、老子の消極道徳論の締くくりの章であるとしております。ところが老子の本質を霊的にはっきり知っております私などの心には、この章でさえも、老子が消極論を説いているとは思えないのです。そこでこの章も私流に解釈してゆきたいと思います。

老子のこの言をなした頃は、周朝の衰退期であったと思われますので、いわゆる戦国動乱の時代であって、各国各人が、自国や自己の利の為に、権謀《けんぼう》術数、あらゆる方法手段を用いて、自己の欲望を満たそうとしていたのでありまして、大国はますます大ならんとして小国をしいたげ、才智あり武力ある個人は、主に高く用いられんとして、謀略をすすめ、武力にて他を侵すことをすすめ、諸国万民が、一日として安穏に日を送ることのできぬような時代であったのです。

老子はそういう人間の心の状態をひどく憂いて、そういうように、個人は自己の権力や地位の為に動き、国家は自国の権限を拡大しようとしてのみ動くようでは、ついには、個人も国家も共に倒れてしまって、天の心を地にうつすことはできない。国家も個人も一日も早く、そういう心の状態を脱去してしまわねばならない。それにはどうしたらよいかというと、このような国家の状態にすればよい、というのが、小国寡民の理想なのであります。老子の人々に教えたいのは、自我欲望の権力や、虚栄心を捨て去って、無為の心境になり、天のみ心をそのまま鏡にうつすように、地の世界に樹立することなのでありまして、老子の教えには、積極性とか消極とかいう、そういう人間の方で勝手に考えてやるような方法はないのです。その時とその処とによって、或る時は超敏速に積極的に、或る時には、眠ってでもいるかのように動かない、超消極的に行動する、というように、無為の心から自然法爾に現われる行為を、この地上界で現わしてゆくのであります。

ですから、この小国寡民の理想境にしても、只一つの説明の仕方であって、これが老子の根本思想というわけではないのです。では、少しづつこの章の意味を解釈してゆきたいと思います。

## 小国寡民。人に什佰《じゅうはく》するの器《き》有りて、用いざらしむ。

これは、国も小さく、民も尠ないということは古代でもそうであったが、各自が無欲恬憺《てんたん》で、その分に応じて働いていて、安心し満足していた。それが少しでもその国を大きくし権力を強めようなどと計ると、ついには今日のように他国に手を出し、他国を侵すようになり、お互いが苦しみ合い、傷つけ合うようになる。だから小国寡民で満足していれば、その民の心は清浄で、安らかであり、天の心そのもののように純朴である。みながこういう心でいると、たとえその中に、十人百人分の智慧才能がある者がいても、その者を用いるところがないから、お互いが競争し合って、欲望を拡大させてゆくようなことがない。というのであります。

**民をして死を重んじ、遠く徙《うつ》らざらしむ。舟輿《しゅうよ》有りと雖《いえど》も、之に乗ずる所無し。甲兵有りと雖も、之を陳《ちん》ずる所無し。民をして復《また》縄を結びて之を用いしむ。其の食を甘しとし、其の服を美とし、其の居に安んじ、其の俗を楽しむ。**

このように国が自然に治まっており、民に欲が無く清浄であれば、こういう国でいつまでも天寿を完うしていたいし、何も好んで遠く他国へ行って、生命がけで利益を得てくる必要もないので、舟や車があっても、これに乗ってゆくこともなし、甲兵があっても、これを使って戦うこともない。だから、古代にやっていた約束ごとの縄を結んで文字の代わりにしていた頃の想いに浸《ひた》りながら、悠久の天地の流れを楽しみつつ生きていると、貧しい食事でも、非常に有難く美味に感んじられるし、粗末な着物でも、美しいものに思えるし、その住居も風景も、すべてのものが、有難く尊く、

俗のようにみえる生き方そのものの中に、大生命の輝きがみえてくるのである。と老子は言っているのであります。そして

**隣国相望み、鶏犬《けいけん》の声相聞《こえあい》えて、民、老死に至るまで、相往来せず。**

と、お互いが自国の生活に満足して、他国に干渉する気持もなく、隣国の鶏や犬の鳴声をききながらも、他国に行きたいとも、他国がどうのという気持にならないで、老死に至るまで、自国だけに満足しきって生ききってゆく。

というのです。

現代の人がこの文を読むと、何んだつまらない教えだなあ、そんなことでは何の進歩もないし、折角の教育も教養も何にもなりはしない、そんなつつましやかな、旧式な生き方などは僕はごめんだ、ということでありましょう。

私も実は、これだけでは、老子も案外つまらない、と思うのであります。ところが、中国のこの時代に生きていたら、心ある人は、こういう生き方に、深く賛同したのではないかと思われるので

す。それはあまりにも、国と国との権力争いが強く、絶え間ない戦争の被害で民は一瞬の安心もなかったようだからです。日本の戦国時代などもそうで、どんなささやかな生き方でもよいから、穏やかに安心して生活してゆける、そういう状態を万民が望んでいたのではないかと思われます。

教えというものにも、常にその時代という背景があるのでして、釈尊の教えをそのまま、イエスの教えをそのままで、今日の人が実行できるものではありません。その教えの根本に流れる真理を、今日の時代にあてはめて生かしてゆくということにその意義があるのでありまして、老子の教えをそのまま、今日行えるかというと、到底そのまま行えそうもありません。

それに老子講義といっても、老子その人の思想の上に、後々の人の思想が加わって、老子の思想をゆがめたり、又は、根本思想の深いところまで考え及ばず、浅く解釈して、その人流に書きかえて伝えてきたかも知れないのです。

聖書にしても、仏典にしても、みなそういうことがいえるのです。しかし、あくまで老子は老子であり、聖書は聖書、仏典は仏典でありまして、これは尊く有難いものなのであります。

老子講義のこの章にしても、この表面に出ているところでは、老子が消極論の人であるようにとられても仕方のないようなところがあります。

しかし、私のように、老子の生命にじかに触れているものにとっては、老子の無為に徹した心の強烈な生命波動は、とても消極どころの騒ぎではありません。

人類の大進化を推進してゆく強く烈しい光のひびきをたてているのでありますす。老子が人々に教えたいことは、人間は、生命の源にかえれば、素晴しい力がでてくるのであるから、生命波動から離れた、肉体組織だけの、知恵だの力だのと騒いでいたのではいけない。そうした肉体だけの知恵や力は、人間の本質的智慧や能力からくらべたら、それはものの数ではない。何万分の一、何億分の一しかの力しかないのだ、ということを教えたいのであります。

そこで、人間の想念を、素朴純粋であった古代思想に一度還えして、古代の生活を善しとみる心にしてから、改めて、もう一歩源に入って、大生命つまり天の心の中にすっぽり入りきった無為の状態になって、この地球世界をやり直した方がよい、それでなければこの地球世界は滅亡してしまう、といっているのであります。

実際、今日の世界をじっとみつめておりますと、老子の在世していたといわれる中国の時代と、その国家間の間柄はそう相違してはいないようです。

大国同志はお互いに、自国の権力の拡大にやっきとなり、権謀術数の秘術をつくしておりますし、小国は小国同志でお互いの権威を主張し合い、争い合っており、国内では鎬《しのぎ》をけずる主導権争いをやっております。

昔と今日とでは、文明文化において格段の開きがあるというだけで、想いの世界では、少しの変りもない、主導権争い、自我欲望の争闘の世界なのであります。

老子の時代より地球が狭くなったというだけで、その心の世界は変りばえしていないというのは、人間の生き方の根本に狂いがあるからに違いありません。

その狂いはどこからきているかというと、元と枝葉とを転倒して考えた生活を、国と個人もしているというところから生れています。釈尊にいわせれば、転倒妄想しているのが、今日の人類の生き方となっているわけです。

この転倒妄想の夢をさまし、逆立ちの生活を正しい立ち方にし直してやらなければ、地球人類にこれ以上の進化は望めぬことになり、地球世界は終末をつげることになります。今日の世界状勢は正にその様相を呈しているのであります。

老子の小国寡民の理想も、その一つの教えなのです。小国寡民の質朴清純なる生活を、今日の各国がとり得たならば、忽ち世界は平和になることでありましょうが、これは今となっては単なる理想論となっておりまして、この理想論を逆にして、小国寡民ではなく、世界一国、世界を地球人類という一つのものに纏めあげてしまわねば、今日のゆきがかりは止まるところを知らぬ権力闘争の場にこの地球世界をしていってしまいます。

もはや、小国寡民にもどることは不可能な時代なのですから、世界人類完全平和達成の為には、地球人類という大きな立場に立ち、小国寡民の精神をもって、働いてゆくことが必要なのであります。

無欲になり切ることができなかったら、むしろ、大欲にまで自己や自国を昇華させて、地球人類の一人として、地球人類の一国としての価値を自己や自国に植えつけて、枝葉の小さな権力欲や面《めん》子《つ》の問題などは、どちらでもよいことにして、ひとまず、争い合わず、世界が一つに手を握る方向に、人類の想念をむけていったらよいのではないでしょうか。その為の世界平和の祈りを私共はしているわけなのであります。

# 第四十八講　谷神は死せず

道徳経第六章
〃　第十章

第六章

谷神ハ不レ死セ。是ヲ謂ウ二玄牝ト一。玄牝之門、是ヲ謂ウ二天地之根ト一。綿綿トシテ若クレ存スルガ用ウレバレ之ヲ不レ勤セ。

〔読み方〕

谷神《こくしん》は死せず。是を玄牝《げんぴん》と謂う。玄牝《げんぴん》の門、是を天地の根《こん》と謂う。綿綿《めんめん》として存するが若《ごと》く、之《これ》を用うれば勤《きん》せず。

第十章

載《ツ》二営魄《ニ》一。抱《イテ》レ一《ヲ》能《ク》無《カランカ》レ離《ルルコト》乎。専《ニシ》レ気《ヲ》致《シテ》レ柔《ヲ》、能《ク》嬰児《タランカ》乎。滌二除《シテ》玄覧《ヲ》一、能《ク》無《カランカ》レ疵乎。愛《シ》レ民《ヲ》治《メテ》レ国《ヲ》、能《ク》無《カランカ》レ為《スコト》乎。天門開闔《シテ》、能《ク》為《ランカ》レ雌乎。明白四達《ニシテ》、能《ク》無《カランカ》レ知《ルコト》乎。生《ジ》レ之《ヲ》畜《ウ》レ之《ヲ》。生《ジテ》而不レ有《セ》、為《シテ》而不レ恃《マ》、長《ジテ》而不レ宰《セ》。是《ヲ》謂《ウ》二玄徳《ト》一。

〔読み方〕

営魄《えいはく》に載《の》つ。一《いつ》を抱いて能《よ》く離《はな》るること無からんか。気を専《もっぱ》らにし柔《じゅう》を致して、能く嬰児《えいじ》たらんか。玄覧《げんらん》を滌除《てきじょ》して、能く疵《し》無からんか。民を愛し国を治《おさ》めて、能く為《な》すこと無からんか。天門開闔《てんもんかいこう》して、能く雌《し》為らんか。明白四達《めいはくしたつ》にして、能く知ること無からんか。之《これ》を生じ之を畜《やしな》う。生じて有せず、為して恃《たの》まず、長《ちょう》じて宰《さい》せず。是を玄徳《げんとく》と謂《い》う。

老子講義は類似した章が多いので、あまりに似通った章は略して、第四十七講で一応終わりにしたわけなのでありますが、読者からの要望により、省略した章の中から、第六章と第十章を取りあげ、この二つの章の解説をもって最終講義とすることに致しました。

〔第六章〕

**谷神《こくしん》は死せず。是を玄牝《げんぴん》と謂《い》う。**

この谷神《こくしん》というのは、谷は最も低く深いくぼみでありまして、陰の形をしており、陽の形をしている山に対し、山の気を受けて、その存在を意義あらしめております。

ですから、谷は女性を現わすものであります。こういう形で神が現われますと、これを玄牝《げんぴん》というのです。玄とは大宇宙の一番深いところという意味でありますし、牝とは女性を現わしますので、一番深いところにある女性、ということになります。

そこで、谷神とは、万物を生成せしめる神ということになります。老子流にいえば、万物生成の原理、つまり道であります。谷神は死せずというのは、そのような万物を生成せしむる神は永遠の生命であって、あらゆる生命をつくりつづけ、育てつづけてゆくのである、といっているのです。

**玄牝《げんぴん》の門、是を天地の根《こん》と謂《い》う。綿綿《めんめん》として存するが若《ごと》く、之を用うれば勤《きん》せず。**

このような、深遠なる虚にして静なる、易しくいえば、大生命の深い深い生命生成の中心、宇宙子波動科学式にいえば、宇宙核の生れいずるところの玄牝は天地の根《こん》、天地の根源であるというのであり、綿綿《めんめん》、細長く絶えずつづいている。いいかえると、形にも音声にも出でず、生命波動として永遠につづいているというのである。この永遠なる生命波動と一つになって、この生命波動のままに働いていれば疲れることがないのである。と老子はいっているのであります。

この章を単的にいいますと、大生命の根源である神のみ心と一つになっていれば、永遠の生命と一つの生き方となるのであって、その人は生命輝かに生きることができて、疲れることがないのであるということになるのです。

〔第十章〕

**営魄《えいはく》に載《み》つ。一《いつ》を抱いて能《よ》く離《はな》るること無からんか。**

営魄というのは、営々として迷いつづけている魄、つまり幽体人間、肉体人間というので、そういう迷いに充ちた人間の住んでいるこの世界では、唯一絶対なる一、神のみ心を離れずに生きていたらいかがなものであろうか、というのであります。老子は一という言葉をよくつかいますが、全く唯一絶対なる道、宇宙心を外れずに、宇宙心の動きのままに動いていることが、人間にとって一番確かなる生き方なのであります。

**気を専《もっぱ》らにして柔を致して、能《よ》く嬰児たらんか。玄覧《げんらん》を滌除《てきじょ》して、能く疵《し》無からんか。民を愛し国を治《おさ》めて、能く為《な》すこと無からんか。天門開闔《てんもんかいこう》して、能く雌《し》為らんか。明白四達《めいはくしたつ》にして、能く知ること無からんか。**

気を生命の根源（神のみ心）に統一していると、想念が他に散ることがないので、気力が充実してきて、小さな自己として意気張ることもなく、堅くなることもなく、赤児の体のように柔らかく自由に、心身が動くことができる。だから、そのように気を専らにして柔を致したら如何であろう。心を洗い浄めて、奥深い眼をもって、すべてみわたしたらどうであろう。そうすれば心に一つの疵もなくなるであろう。

民を愛し国を治めて、人為的な作意をもたぬようにするのがよいのではないか。

天に通ずる心の門を開いて、神我一体となって、神通力を得ながら、先ばしって物事をしないで、女性のように受動的な行為をしていたらよいのではなかろうか。

心が明白にして、何事も明らかに見極めていながら、何事も知らぬような態度でいたらどんなものであろう。

というように、人間の為すべき一番よい態度はこれこれではないかと説き明かしているのでありまます。

**之《これ》を生じ之を畜《やしな》う。生じて有せず、為《な》して恃《たの》まず、長じて宰《さい》せず。是を玄徳《げんとく》と謂う。**

大生命というものは、すべてを生みなし、之を畜《やしな》いながら、自身のものとしようとはせず、育《はぐ》くみそだてても、これに何をしてもらおうと期待するわけでもない。すべてが成長しても、これを主宰して、自由にしようとするのでもない。これを玄徳というので、こういう奥深い徳を、各人各人が自己の生き方としてゆかなければいかぬ。というのでありまして、そうなる為には、又元の説法に戻って、一を抱いて離るることのない生き方が第一なのであります。

老子の説いておりますところは、全章がすべて、無為にして為すということでありまして、大宇宙の法則、大生命の根源から外れてしまうような、小さな肉体人間的生き方をしていたのでは駄目である、と説いているのであります。

ところが問題はここにあるのでして、人類はもうすでに大半が大宇宙の法則を外しかけて生きているのです。このままいけば、道を外れきってしまうに違いないのです。道を外れきってしまえば、人類として生きつづけてゆくわけには参りません。人類の形をした、全く異なった生物として生きてゆくか、滅亡してしまうかする他はないのであります。

といって、現在の生き方を急速に転換することは、殆どの人にとって不可能に近いのです。こういう現実の中では、真実人類の運命を憂うる目醒めた人々も、どうにも手のほどこしようがなく、身近かな者たちに道を伝えるだけに止まっているのです。

老子や釈尊やイエスの高い深い教も、現実世界を急速に道に乗せるわけにはゆかないので、どうしても、時をかけて人類の向上を目指すより仕方がありません。

だが、その時があるでありましょうか、地球人類滅亡の危機は刻々と迫っております。老子が現代に生きていたならば、一体どういう方法をとられるでしょうか、口や筆だけで無為の教えを説きつづけるでありましょうか、恐らく否でありましょう。口や筆先だけで現在の人類を救うことはできません。あまりに危機が迫り過ぎております。

老子には普通人の考えているような自己というものがありません。自己が無いということは、自己の能力が無くて、他人の言葉や行為に動かされてしまう、というのではありません。

神のみ心、み光がそのまま霊身肉身を通して、大光明となり地球人類全般にひびきわたってゆく、そういう人が、自己を無にした人、無為の人というのであります。老子はそういう人です。

そういう老子ですから、その人がこの世に存在するというだけで、この世はそれだけ光明化するのです。ですから、老子のような人が現在この世に存在していれば、人類は確かに大きなプラスになります。

果して老子は過去の人なのでしょうか、現在も生きつづけている人なのでしょうか、私は、はっきりと老子が現代に生きつづけていることを知っているのであります。それは、言葉や文章の教えを主として生きているというだけではないのです。生き生きと私たちの中に生きつづけているのであります。

私は老子の光明体をしっかり私の中に同化させています。老子の教えの無為の道を、はっきり自己のものとした人は、誰も老子の光明体と一つになっているのです。もっとつっこんで言えば、老子をも含めた大光明波動の中で生きていることになるのです。

老子は無為の人であり、大調和の人であります。それはそのまま、この世の平和達成の為の先人であります。その老子が光明体となって、私共の世界平和の祈りの運動の中で、その光明力を発揮させているのです。

私共が世界平和の祈りを祈る時には、そうした老子の光明力をも含めた、人類救済の為に働いて来られた、諸神善霊の大光明力が、地球隈なく放射されるのであります。

世界平和の祈りをする私たち肉体身は、大光明波動を地球人類に放射する、一つ一つの場となっているのです。老子のいう無為、釈尊の説く空《くう》の境地には急速になり得ぬ人々も、世界平和の祈り言によって、大光明波動の器となることは容易なのであります。こうした容易な祈りの運動が、人類の波動調整の役目となり、暗い誤った人類の波動を光明波動で浄め去ってゆき、大宇宙法則に人類の心を乗せてゆこうとしているのです。

道にしっかりと乗せてゆく、そういう道筋を世界平和の祈りがつけてゆくのであります。一人一人の人が、自己の修業で、空になり、無為になってゆくのは大変なことであり、急速にできることではないのは、誰しもが思うことであります。

無為への道、空への道に至る、そういう道筋をはっきりつけて、しかも容易に行きつかせるそういう方法が無ければ、この地球人類は到底救われるわけにはゆかないのです。

老子が現代に肉身として存在したら、やはり私と同じことを考え、同じような祈りの道を発見したことは間違いありません。何故ならば、私の発見した世界平和の祈りの道に、老子は天界から天降ってきて、私の大きな力となってくれていることからしても言えることなのです。

私が度々申しておりますように、私がこの老子講義を書きはじめたのは、ひとへに老子御自身の援助によるのでありまして、私のペンを走らせるのは、老子その人であるのです。これは心を鎮めて、この老子講義を読む人には、はっきり判ることなのです。

私はここで改めて、老子の光明体に感謝の想いを捧げ、今日までこの老子講義を真剣に読んでいて下さった方々にもお礼を申し述べるものであります。（了）

# 索引


【あ】

敢て天下の先と為らず　三五二
与うるは善く仁　五八
余り有る者は之を損じ、足らざる者は之を補う　四二九
争わず　五八
争わざるの徳　三六一
有ること無きより出でて間無きに入る　三〇一
哀れむ者は勝つ　三六四
安平大なり　一五〇

【い】

夷道は纇の若く　一八一
一を抱いて天下の式となる　八五
一（いつ）　一七一・一九一
古の極なり　三六一
古の善く道を為むる者は　三四二
寿し　一三〇

【う】

動いて死地に之くもの　二四九
動くは善く時　五八
怨に報ゆるに徳を以てす　三三五

【え】

得難きの貨を貴ばず　三一六
得て親しむ可からず　二八六
得て疏んず可からず　二八六
得て利す可からず　二八六
得て害す可からず　二八六
得て貴くす可からず　二八六
得て賤しくす可からず　二八六
鋭を挫き　三〇・二八六
営魄に載つ　四七〇
嬰児　四七〇
嬰児に復帰す　一二一
淵　五八
淵として万物の宗に似たり　三〇

【お】

王　七四
王なり　六七
王なれば乃ち天なり　六七
王も亦大なり　一〇三
大いなる者は宜しく下ることを為すべし　三一五
終を慎むこと始めの如くなれば　三二六

【か】

下士は道を聞いては大いに之を笑う　一八一
下徳は之を為して以て為にすること有り　一六一
下徳は徳を失わず　一六一
下流　三一五
寡　一七三
寡民　四六〇
介然として知ること有らしむれば　二七七
楷式　三四二
楽と餌とは過客に止まる　一五〇
学を為むるものは日に益し　二三〇
重ねて徳を積む　三〇五
難きを其の易に図り　三二六
褐を被て玉を懐く　三七一
神は一を得て以て霊に　一七一
彼を去りて此を取る　一六二・三九〇
敢に勇なれば則ち殺し　三九九

【き】

木強ければ則ち共る　四一九
希言は自然なり　九四
気を専らにし柔を致して能く嬰児たらんか　四七〇

棄人無し　一一三
棄物無し　一一三
君有り　三七一
九層の台も累土より起り　三三六
居は善く地　五八
虚を致すこと極まれば　六七
虚にして屈せず動いて愈出ず　三九
強大なるは下に処り　四一九
強梁なる者は其の死を得ず　一九一
極　二九五・三六一
極を知らんや　二九五
極を知ること莫し　三〇五


【く】


下りて以て取り或は下りて而して取らる　三一五
国の垢を受くる　四三九
国の不祥を受くる　四三九
窪めば則ち盈つ　八五
軍に入りても甲兵を被らず　二五三


【け】


契を司どり　四五〇
欠欠　二九五
建徳は偸きが若く　一八一
堅強なる者は死の徒なり　四一九
倹　三五二
玄　一三
玄の又玄　一三
玄同　二八六
玄徳　二五九・三四二・四七〇
玄徳は深し遠し　三四二
玄牝と謂う　四六九
玄牝の門是を天地の根と謂う　四六九
玄覧を滌除して能く疵無からんか　四七〇
言に宗有り　三七一
言は善く信　五八


【こ】


戸を出ずして以て天下を知り　三三〇
孤　一七三
公　七三
功成りて而して処らず　四二九
功成りて名を有せず　一四〇
甲兵有りと雖も　四六〇
広徳は足らざるが若く　一八一
合抱の木も毫末に生じ　三三六
谷神は死せず　四六九
心は善く淵　五八
事に君有り　三七一
事は善く能　五八
之を生じ之を畜う　四七〇
之を損じて又損じ以て無為に至る　二三〇
之を用うれば既くす可からず　一五〇
此の三者は以為らく文なれど足らず　七六
根に帰るを静と曰う　六七
根に復帰す　六七


【さ】


左契を執りて人に責めず　四五〇
財貨余有り　二七七
三宝　三五二


【し】


四大　一〇三
司殺者に代りて殺す　四〇九
死して亡びざる者は寿し　一三〇
死地無きを以てなり　二四九
慈　三五二
強いて行う者は志有り　一三〇
失ある者には失に同じくす　九四
而も堅強を攻むる者は　四三九
杜稷の主　四三九
周行して殆からず　一〇三

弱の強に勝ち 四三九
衆人の過ぐる所に復す 三二六
襲常 二六八
襲明 一一三
柔を守るを強を曰う 二六八
柔弱なる者は生の徒なり 四一九
柔弱なるは上に処る 四一九
小を大とし 三三五
小を見るを明と曰い 二六八
小と名づく可し 一四〇
小国は入りて人に事えんと欲するに過ぎず 三一五
小国は以て大国に下れば 三一五
小国寡民 四六〇
生じて有せず 四七〇
上義は之を為して以て為にすること有り 一六一
上士は道を聞いては勤めて之を行わんとし 一八一
上仁は之を為して以て為にすること無し 一六一
上善は水の若し 五八
上徳は谷の若く 一八一
上徳は徳とせず 一六一
上徳は為すこと無くして以て為にすること無し 一六一
上礼は之を為して之に応ずること莫ければ 一六一
常徳 一二一
常無以て其の妙を観んと欲し 一三
常有以て其の檄を観んと欲す 一三
嗇 三〇五
嗇に若くは莫し 三〇五
知らずして知れりとするは病なり 三八一
知りて知らずとするは上なり 三八一
知る者は言わず 二八六
信 六一
神以霊なること無ければ
将に恐らくは 一七二
深根固柢 三〇五
進道は退くが如く 一八一
仁を絶ち義を棄つれば 七六

【す】

芻狗 三九
少なきを多しとす 三三五
既に其の子を知って 二六八
既に其の母を知れば 二六八

【せ】

生を出でて死に入る 二四九
生の徒十に三有り 二四九
正も復奇と為り善も亦妖と為る 二九五
正言は反の若し 四三九
政は善く治 五八
清静なれば天下の正となる 二一〇
静を守ること篤し 六七
静勝てば熱 二一〇
聖を絶ち智を棄つれば民利百倍す 七六
聖人すら猶之を難しとす 三三六
聖人には常の心無し 二四〇
聖人の天下に在るや、歙歙として 二四〇
聖人は終に大を為さず 三三六
聖人は為すことなし故に敗るることなし 三三六
聖人は不仁なり 三九
聖人は病あらず 三八一
聖人は欲せざるを欲す 三三六
聖人は行かずして知り 二一〇
千里の行も足下に始まる 三三六
前識は道の華にして愚の始めなり 一六三
善計は籌策を用いず 一一三
善結は縄約無くして 一一三
善言は瑕謫無く 一一三
善行は轍迹無く 一一三

善閉は関鍵無くして　一三
善なる者は吾之を善とし　二四〇
善人は不善人の師なり　一三
善徳　六五

【そ】

素を見わし樸を抱き　七六
疎にして失わず　三九九
躁勝てば寒　二一〇
属する所有らしむ　七六
其の生くる所を厭うこと無かれ　三九〇
其の出ずること彌遠ければ　二三〇
其の栄を知りて其の辱を守れば　一二
其の居る所を狭しとすること無かれ　三九〇
其の居に安んじ其の俗を楽しむ　四六〇
其の白きを知りて其の黒きを守れば　一二
其の食を甘しとし、其の服を美とし　四六〇
其の生を生かすの厚きを以てなり　二四九
其の政察察たれば其の民欠欠たり　二九五
其の政悶悶たれば其の民は淳淳たり　二九五
其の兌を開き其の事を済せば　二六八
其の兌を塞ぎ其の門を閉ずれば　二六八
其の光を和し其の塵に同ず　三〇・二八六
其の光を用い其の明に復帰すれば　二六八
其の身を後にして身先んじ　四八
其の安きは持し易く其の未だ兆さざるは謀り易く、其の脆きは破り易く、其の微なるは散じ易し　三三六
其の有事に及びては以て天下を取るに足らず　二三〇
其の雄を知りて其の雌を守れば　一二
其の私無きを以てに非や　四八
其れ賢を見わすことを欲せざるか　四二九
其れ正なきか　二九五
其れ慈以て戦えば則ち勝ち　三五二
夫れ軽諾は必ず信寡なく　三三六
夫れ惟争わず故に尤無し　五八
夫唯厭わず是を以て厭われず　三九〇
夫れ唯知ること無し是を以て我を知らず　三七一
夫れ唯病を病む是を以て病あらず　三八一

【た】

多易は必ず難多し　三三六
多言なれば数窮す　三九
兌を開き　二六八
兌を塞ぎ　二六八
大　一〇三
大を其の細に為す　三三六
大を成す　一四〇
大威至らん　三九〇
大盈は沖しきが若くなれども　二一〇
大怨を和すれば必ず餘怨有り　四五〇
大音は希声なり　一八二
大器は晩成なり　一八二
大巧は拙の若く　二一〇
大国は下流なり　三一五
大国は人を兼ね畜わんと欲するに過ぎず　三一五
大国は以て小国に下れば

則ち小国を取る　三一五
大匠に代りて斲る者は其の手を傷つけざる有ること希れなり　四〇九
大象は無形なり　一八二
大順　三四二
大成は欠くるが若くなれども　二一〇
大制は割くこと無し　一三三
大象を執りて天下に往けば　一五〇
大直は屈の若く　二一〇
大道は氾として其れ左右す可し　一四〇
大道は甚だ夷らかなり　二七七
大辯は訥の若し　二一〇
大方は隅無く　一八一
太白は辱の若く　一八一
高き者は之を抑え下き者は之を挙ぐ　四二九
民威を畏れざれば　三九〇
民死を畏れずんば　四〇九
民老死に至るまで相往来せず　四六〇
民を愛し国を治めて能く為すこと無からんか　四七〇
民をして死を重んじ遠く徒らざらしむ　四六〇
民をして復縄を結びて之を用いしむ　四六〇
民の治め難きは其の智多きを以てなり　三四二
民の事に従う　三三六
民の迷えること、其の日固に已に久し　二九五
民は径を好む　二七七
足ることを知る者は富めり　一三〇
孰か其の極を知らんや　二九五
孰か能く余有りて以て天下に奉ぜん　四二九
淡乎として其れ味無し　一五〇
繟然として善く謀る　三九九

【ち】

地も大なり　一〇三
地は一を得て以て寧く　一七一
地は久し　四八
智　一三一
智を以て国を治むるは国の賊なり　三四二
中を守るに如かず　三九
中士は道を聞いて存するが若く亡きが若く　一八一
冲気以て和を為す　一九一
忠信の薄にして乱の首なり　一六二
長じて宰せず　四七〇
長生久視の道なり　三〇五
朝甚だ除すれば田は甚だ蕪し　二七七
直にして肆せず　二九五

【つ】

扔くに敵無く　三六四
常　二四〇
常を知るを明と曰う　六七
常を知れば公なり　六七
常に司殺者有りて殺す　四〇九

【て】

敵を軽しとすれば幾ど吾が宝を失う　三六四
天に配すと謂う　三六一
天の道は争わずして善く勝ち　三九九
天の道は其れ猶弓を張るがごときか　四二九
天の道は有余を損じて不足を補う　四二九
天将に之を救わんとす　三五三
天以て清きこと無ければ将に恐らくは裂けんとす　一七一

天は一を得て以て清く　一七一
天は長く地は久し　四八
天下を取るものは常に無事を以てす　三三〇
天下に始有り　二六八
天下の王と謂う　四三九
天下の貴と為る　二八六
天下の交なり　三一五
天下の先と為らず　三五二
天下の式と為る　一一二
天下の至楽は天下の至堅を馳騁す　二〇一
天下の柔弱なるは水に過ぐるは莫し　四三九
天下の大事は必ず細に作る　三二六
天下の谿と為る　一一一
天下の貞と為る　一七一
天下の母　一〇三・二六八
天下の牝なり　三一五
天下皆我を大なれども不肖に似たりと謂う　三五三
天下能く知ること莫く能く行うこと莫し　三七一
天地の間は其れ橐籥のごときか　三九
天地の根　四六九
天地の能く長く且つ久しき所以の者は　四八
天地は不仁なり　三九
天道は親無し常に善人に与す　四五〇
天網は恢恢として疎にして失わず　三九九
天門開闔して能く雌為らんか　四七〇

【と】

盗夸と謂う　二七七
時　五八
徳ある者には徳に同じく　九四
徳善なればなり　二四〇
徳に同じくすれば徳ある者も亦之を得ることを楽しむ　九四
独立して改まらず　一〇三
執ること無し故に失うこと無し　三三五
執るに兵無しと謂う　三六四

【な】

名の名とす可きは常の名に非ず　一三
名づけて大と為す可し　一四〇
猶之を難しとす　三九九
為して而して恃まず　二一・二五九・四二九
為して恃まず　四七〇
為す者は之を敗り執る者は之を失う　三二六

【は】

早く復す　三〇五
攘うに臂に無く　三六四
万物を衣被して主と為らず　一四〇
万物之を恃み以て生じて而して辞せず　一四〇
万物之に帰して主と為らず　一四〇
万物草木の生ずるや柔脆なり　四一九
万物の自然を輔けて而して敢えて為さず　三二六
万物は陰を負いて陽を抱く　一九一
万物は道を尊びて徳を貴ばざるは莫し　二五九

【ひ】

光ありて耀かさず　二九五
臂を攘げて之に扱く　一六二
人を治め天に事うるは　三〇五
人を知る者は智なり　一三〇

人を用うるの力と謂う　三六一
人に勝つ者は力あり　一三〇
人に什伯するの器有りて用いざらしむ　四六〇
人の生まるるや柔弱なり　四一九
人の悪む所は唯孤・寡・不穀なり　一九一
人の道は則ち然らず　四二九
牝は常に静かなるを以て牡に勝ち　三一五


【ふ】

不敢に勇なれば則ち活かす　三九九
不言の教　二〇一
不穀　一七三
不肖に似たり　三五三
不善なる者も吾亦之を善とせん　二四〇
不善人は善人の資なり　一一三
不足を損じて以て有余に奉ず　四二九
無事を事とし　三三五
復命を常と曰う　六七
福は禍の伏す所なり　二九五
文綵を服し　二七七


【へ】

兵強ければ則ち勝たず　四一九
病なり　三八一


【ほ】

方にして割せず　二九五
樸を抱き　七六
樸に復帰す　一一三


【ま】

曲れば則ち全し　八五
枉れば則ち直し　八五
将に以て之を愚にせんとするなり　三四二
学ばざるを学び　三二六


【み】

水の若し　五八
水は善く万物を利して争わず　五八
自ら愛して自ら貴しとせず　三九〇
自ら見わさず故に明らかなり　八五
自ら勝つ者は強し　一三〇
自らを生ぜざるを以て故に能く長生す　四八
自ら知りて自ら見わさず　三九〇
自ら知る者は明なり　一三〇
自ら是とせず故に彰らかなり　八五
自ら伐らず故に功有り　八五
自ら矜らず故に長し　八五
道ある者には道に同じくし　九四
道ある者も亦之を得ることを楽しむ　九四
道を為むるものは日に損す　三三〇
道之を生じ徳之を畜い物之を形づくり勢之を成す　三五九
道の道とす可きは常の道に非ず　一三
道も大なり　一〇三
道は一を生ず　一九一
道は陰れて名無し　一八二
道は自然に法る　一〇四
道は冲にして之を用うれば或は盈たず　三〇
道は善く貸して且つ成す　一八二


【む】

無為を為し　三三五
無為にして為さざるはなし　二三〇
無為の益　二〇一
無為の事に処り　二一

無極に復帰す　一二
無徳は徹を司る　四五〇
無味を味う　三一五
無名は天地の始なり　一三
昔の一を得たる者　一七一

【め】

明　六七・一三〇
明道は味きが若く　一八一
明白四達にして能く知ること無からんか　四七〇
綿綿として存するが若く　四六九

【も】

若し肖ならば久しいかな其の細たること　三五二
若し民をして常に死を畏れしめて奇を為す者　四〇九
物有りて混成し天地に先立ちて生ず　一〇三
物は或は之を損じ而して益し　一九一
物は芸芸すれども　六七

【や】

弊るれば則ち新たなり　八五
敗るる事無し　三二六

【ゆ】

往いて而して害あらず　一五〇
云う者は知らず　二八六
有徳は契を司り　四五〇
有名は万物の母なり　一三
行くに行無く　三六四
故に能く器長を成す　三五二
故に能く広し　三五二
故に能く勇なり　三五二

【よ】

牖を窺わずして以て天道を見る　二三〇
克くせざること無し　三〇五
善く勝つ者は与せず　三六一
善く士たる者は武わず　三六一
善く戦う者は怒らず　三六一
善く人を用いる者は之が下と為る　三六一
善く生を摂する者は　二四九
能く其の私を成す　四八

【り】

利剣を帯び　二七七
寥たり　一〇三
陸行に兕虎に遇わず　二五〇
鄰国相望み鶏犬の声相聞えて　四六〇

【れ】

廉にして劌せず　二九五

【ろ】

老死に至るまで　四六〇
琭琭として玉の如く　一七二

【わ】

禍は敵を軽しとするより大なるは莫し　三六四
禍は福の倚る所、福は禍の伏す所　二九五
私を少なくし欲を寡なくせん　七六
笑わざれば以て道を為すに足らず　一八一
吾が言は甚だ知り易く甚だ行い易し　三七一
吾敢て主と為らずして客と為る　三六四
吾誰の子たるを知らず帝の先に象たり　三〇
我をして介然として知ること有らしむれば　二七七
我を知る者希なれば則ち我貴し　三七一
我に三宝有り　三五二

**著者紹介**：**五井昌久**（ごいまさひさ）
大正５年東京に生まる。昭和24年神我一体を経験し、覚者となる。白光真宏会を主宰。祈りによる世界平和運動を提唱して、国内国外に共鳴者多数。昭和55年８月帰神（逝去）さる。著書に『神と人間』『天と地をつなぐ者』『小説阿難』『聖書講義』等多数。

**発行所案内**：**白光**（びゃっこう）とは純潔無礙なる澄み清まった光、人間の高い境地から発する光をいう。白光真宏会出版本部は、この白光を自己のものとして働く菩薩心そのものの人間を育てるための出版物を世に送ることをその使命としている。この使命達成の一助として月刊誌「白光」を発行している。

**白光真宏会出版本部ホームページ**
https://www.byakkopress.ne.jp/

**白光真宏会ホームページ**
https://www.byakko.or.jp/

**老子講義**

昭和三十八年十一月五日　初　版
平成二十六年四月五日　二十八版
令和六年六月十二日　改訂初版一刷

著者　五井昌久
発行者　吉川譲
発行所　白光真宏会出版本部
〒418-0102　静岡県富士宮市人穴八一二−一
電話　〇五四四（二九）五一〇九
FAX　〇五四四（二九）五一一二
振替　〇〇一八〇・八・一六七六二
印刷・製本　株式会社インプレッソ

乱丁・落丁はお取り替えいたします。
定価はカバーに表示してあります。

ISBN978-4-89214-224-6 C0014
d5

＊価格は消費税10％込みです。

五井昌久著

神と人間
定価1430円／〒250
文庫判定価550円／〒127

われわれ人間の背後にあって、昼となく夜となく、運命の修正に尽力している守護霊・守護神の存在を明確に打ち出し、霊と魂魄、人間の生前死後、因縁因果を超える法等をわかりやすく説き明かす。

天と地をつなぐ者
定価1540円／〒250

「霊覚のある、しかも法力のある無欲な宗教家の第一人者は五井先生でしょう」とは、東洋哲学者・安岡正篤先生の評。著者の少年時代から、厳しい霊修行を経て自由身に脱皮、神我一体になるまでの自叙伝である。

聖書講義
定価3190円／〒250

具体的な社会現象や歴史的事項を引用しつつ、キリスト教という立場ではなく、常にキリストの心に立ち、ある時はキリスト教と仏教を対比させ、ある時はキリストの神霊と交流しつつ、キリストの真意を開示した書。

小説 阿難
定価3080円／〒250

著者の霊覚にうつし出された、釈尊の法話、精舎での日々、阿難を中心とする沙門たちの解脱から涅槃まで、治乱興亡の世に救いを求める人々の群等を、清明な筆で綴る叙事的ロマン。一読、自分の心奥の変化に驚く名作。

空即是色
―般若心経の世界
定価1760円／〒250

深遠な悟りについて説かれた「般若心経」の世界を、現代生活に即してやさしく解説しつつ、誰でも実践できる〝空即是色〟の生き方を提示する。神我一体を経験した著者ならではの講話集。